Los bordes de la letra

Los bordes de la letra

Ensayos sobre teoría literaria latinoamericana
en clave cosmopolita

Alejandro Fielbaum S.

Consejo Editorial

Luisa Campuzano Waldo Pérez Cino
Adriana Churampi Juan Carlos Quintero Herencia
Stephanie Decante José Ramón Ruisánchez
Gabriel Giorgi Julio Ramos
Gustavo Guerrero Enrico Mario Santí
Francisco Morán Nanne Timmer

© Alejandro Fielbaum S., 2017
© Almenara, 2017

www.almenarapress.com
info@almenarapress.com

Leiden, The Netherlands

ISBN 978-94-92260-18-5

Imagen de cubierta: Gautier d'Agoty, 1748.
Wellcome Library, London

All rights reserved. Without limiting the rights under copyright reserved above, no part of this book may be reproduced, stored in or introduced into a retrieval system, or transmitted, in any form or by any means (electronic, mechanical, photocopying, recording or otherwise) without the written permission of both the copyright owner and the author of the book.

Prólogo. 11

I.
LEER ENTRE LUGARES. TRES ENSAYOS EN TORNO A SILVIANO SANTIAGO

Los prefijos del cosmopolitismo.
Mignolo y Santiago, lectores de Derrida 27

Submemorias del desarrollo. Literatura y memoria en la ensayística
de Silviano Santiago. 71

Los laberintos de la raíz. Silviano Santiago recorre a Octavio Paz . . 85

II.
RELEER A MARTÍ. EL INDIO Y LA MADRE FRENTE AL MUNDO MODERNO

Nuestro niño, nuestro indio, nuestra América.
Sobre el humanismo de José Martí. 97

Tensiones y posibilidades de la teoría social latinoamericana.
José Martí y la amistad de la democracia en (nuestra) América . . . 123

III.
OLVIDOS Y EXCEPCIONES DE LA REPÚBLICA.
DOS TEXTOS SOBRE LA MODERNIZACIÓN URUGUAYA

La creación del olvido. José Enrique Rodó
y los lazos de la reconciliación 149

Los milagros de la literatura. El feminismo de la compensación
de Carlos Vaz Ferreira ante la poesía de Delmira Agustini. 163

IV.
POLÍTICAS DE LA REPETICIÓN EN BORGES
Y MARIÁTEGUI ANTE EL LIBERALISMO

Funes: civilización y barbarie 193

Ser leales con el cielo.
Cosmopolitismo y traducción en Jorge Luis Borges 249

Recreación heroica. Risa, originalidad y repetición en Mariátegui . . 271

Bibliografía 299

Agradecimientos 331

A Carmen, por venir

Cambiar de lengua es siempre una ilusión secreta y, a veces, no es preciso moverse del propio idioma. Intentamos escribir en una lengua privada y tal vez ése es el abismo al que aludes: el borde, el filo, después del cual está el vacío. Me parece que tenemos presente este desafío como un modo de zafarse de la repetición y del estereotipo. Por otro lado, no sé si la situación que describes pertenece exclusivamente a los escritores llamados latinoamericanos.

Tal vez en eso estamos más cerca de otras tentativas y de otros estilos no necesariamente latinoamericanos, moviéndonos por otros territorios. Porque lo que suele llamarse latinoamericano se define por una suerte de antiintelectualismo, que tiende a simplificarlo todo y a lo que muchos de nosotros nos resistimos.

Ricardo Piglia (2012: s.p.)

Prólogo

Una apertura posible a las relaciones contemporáneas entre cosmopolitismo y literatura es la de detenerse, aunque sea con brevedad, en algunas tensiones que aparecen en una reciente reelaboración literaria de la promesa cosmopolita. *Cosmópolis*, sugerente novela del estadounidense Don DeLillo, delinea una ciudad global contemporánea atravesada por incesantes flujos de capital financiero que llevan a su protagonista, un joven y exitoso especulador, a la quiebra. El día en el que transcurre la narración el protagonista recorre la ciudad en una limusina tan nómada como lujosa, circundado por otros sujetos y saberes provenientes de distintos lugares de un mundo que no muestra otra chance que la del anárquico régimen del capital. Taxistas extranjeros y millonarios locales dan cuenta del pacto de *intocabilidad* (2003: 84) que comparece no sólo entre los distintos individuos, sino también entre sus discontinuas coyunturas y la continuidad del orden neoliberal. De acuerdo al personaje, las protestas antisistémicas que interrumpen su paseo no son más que otra fantasía producida por el mercado.

En el imaginario de DeLillo, lo único que se resiste al orden cosmopolita y neoliberal es un igualmente individualizado y nihilista terrorismo. Con una lógica cercana a la de su problemática reflexión sobre los ataques a las Torres Gemelas (2002), el escritor dibuja el resentimiento individual como exclusiva alternativa a un régimen que termina confirmando al no poder imaginar, más allá del aislamiento producido por la derrota en el mercado, cualquier otra promesa de porvenir. De este modo, la novela sella la hegemónica inscripción del cosmopolitismo como discurso que acompaña al orden neoliberal.

El solitario personaje que desea asesinar al joven magnate escribe en su diario un triste desarraigo que parece corroborar la identificación que el protagonista establece entre anarquismo y neoliberalismo:

> He sufrido infinidad de reveses, pero no soy uno de esos mendicantes que se ven por la calle, que viven y piensan en un margen de contados minutos. Filosóficamente resido en los confines de la tierra. Colecciono cosas, es verdad, que encuentro en las aceras de la ciudad. Lo que la gente desperdicia podría formar una nación. A veces oigo mi propia voz cuando hablo. Hablo con alguien y oigo mi voz, en tercera persona, que colma el aire que me rodea. (2003: 76)

A partir de la belleza de esa cita, pese a lo antes descrito, es posible pensar en una tercera —si es que no cuarta, o innumerable— persona que ya no sea la confirmación del individuo nihilista, en una despersonalizada existencia que abriera esos confines hacia otro cosmopolitismo que el de la ciudad neoliberal. Al insistir en lo que *se tuerce* por sobre el equilibrio (2003: 228), el silencioso enemigo del empresario se asoma a una posibilidad que no logra recorrer: a una desistencia de la propiedad y de la individualidad que, en su fragmentaria reunión de desechos, suture el archivo de las finanzas sin instalar su propia voz ni alzar una nueva nación. Una desistencia que desde los confines habilite la imaginación de modos de habitar que ya no se reduzcan a los términos del terror neoliberal. Es esa alternativa la que se extraña en esta obra, y quizás es por esa falta que Delillo logra construir una buena novela del ahogo neoliberal.

A diferencia del cosmopolitismo moderno, el cual requería del viaje colonialista para la explotación de las colonias y de sus sujetos, en la ciudad global narrada por DeLillo pueden hallarse los cuerpos provenientes de zonas que han sido colonizadas en nombre de un discurso cosmopolita que no abre mucho más, ni mucho menos, que el abaratamiento de la fuerza laboral para la metrópolis y su respectivo mercado de identidades. Cuestión que, por supuesto, no ha de criticarse a quienes no tienen mucha más opción que la de migrar a la metrópolis, sino a un discurso neoliberal que se precia de haber alcanzado ahí un orden cosmopolita, prolongando la larga alianza histórica del liberalismo económico y cierto imaginario cosmopolita. Al referir al hombre en general, la versión neoliberal del cosmopolitismo termina por imponer, a uno y otro lado del límite de los Estados, los intereses de los hombres particulares que suelen provenir desde el mismo lado de un límite que se termina, en su difuminación, reafirmando.

Frente a esa tradición del universalismo liberal y su nueva versión neoliberal puede rastrearse una casi igualmente larga tradición de crítica latinoamericana a la abstracción cosmopolita, autorizada en nombre de un particularismo concreto que, por referir a otro hombre en particular, no habría de caer en la ingenuidad indeterminada que termina privilegiando al hombre particular de la metrópolis. Para ello, esta versión predominante del discurso latinoamericanista ha considerado imprescindible el acto de reconocerse como un hombre distinto al de la metrópolis, y de asumir las diferencias entre su cultura y la de una u otra cultura dominante.

Esto no significa, por cierto, que de Bolívar en adelante el humanismo latinoamericanista haya optado por anular todo contacto con el mundo europeo; en su lugar, ha aspirado a erigir su particular espacio antes de ingresar al diálogo universal, dado el supuesto de que sin ese conocimiento de sí mismo se abre el riesgo de perder su mismidad en la abstracción cosmopolita y terminar desarraigado en la universalidad dominante. Por eso ha priorizado una y otra vez la pregunta por la propia identidad. Que esta se suponga como una realidad por conocer o por construir, o que la identidad en cuestión sea nacional o continental, cambia lo que se puede concebir como identidad y las políticas que de allí pueden surgir, pero no altera el supuesto de que ese hombre es, y que ha de ser, lo que ese hombre es –lo cual implica, entre otras denegaciones, la de no ser una mujer.

En ese contexto, la pregunta por la literatura ha resultado central para explorar las alternativas de la identidad. También es desde el siglo XIX que deben rastrearse las estrategias de escrituras y lecturas sobre la literatura que reafirman su ejercicio como una parte, harto privilegiada, de la expresión de la identidad. Esta última operación resulta tan decisiva como compleja para el discurso latinoamericanista, y no solo por la primacía letrada que recorre al latinoamericanismo de los siglos XIX y XX. Y es que sin una operación conceptual que ratifique la identidad en la letra, para ofrecer un ejemplo crucial, la novela firmada por un autor latinoamericano podría no ser una novela latinoamericana. De ahí la urgencia de pensar motivos por los cuales una novela podría ser latinoamericana, lo que no parece tan simple si se considera que la historia de la novela y de las discusiones sobre ella no son reductibles a la historia literaria latinoamericana.

Por lo anterior, siguiendo con el ejemplo, se ha buscado la particularidad de la novela latinoamericana ora en su capacidad de expresar contenidos relativos a la particularidad cultural latinoamericana, ora en ciertas características formales que la harían expresar esa particularidad. Es obvio que la segunda estrategia resulta más interesante, pero que es también tributaria de una delimitación previa de lo que sería, o no, Latinoamérica y la literatura latinoamericana, así como de los conceptos que en torno a ella habrían de construirse.

Es coherente, en ese sentido, que Fernández Retamar (1995: 82) piense la teoría de la literatura como la teoría de *una* literatura. Siguiendo su perspectiva, dada la imposibilidad de que el desigual mundo capitalista sea realmente un solo mundo, resulta imprescindible recordar que las múltiples zonas sí son, para consigo mismas, una. En cada una de esas unidades se daría cierta tradición literaria desde la cual pensar la literatura desde los propios límites. Contra la aspiración de trasladar las categorías teóricas surgidas de otra historia de la literatura, en su trabajo teórico el cubano busca armar las categorías de nuestra historia para pensar nuestra literatura en tanto parte de nuestra identidad.

Frente a tal búsqueda de la afirmación de la identidad, representativa de largas tradiciones y debates, nos interesa aquí partir de una posición distinta: la de la crítica de la identidad con otro tipo de cosmopolitismo que el neoliberal, y la de una afirmación de la literatura que no pueda ser demarcada con tranquilidad en los límites de una u otra historia. Es decir, un discurso que se constituye en la ambigüedad de sus límites y sentidos, de modo tal que con mucha dificultad y ninguna claridad podría designarse como propio de uno u otro lugar. De lo cual, no está de más precisarlo, no se sigue que en esa indeterminada incerteza no pueden tomarse decisiones determinadas. Al contrario, es en la incerteza que, sin poder determinar, ha de decidirse sin dar por concluida ninguna decisión.

En esa dirección, la cuestión de la literatura instala una incerteza que obliga a cuestionar los múltiples genitivos políticos que nos permiten hablar de literatura *de* Latinoamérica, *de* mujeres, *de* minorías o de cualquier otro vínculo simple entre lo escrito y el lugar o el sujeto que lo inscribe. De esto no se deriva, por cierto, la imposibilidad de referir a la literatura latinoamericana, sino la necesidad de pensarla sin una propiedad o demarcación clara. Antes que partir de una definición estable de lo que la literatura podría ser, los textos que acá compilamos muestran distintas posiciones de lo que puede comprenderse como literatura y del espacio que esta habría de tener en las democracias de uno y otro tiempo.

Indagar en lo pensado acerca de la literatura, partiendo de lo que pueda entenderse como literatura, resulta una entrada estratégica para examinar las fronteras de la tradición latinoamericanista dominante, forjada en el deseo de administrar tales límites. Para tensionar esa tradición, nos interesa pensar en una cosmopolítica[1] que cuestione

---

[1] Si bien por cuestiones temáticas omitimos aquí el debate contemporáneo en torno a cierta concepción de la «cosmopolítica» como política que habría de trascender los límites humanos del humanismo, lo que intentaremos pensar, en

y suture los límites ya determinados del cosmopolitismo liberal, en nombre de la indeterminación que no se da por satisfecha con la concreción de uno u otro mundo real y cualquiera de sus figuras del hombre o de la cultura. Mediante la necesaria e imposible insistencia de la literatura por otros mundos posibles nos interesa rescatar variados modos de pensar desde Latinoamérica que, en su cuestionamiento de las certezas de todo límite, no presuponen la existencia de Latinoamérica como un dato seguro. Antes bien, se trata de escrituras que objetan y reconfiguran lo que podemos entender por este lugar; discursos que, en esa incerteza, lo disputan y reinventan. Este no podría ser, entonces, un pensar *de* o *para* ese lugar. Por lo mismo, no podríamos pensar la historia de la teoría literaria en Latinoamérica como «nuestra teoría», de forma que la importancia de su estudio pasa a ser la de indagar en ciertas tensiones históricas que nos siguen constituyendo y no la del examen de alguna conciencia o identidad a la cual plegarse.

Evidentemente, no todos los autores que comentaremos comparten nuestra posición. Lo que nos interesa, más bien, es leerlos mediante los supuestos que aquí no hacemos más que anunciar, y con ello mostrar algunas de las tensiones que recorren sus trabajos. Es en sus promesas y denegaciones donde se juegan las relaciones de letras y de poderes, así como los vínculos entre Latinoamérica y otras zonas. Intentamos así recorrer los bordes de sus obras desde una posición lateral en la discusión del latinoamericanismo que busca rescatar algunas de sus promesas, antes que aspirar a una superación o interrupción de la tradición latinoamericanista. No creemos, en efecto, estar fuera de esa historia. Si lo creyéramos, mediante una u otra retórica del exceso o la sustracción, caeríamos en un deseo de exterioridad que replicaría la suposición –que criticamos– de quien asegura límites certeros que puede o no traspasar.

---

tanto crítica del límite, podría abrirse hacia esa cuestión. La recolección de cosas por parte del personaje de Delillo podría abrir aquí, en efecto, tal interrogante.

Frente a ese tipo de políticas de la sustracción, ha sido ineludible comenzar discutiendo las concepciones que orientan nuestras lecturas. En efecto, el primero de los capítulos presenta de modo algo tosco algunas ideas de Jacques Derrida, autor que motiva buena parte de las tesis de que partimos, aun cuando en muchas ocasiones no lo mencionemos de manera tan explícita como deberíamos. Partimos el volumen con la crítica derrideana a toda concepción de filosofía nacional para discutir con un trabajo tan influyente en la teoría latinoamericana contemporánea como el de Walter Mignolo. La obra de Mignolo condensa varias de las tentaciones identitarias que se advierten en la crítica latinoamericana contemporánea. A partir de un muy problemático desdén hacia la deconstrucción, la tentativa decolonial, en la versión de Mignolo[2], anhela desprenderse del mundo europeo y de su filosofía, lo que supone la invención de algún límite con el cual reafirmar una nueva versión de la identidad. De ahí la importancia de contraponer su proyecto con la crítica derrideana de la identidad, cuya lectura más acabada en la crítica latinoamericana se halla, a nuestro juicio, en el trabajo del ensayista brasileño Silviano Santiago —y también, por cierto, en algunas posiciones de Patricio Marchant cuyo análisis nos ocupará en otro volumen.

Le siguen dos escritos sobre el trabajo de Santiago que buscan mostrar cómo su prolífica ensayística[3] interviene en las reiteradas cuestiones de la memoria y el ensayo desde una clave crítica distinta,

---

[2] Ciertamente, podría mostrarse que lo que cuestionamos a Mignolo podría señalarse de otros discursos del pensamiento decolonial contemporáneo. También, por cierto, que otros no parecen caer en esa tentación identitaria, como sucede con lo escrito por Santiago Castro-Gómez.

[3] No está de más recordar que, tal vez, Silviano Santiago no estaría de acuerdo con esta visión de su obra como contrapuesta a la de Mignolo, puesto que él mismo señaló, en una entrevista que le hemos realizado junto con Rebeca Errázuriz (Santiago 2014: 310), que inscribe su posición dentro de la posterior producción poscolonial. Antes que desautorizar el contraste que esbozamos, nos parece que ese gesto muestra la posibilidad de leer a Santiago de más de un modo, lo cual

una que abre la opción de retomar preguntas tradicionales del latinoamericanismo sin la certeza de una tradición, identidad o sistema desde donde responder. En ese sentido, con esos primeros trabajos no buscamos ganar una mirada delimitada que luego se pueda aplicar a distintos casos de estudio. Con un objetivo más limitado y ambicioso, lo que buscamos es asentar algunos temas que luego se reiteran en nuestra lectura de algunos autores centrales del canon latinoamericano.

Con esta perspectiva, los siguientes ensayos recorren algunas de las tensiones ya mencionadas y buscan mostrar que las posiciones particularistas y universalistas son constituidas mediante distintas borraduras que toda crítica ha de mostrar con la promesa de su sobrepaso. De esta forma, mientras las afirmaciones de Rodó y Martí sobre el particular cuerpo latinoamericano emergen asumiendo la imposibilidad de que ese cuerpo recuerde y acoja de modo igualitario todas sus partes, las tentativas cosmopolitas de Vaz Ferreira y Borges despliegan problemáticos discursos sobre la mujer y el mundo indígena, que ponen en cuestión la inclusión igualitaria que prometen sus liberalismos.

Mariátegui, por el contrario, ofrece una reflexión política más potente sobre la literatura, en tanto que su crítica al liberalismo destaca sujetos y saberes previos a la colonización sin la búsqueda de algún refugio hacia la historia prehispánica, puesto que se juega en una ocupación distinta, abierta con una estrategia cosmopolita, del lugar que los colonizadores dieron a Latinoamérica en el mundo. Sólo a través del combate al cosmopolitismo capitalista, de acuerdo a lo que muestra Mariátegui, es que ha de torcerse la relación especular entre la originalidad europea y la repetición latinoamericana. Con ello se abre la alternativa de que en el continente surjan, entre

---

resulta coherente con la forma en la que Santiago comprende la lectura y la escritura, según expondremos más adelante.

risas, tipos de vida que no deban escoger entre las demarcaciones de la universalidad eurocéntrica o de la particularidad de uno u otro latinoamericanismo, lo que desmonta la oposición entre originalidad e imitación que supone buena parte del discurso dominante en torno a la filosofía latinoamericana.

Con este gesto, Mariátegui radicaliza la preocupación política por la literatura, cuya presencia esperamos haber explicitado y tematizado en los trabajos sobre los otros autores. Aunque únicamente en la lectura del peruano se explicita un lazo entre marxismo y literatura, en todos los trabajos es desde la izquierda que hemos intentado leer y criticar las políticas de los distintos autores. En particular, a propósito de la pregunta por la siempre esquiva y singular improductividad de la literatura dentro de modos de producción que despliegan procesos de modernización donde el espacio literario jamás ha podido darse por seguro[4]. Sin esa pregunta por la producción de lo inestable y la inestabilidad de la producción, cualquier tentativa comunista puede caer en un dogmatismo torpe, y no sólo en lo que refiere a la discusión literaria. Por tanto, hemos pretendido mostrar la alternativa crítica de la literatura en su capacidad para producir relaciones entre el sujeto y la lengua distintas que las hegemónicas, y no tanto en la capacidad para plasmar en la literatura contenidos críticos a través de las formas hegemónicas de la lengua.

Si lo que hoy comprendemos como literatura emerge en la modernización metropolitana, en las modernizaciones periféricas los límites de la literatura se disputan con estrategias que reescriben la literatura metropolitana para defender su amenazado derecho a existir.

---

[4] Es obvio que la noción de *espacio literario* supone, con Blanchot, que la literatura jamás podría ser segura. El punto es que, como se verá más adelante, la modernización europea despliega cierto espacio para esa inseguridad, la cual bien ha contestado los límites que el espacio público burgués puede haberle dado a la inseguridad literaria. En los procesos latinoamericanos de modernización, por el contrario, la legitimidad de ese espacio ha sido denegada una y otra vez.

Es en las tensiones de esa autonomía formal y en los límites que la ficción literaria intenta establecer ante las narrativas de la política y la historiografía donde creemos que reside la pregunta política más decisiva que recorre estos textos, y donde aparecen los quiasmos que deben interesar a quien aspire a leer con el marxismo el proceso de construcción de la literatura y de sus teorizaciones en Latinoamérica.

Al plantear la crítica a toda lectura identitaria del latinoamericanismo, por cierto, no cuestionamos de antemano que puedan producirse políticas culturales o económicas que deseen constituir algún tipo de unidad latinoamericana: solo asumimos que la unidad no es un dato previo a la invención política, ni un logro que alguna vez pueda alcanzar una forma definitiva con la cual contentarse. Es contra toda versión de ese cierre que la crítica cosmopolita no puede detenerse, insistiendo en que siempre existe otra chance. Respecto de la discusión sobre la teoría literaria, compartimos entonces el reconocimiento de Fernández Retamar acerca de la importancia política y académica de elaborar la teoría de la literatura latinoamericana. Mas si, frente a sus opiniones, esa no es la teoría de *una* literatura, ni de *la* literatura, es decir: si no es *una* teoría, el trabajo de teorizar sobre la literatura pierde certezas y gana tareas. Tenemos la ilusión de que, con los supuestos ya descritos, este libro pueda aportar, por poco que sea, hacia ese rumbo.

Los textos que compilamos en este libro, surgidos de variadas y generosas coyunturas entre los años 2011 y 2014, apuestan, en su dispersión de temas y miradas, por esa estrategia. Es claro que son muchos los autores cuyas obras podrían haber sido aquí analizadas, como el ya citado Piglia[5] y su lectura de Borges, o Macedonio Fernán-

---

[5] Poco antes de terminar la preparación de este volumen hemos dado con un texto de Diamela Eltit, quien bien podría sumarse a esa lista, que lleva el título que hemos tomado del epígrafe de Piglia. Valga entonces una cita de ese texto que bien podría haber sido el epígrafe de este: «Alguna vez me he referido a la posibilidad de establecer una política de escritura, hacer de la letra un campo político,

dez, Severo Sarduy o Juan José Saer, entre muchos otros que rodean de modos muy sugerentes varias de las discusiones que aquí se emplazan. También es evidente que resultaría importante abordar con mayor énfasis las cuestiones de género o las relaciones entre humanismo y racismo, que se asoman en unos y otros ensayos. Asumimos, de igual forma, que las lecturas tienden a presentar a los autores con lecturas algo sinópticas. Esto obedece a la necesidad de exponer sus ideas más citadas desde un retrato distinto, renuente a la lógica identitaria con la que suelen ser leídos los autores que nos interesan, lo cual nos ha llevado a desatender, no sin problemas, algunos de sus pasajes más precisos. Por lo mismo, no sería erróneo objetar que los autores son presentados de forma quizás algo continua, acaso sin ponderar algunas variaciones en las distintas escenas y momentos de producción de sus escrituras. Si bien en más de una ocasión habría que precisar otro poco, consideramos que las continuidades que se argumentan no son del todo arbitrarias, pese a los insuperables límites de una lectura simultánea de más de un texto firmado por autores tan prolíficos y discutidos.

Lejos estamos, por lo recién apuntado, de haber agotado la lectura de los autores estudiados o de haber indagado en la vasta bibliografía sobre sus obras. Antes bien, hemos optado por lecturas parciales, a partir de las preguntas que interesan aquí. Es en esa línea que, pese a la sobrecarga de referencias académicas y a nuestras torpezas de estilo, preferimos seguir pensando que los trabajos que compilamos son ensayos[6].

---

riesgoso quizás, siempre en curso, por senderos laterales. Eso es. Parapetarse, allí, en el recodo y no salir del recodo, quedarse, permanecer dando vueltas y vueltas, prendida a la dudosa esperanza de habitarlo. Pero no. Se trata de contener la esperanza. Se trata de centrarse en el deseo de recodo» (2002).

[6] Más cuestionable aun vendría a ser la falta de atención a ficciones literarias, salvo en el texto sobre Funes. Esta carencia solo puede excusarse (y dudamos que ello baste) por las escasas competencias y múltiples incompetencias de quien acá firma.

Los textos acá reunidos, como ya se adelantó, corresponden a versiones revisadas de trabajos presentados en instancias previas. No está de más volver a agradecer a quienes, con generosidad, han posibilitado y discutido sus primeras versiones.

«Los prefijos del cosmopolitismo. Mignolo y Santiago, lectores de Derrida» fue acogido en el Seminario Permanente *Escrituras Americanas* de la Universidad Metropolitana de Ciencias de la Educación, en diciembre de 2013, gracias a la invitación de Andrés Ajens. La sección sobre Mignolo fue también leída en el Simposio *Geopolíticas del conocimiento: El ciclo del saber en el mercado mundial del conocimiento*, organizado por Valentina Bulo y José Santos en la Universidad de Santiago ese mismo mes. El texto sobre literatura y memoria en la obra de Santiago, en tanto, había sido discutido a fines del año anterior en el coloquio que organizaran Gonzalo Bustamante y Andrés Estefane en el Museo de la Memoria y los Derechos Humanos, cuyas actas RIL publicó más tarde bajo el título *La agonía de la convivencia. Violencia política, historia y memoria. Debates y perspectivas recientes*. El tercer ensayo de este volumen sobre el crítico brasileño fue leído, en agosto de 2013, en el lanzamiento de su libro *Las raíces y el laberinto de América Latina*, organizado por Horst Nitschack y Rebeca Errázuriz; una versión anterior del trabajo se encuentra publicado en el número 88 de la *Revista Chilena de Literatura* de la Universidad de Chile.

El primero de los textos sobre Martí, por su parte, fue leído en noviembre del 2011 a las III Jornadas Caribeñistas *Pensar América Latina desde el Caribe*, a cargo de Claudia Zapata y Lucía Stecher. El segundo surgió de la invitación de Francisco Salinas y Rodrigo Cordero a participar del ciclo *¿Existe teoría social en América Latina?*, que tuvo lugar en la Universidad Diego Portales en octubre del 2014. Los comentarios que hizo allí al texto Haroldo Dilla fueron muy útiles para su redacción final, impresa al año siguiente en el primer número de los *Cuadernos de Teoría Social* de la misma casa de estudios.

El trabajo sobre Rodó se presentó en el XIII *Corredor de las Ideas del Cono Sur,* celebrado en la Universidad Católica Raúl Silva Henríquez en septiembre del 2013. El que sigue, al igual que ciertas discusiones sobre el cosmopolitismo en Santiago y Borges, extiende algunos argumentos sobre Vaz Ferreira que comencé a desarrollar en mi tesis de maestría sobre el filósofo uruguayo. Su primera versión fue compartida en las XIII Jornadas de Estudiantes de Postgrado de la Universidad de Chile, a comienzos del 2014.

Parte del largo capítulo sobre Borges que abre la última sección fue leído en la Universidad de Talca a fines del 2013, en el marco de la *Tercera Jornada sobre Historia de las ideas,* organizadas por Javier Pinedo y Eduardo Devés. El que sigue expuesto en las Jornadas *Literatura Comparada en las Américas: Itinerarios, pertenencia y diálogos,* desarrolladas en la Universidad Adolfo Ibáñez algunos meses antes. Finalmente, lo que afirmamos sobre Mariátegui se discutió en el Segundo Coloquio de Pensamiento Político Latinoamericano *Las lecturas de Marx en América Latina en el siglo XX,* que tuvo lugar en la Universidad de Playa Ancha en agosto del ya lejano y querido 2011, gracias a las gestiones de Patricia González y Braulio Rojas.

1. Leer entre lugares
Tres ensayos en torno a Silviano Santiago

Los prefijos del cosmopolitismo.
Mignolo y Santiago, lectores de Derrida

> Entonces se hizo urgente inventar otra Lengua y en esto estamos.
>
> Jorge Romero Brest (2000: 108)

Los lugares fuera de las ideas

Un libro que busque indagar en cierta tradición teórica que resulta múltiple, como lo es toda tradición, desplegada en un lugar de carácter múltiple, como lo es todo lugar, ha de partir preguntándose por las múltiples relaciones entre tradiciones teóricas y lugares. En particular, por «estas» tradiciones y «este» lugar, asumiendo que ningún gesto estatal o institucional puede sobrepasar la extrañeza que instalan las comillas que obligan a asumir que ninguna tradición o lugar pueden delimitarse de antemano si lo que se desea es examinar una tradición que ha disputado, una y otra vez, los límites de ese lugar y sus instituciones.

Quizás sea imposible arrancar esa reflexión sin partir por la cuestión de las lenguas y sus lugares. Esto es, pensar con qué lenguas y desde qué lugares podrían desplegarse esos saberes sobre la teoría literaria en Latinoamérica sin el supuesto de una lengua o un saber ya dado. Es esta errante posición la que abre la oportunidad de una reflexión exigente acerca de las alternativas de la teoría en una lengua y un lugar que no podríamos denominar, de modo simple, como nuestro. En ese sentido, para pensar la posición de la teoría en Latinoamérica nos equivocaríamos si comenzáramos, como suele hacerlo la historia de la filosofía en Latinoamérica, narrando lo que se suele considerar como el saber que admite un lugar, como si contásemos con un saber ya ganado de los límites de ese lugar y sus saberes. Previa siempre a una operación de ese tipo debe ser la de interrogar cómo pensar sobre lugares y saberes sin límites claros.

Para desanudar esa reflexión intentaremos valernos, de manera más esquemática de lo que nos gustaría, de algunas posiciones de Jacques Derrida. Tras su incesante trabajo deconstructivo, las características y límites de «la lengua» o «la teoría» se vuelven problemáticos. Si de allí partimos, resulta imposible marcar con claridad un punto de partida, puesto que lo que pide la deconstrucción es cuestionar cualquier legitimidad basada en la propiedad acotada de una lengua o de un lugar desde donde arrancar.

Esa posición no impide el trabajo filosófico. Antes bien, lo exige. La filosofía asoma entonces como nada más, ni menos, que el saber de la promesa, siempre inalcanzable, de explicitar y de superar los límites que la imposibilitan; del interminable ejercicio de rodear su huidizo lugar, a través de invenciones que provengan menos de un espacio institucional de enunciación y más del deseo de la experiencia compartida del pensamiento que autoriza su ejercicio.

Con esta posición emerge la defensa derridiana de una filosofía cosmopolita que cuestiona tanto el universalismo liberal como los distintos nacionalismos filosóficos. A partir de tales ideas, contrastaremos dos lecturas de Derrida que creemos que abren dos recorridos posibles para pensar la teoría literaria desde Latinoamérica. Por un lado, la interpretación realizada por Walter Mignolo de la deconstrucción, con el supuesto de la necesidad de inventar una frontera en la cual elaborar un pensamiento decolonial ya no tan decisivamente contaminado con obras de un autor «europeo» como Derrida. Por el otro, que nos parece mucho más interesante, la apuesta por la deconstrucción por parte por Silviano Santiago, cuya afirmación del entre-lugar de la literatura latinoamericana permite pensar en una clave cosmopolita de defensa de la literatura. El parangón entre sus obras nos llevará a una que otra intrincada vuelta por sus lecturas de Hegel, Schwarz o el modernismo, imprescindibles para que la contraposición pueda surgir con un análisis menos genérico de los trabajos de Mignolo y Santiago.

Jacques Derrida y la filosofía de las lenguas

Una estrategia para entrar en materia es un examen de las condiciones de posibilidad e imposibilidad de la filosofía que no parta de la certeza de algún sujeto, universal o particular, que la pondría en obra. Esto es, pensar la silenciosa noticia relativa a lo que de modo simultáneo abre y condiciona la opción de toda lectura filosófica. La filosofía contemporánea, como es sabido, ha insistido en esa pregunta. Es por esto que no resulta casual la inédita insistencia que han adquirido, en variados debates, los prefijos. Es decir, en el énfasis de alguna nota que no alcanza a transformarse en palabra, pero que marca y precede a algún vocablo de mayor peso en la tradición filosófica que pasa a ser releído desde la condición que impone el prefijo. Buena parte de lo hoy debatido podría leerse como una discusión sobre prefijos. La lista potencial de ejemplos es tan larga como aburrida: *bio*política, *geo*filosofía, *in*operancia, *pos*modernidad y tantos otros podrían citarse hasta marear al lector.

Lo que ahí se juega es el lugar en el cual el discurso filosófico contemporáneo se posiciona ante la metafísica y las tareas que esta impone al pensamiento. Esto explica, por cierto, la insistencia de Jacques Derrida (1997a: 23) a propósito de los prefijos, en la diferencia entre la *Destruktion* heideggeriana y la deconstrucción. Mientras la primera estrategia intenta recuperar una nueva propiedad en una distinta manera de habitar la lengua en el lugar, tras el ejercicio deconstructivo ninguna certeza de sí, de una lengua propia o de un lugar propio de la filosofía podría acontecer. Legada por una alteridad inapropiable, según Derrida, es imposible que la lengua sea apropiada de forma concluyente por quien debe valerse de ella, pues la lengua remarca la incierta venida de un otro que nunca se presenta para garantizar el sentido, exigiendo una y otra invocación en una lengua que ya que no podría ser controlada por quien se vale de ella.

De esta manera, la lengua traza una residencia que sutura la supuesta seguridad de la comunidad que habría de reunirse en su lengua. Asumida la dispersión de lenguas y lugares previa a toda hipotética unidad, la lengua ya no remite a ningún estatuto de lo comunitario. En vez que confirmar la reunión con el lugar, despedaza toda certeza del vínculo con el suelo:

> Habitar: he aquí un valor bastante descaminante y equívoco: nunca se habita lo que se suele llamar habitar. No hay hábitat posible sin la diferencia de este exilio y esta nostalgia [...] En esta verdad *a priori* universal de una alienación esencial en la lengua –que es siempre del otro– y al mismo tiempo en toda cultura. (Derrida 1997b: 82)[1]

Es obvio que Derrida no compara lo descrito con una eventual intimidad prelingüística que sea después enajenada. Antes de todo supuesto origen, los movimientos de las lenguas exponen la estricta necesidad de pasar por lo que no deja pasar, en un abismo que ni

---

[1] Nos limitaremos a citar algunos textos de Derrida sobre la cuestión del cosmopolitismo, varios de los cuales no forman parte de su registro más conocido en cuestiones éticas y políticas. Ciertamente, una lectura más extensa de estas cuestiones podría mostrar su coherencia con lo dicho en tales textos, a partir, por ejemplo, de la lectura crítica de la mundialización que encontramos en *Espectros de Marx*, del cuestionamiento a la figura de la fraternidad en *Políticas de la amistad*, de la tematización del extranjero en sus textos a propósito de Lévinas o de la relación entre invención y alteridad tematizada en *Psyché*.

siquiera podría llamarse, tan simplemente, originario o constitutivo; que tampoco podría ser comunicado con un sentido claro sin diseminación.

Esta necesidad de las lenguas en su equivocidad pone en cuestión tanto a la pretensión particularista de determinar el sentido dentro de algunas fronteras como a la pretensión universalista de dar con el sentido más allá de las fronteras de las lenguas. Si para el discurso nacionalista resulta problemático asumir que el lenguaje no está cerca, por lo que no puede circunscribirse a su comunidad o lugar sin equivocidad, para el discurso metafísico el escozor nace ante la imposibilidad de situarlo a una distancia certera para que no afecte su afán de transparencia. Ni tan cerca ni tan lejos, ni mucho menos en un lugar que facilite su administración, la lengua que permite la filosofía condiciona su vocación de universalidad.

La filosofía no puede, por ende, dejar de escribirse en una lengua, en un tiempo y en un espacio. Mas si está a la altura de su nombre, se instala y desquicia cualquier unidad de la lengua, el tiempo y el espacio en las que se escribe. He ahí la infinita tarea que marca lo que podamos seguir nominando, entre tanta incerteza, como la filosofía; he ahí su ejercicio de la insistencia por el sobrepujamiento de las lenguas, los tiempos y los espacios conocidos, excediendo cualquier «ahí» determinado.

Esta imposibilidad de forjar un lugar certero de la filosofía abre la vocación de un universalismo incierto. A partir de una lengua debe aspirar a una reflexión que afecte más que a una lengua, sin que ello se traduzca en una lengua que sintetice o combine varias en nombre de alguna supuesta comunidad. Por eso Derrida ironiza contra el deseo de despertar la *fibra filosófica nacional* para reconstituir la filosofía desde las retóricas del patrimonio nacional (1987a: 30). Y es que, para Derrida, el filósofo –o la filósofa, huelga añadirlo– debe serlo más allá de toda ciudadanía o Estado, de toda lengua o nación:

El primer deber de un filósofo es, quizás, no rechazar esta prueba, la más difícil que hay: medirse con la urgencia de estas cuestiones universales (la mundialización, como suele decirse, no es más que una de ellas entre otras) exigiendo firmar en su lengua, e incluso crear su lengua en su lengua. Esta lengua singular, esta lengua idiomática no tiene por qué ser pura, ni siquiera nacional. (s.f.d)[2]

Las lenguas de la filosofía

La tarea que se abre es así la de reinventar, con otras lógicas, otros lugares de la filosofía. Los movimientos deconstructivos cuestionan cualquier determinación, buscando afirmar la irreductible diferencia que ya no se deja nominar, tan simplemente, como «el otro» o «lo otro», como si se tratase de un sujeto o cultura delimitada. Antes bien, claman por la apertura de toda categorización sistemática, desplazando todo tipo de fundamento metafísico o centro cultural.

Con ello, la deconstrucción se instala en la crisis filosófica del eurocentrismo y sus distintas metafísicas. Ya en uno de sus primeros trabajos Derrida asumía los tambaleos de la metafísica como parte de la crisis política del colonialismo que le es contemporánea:

Una sacudida radical no puede venir más que de afuera. Esta a que me refiero no deriva, pues, más que otra de una cierta decisión espontánea del pensamiento filosófico después de cierta maduración interior de su historia. Esta sacudida se desarrolla en la relación violenta del todo del Occidente con su otro, ya se trate de una relación lingüística (donde se plantea inmediatamente la pregunta de los límites de todo lo que

---

[2] Este texto, junto a otros tantos que hemos citado y citaremos, estuvo disponible en <www.jacquesderrida.com.ar>. No sabemos por cuánto tiempo tan necesaria página no podrá volver a subirlos. Por un mínimo de reconocimiento a su trabajo, preferiremos seguir aludiendo a ella cuando citemos textos que hallamos allí.

reconduce a la cuestión del sentido del ser), o ya se trate de relaciones etnológicas, económicas, políticas, militares, etc. (Derrida 1994b: 172)

Bien explica Fanon (1965: 130) –entre tantas otras cosas– cómo esta coyuntura altera a un campo intelectual francés que no puede seguir soslayando la cuestión de la colonialidad. La crisis, sostiene, obliga al pueblo francés a repensar y reconstruir su sistema de valores. En esta crisis, y escéptico a toda reconstrucción de pueblos o valores, Derrida describe dos alternativas. La primera remite a la instalación en una exterioridad absoluta, la que exige la ruptura y la diferencia. De forma lúcida, sin embargo, se distancia de tal chance, pues nota que esa estrategia es parte de la metafísica que ha de deconstruir. La creencia de estar fuera de la metafísica supone una metafísica del límite que ha de cuestionarse. En efecto, explicita Derrida (1994b: 19) que «exterioridad» o «alteridad» no son conceptos que sorprendan al discurso metafísico: este siempre se ha ocupado de ellos para levantar un sistema que pueda controlar lo que amenaza con desbordarlo.

De hecho, Derrida cuestiona las distintas políticas de la identidad que se oponen al universalismo abstracto en nombre de un particularismo concreto que busque situarse, con seguridad, más acá de sus fronteras. Las retóricas de la identidad tienden, según sostiene, a transformar la diferencia en oposición, sin cuestionar la lógica binaria que subyace en el discurso identitario. Lo que la deconstrucción exige, en contraste, es un respeto a la alteridad que no se troque en identidad ni en diferencia, sino en un infinito diferir que no se deja consolidar como una identidad definida. Si bien en instancias de opresión o exclusión la oposición es una estrategia válida, escribe Derrida (1997d: 8), la mutación de las diferencias en una identidad resulta peligrosa, ya que toda reivindicación identitaria corre el riesgo de una institucionalización que podría tornarla racista o xenófoba.

Frente a un liberalismo ingenuo que creyese que esa frontera solo excluye a quien queda fuera del límite, Derrida nota que ese cierre recorta también el interior que busca cimentar, inventando de modo racista un «otro» fantasmático cuya expulsión jamás puede asegurar. De ahí, por cierto, la insistencia obsesiva del nacionalista en la arbitraria consistencia de un espacio cuya seguridad presupone sin poder administrar. Obsesión deconstructiva, entonces, es la de exponer esa violenta arbitrariedad y asumir, con ello, que todo discurso se enuncia desde un espacio que contribuye a disputar y construir.

En este sentido, Derrida (1997b: 58) cuestiona cualquier deseo de gestar, con certeza, una cultura. Tal gesto replicaría la imposición del nombre propio que legitima al colonialismo, y también de todo deseo de erigir una cultura delimitada contra el colonialismo. Un deseo de asegurar otro nombre propio, en esta línea, puede replicar la lógica colonialista que se combate. Toda cultura, escribe polémicamente el argelino, es colonial. De ello no se sigue, como podría pensarse con exceso de velocidad, la justificación del colonialismo, sino lo contrario. Dada la imposibilidad de fijar el nombre, el trabajo crítico ante la cultura ha de ser el de deconstruir toda retórica de lo propio, de cuestionar toda figura unitaria de la cultura.

De hecho, la cultura, para Derrida, debe pensarse en la incesante transformación para consigo misma, con la heterogeneidad que impide su demarcación en una u otra forma (1992: 17). Por lo mismo, que toda cultura sea colonialista significa que un orden discursivo siempre puede desmantelarse, y *debe* desmantelarse en nombre de esos otros nombres que se han borrado. Para ello, debe interrogar cualquier certeza que busque autorizarse en alguna figura de la raíz, lo propio o alguna otra retórica del origen.

Es por esto que Derrida asume, a propósito de la coyuntura planteada por Fanon, la segunda estrategia. En vez de buscar posicionarse fuera de la metafísica en nombre de otra figura de la identidad, busca instalarse en los límites del *edificio* de la metafísica para enfrentar algunos los recursos que la tradición brinda a la arquitectura de esa tradición, sin renunciar a la promesa de la diferencia que puede, en las fronteras de la metafísica, imaginarse más allá de esas fronteras. Así, opta por releer a contrapelo la historia de la metafísica rescatando la promesa de universalidad que la recorre frente a los límites que le fueron constitutivos.

Es esto lo que permite a Derrida, en el tema que nos interesa, rescatar y cuestionar al cosmopolitismo kantiano. Nota su herencia eurocéntrica, mas defiende su insistencia en pensar la filosofía más allá de la particularidad. Con ese afán, busca sobrepasar los límites kantianos antes que construir otra filosofía acotada a otros límites, pero en nombre de otra comunidad. Tanto el eurocentrismo como el antieurocentrismo son, apunta, síntomas del colonialismo. Con y contra Kant, por tanto, se debe afirmar el derecho a la filosofía en todas las lenguas, sin concluir de ello la celebración excluyente de una u otra.

Derrida busca con ello escindirse de la tensión entre un universalismo abstracto y un particularismo concreto, e instalarse en una tensión que se resiste a cualquier superación dialéctica hacia un universal concreto. Con este fin, rescata, más allá de Kant, el deseo de indeterminación del universal kantiano, precisamente porque abre la opción de posponer toda imagen definida de lo humano. Con ese supuesto, jamás podría indicarse que aquí o allá lo universal está presente, de modo tal que se inscribe como un universalismo por venir.

Para Derrida (2001a), el cosmopolitismo –al igual que la democracia y la justicia, por cierto– siempre se inadecúa a todas las que creen ser sus manifestaciones. Jamás satisfecho, siempre requiere de *otro* nuevo esfuerzo. Es decir, de la apertura sin fin a las nuevas figuras que se reinventan sin frontera ni finalización que autorice a dar por finalizado el proceso de su acogida: sin que pudiera cesar el *Ven* a una sacudida que abre la ética más allá de algún sistema de normas acotado de antemano desde el que evaluar el criterio de humanidad de una u otra práctica. Al contrario, la filosofía ha de interrogar e interrogarse sin ninguna complacencia por las particularidades imperantes ni por cualquier universalismo que se crea ya universal. Leer todas las tradiciones deviene un ejercicio que permite abrir la universalidad existente a otras formas, antes que reconocer las particularidades como tales.

El despliegue de esa lectura cosmopolita, sin embargo, es limitada por el régimen de la limitada universalidad postcolonial. Derrida, de hecho, nota que el orden filosófico ha sido escrito en las lenguas de los Estados dominantes. El ejemplo que brinda (s.f.c) acerca de las lenguas en las que se ha discutido la cuestión del método es sintomático al respecto, pues cita a autores que han escrito en idiomas dominantes: Platón, Spinoza, Kant, Bergson y otros tantos germanoparlantes. Incluso sacudiendo la filiación establecida por Hegel y Heidegger entre el griego y el alemán como los idiomas aptos para la filosofía, sus lecturas muestran que las narraciones dominantes de otras historias de la filosofía siguen asociándose a las potencias políticas y económicas que se han expandido con las lenguas escritas en esas filosofías.

En ese sentido, el cuestionamiento derrideano a los nacionalismos filosóficos atraviesa también la crítica al internacionalismo que se sigue determinando por algunas lenguas y formas de la filosofía, así como por los modos de institucionalización que de allí han surgido. Si el imposible significado de la deconstrucción es *más de una lengua*, esto es, si la justicia es la promesa del imposible y necesario acoger al otro en su lengua, la creciente primacía de algunas lenguas en la mundialización deviene cuestionable, dada su constitución de una universalidad harto limitada.

La filosofía debe oponerse entonces a esos límites, lo cual no se limita a remarcar la jerarquía de unas lenguas sobre otras; también cuestiona la primacía de algunos estilos de habitar cada lengua. No se trata entonces de deber habitar otra lengua, sino la misma lengua de otro modo, enloquecerla por el amor que impone y la torsión que exige:

No se trata de sustraer la filosofía a la lengua y a lo que para siempre la vincula a lo idiomático; no se trata de promover un pensamiento filosófico abstractamente universal y sin inherencia al cuerpo del idioma, sino, por el contrario, de ponerla en obra de una forma original cada vez en una multiplicidad no finita de idiomas que produzcan acontecimientos filosóficos que no sean ni particularistas e intraducibles ni abstractamente transparentes y unívocos en el elemento de una universalidad abstracta. (Derrida s.f.a)

La deconstrucción como posible pensamiento poscolonial

A partir de lo anterior, nos interesa pensar la condición poscolonial con la deconstrucción, en el entendido de que, en la crítica al discurso eurocéntrico, obliga a repensar la pregunta por aquello que podría ser Latinoamérica sin suponer por eso alguna raíz por recuperar o alguna unidad por celebrar. El carácter discontinuo de una cultura colonizada, siguiendo a Derrida, no resulta tanto un accidente histórico sino el crisol desde el cual pensar la constitución y desmantelación de cualquier discurso de la identidad y sus distintas formas de insistencia por un pasado que no podría recuperarse de modo simple. Esto exige pensar las mixturas más allá de los imaginarios del mestizaje, y la heterogeneidad más allá de las políticas de la identidad.

Al insistir en la imposibilidad de un presente que se baste a sí mismo bajo alguna figura de la lengua o la comunidad, Derrida invita a pensar en una infinita melancolía hacia lo que no podría recuperarse ni abandonarse. Sin raíces, la justicia con el pasado retoma como una promesa en la discontinuidad, en nombre de una herencia que retorna siempre con otro aspecto. Las lenguas colonizadas, anota Derrida, no vuelven con pureza. Toda promesa de su retorno debe trazarse en la política de las promesas y en las promesas de la política –desde la pérdida de lo que, como promesa, no podría perderse sin que se pierda la política.

La interrupción del orden colonial, por tanto, no podría suponer el retorno a una presencia precolonial. Abre, más bien, otra promesa tras su cruenta experiencia. De acuerdo a Derrida, la emancipación es siempre una segunda jugada tras una pérdida que no se inscribe en algún momento circunscrito de la historia, puesto que la historia es la historia de esas pérdidas y promesas, y en ella se juegan las desiguales posiciones entre quienes imponen sus promesas, quienes las resguardan y quienes las pierden.

Es con esa promesa de emancipación que se juega la ética y su politización como una afirmación del porvenir que abre lo nuevo. No parece casual, en efecto, que Derrida recurra a una noción tan importante en su filosofía como la de *invención* para cuestionar la caracterización de la colonización de América como «descubrimiento», señalando que, en su lugar, habría que pensarla como la emergencia de nuevos modos de aprehender, proyectar o habitar el mundo. Frente a esa invención violenta, incapaz de asumir su carácter inventivo, han de surgir otras que aspiren a ser justas con un pasado que puede reinventarse con otro gesto, sin tranquilidad por lo logrado.

En esa línea, la lectura de las invenciones letradas no debiera pasar por notar cuánto han descubierto o no, como suele hacerlo la historia de las ideas, pues la pregunta se desplaza acerca de cómo han inventado cierta identidad y qué promesas puede abrir la lectura de sus invenciones. Así, la lectura ya no pasaría por la búsqueda de la historia de la concientización filosófica del continente a través del español, o bien de otra lengua. Antes que dirimir qué lengua y qué conciencia es más fiel filosóficamente a alguna comunidad, el trabajo crítico que se abre consiste en leer los procesos de nacionalización de las lenguas filosóficas sin partir de los supuestos de las naciones y sus lenguas, ni mucho menos de una eventual lengua abstracta anterior a las lenguas concretas. Trabajo que requiere, por tanto, aprender a pensar las distintas políticas de las lenguas y sus saberes.

Y es que no es preciso recordar la problemática radicalidad de la invocación de Heidegger a conservar el pueblo europeo *ante lo asiático* (s.f.b) para reconocer que incluso cuando la pregunta por la nación no se explicita sigue inscribiéndose su filosofía en la lengua del Estado, y que buena parte de sus disputas en Latinoamérica pasan por trastocar o reinventar otras lenguas con las cuales pensar. En particular, dado un diagnóstico hegemónico de la precariedad –cuando no de la ausencia– de la filosofía en lengua española[3] que hace más tentadora la oferta de filosofías nacionales que puedan incluirse en la universalidad filosófica que las ha excluido. Frente a ello, la filosofía como crítica de la razón identitaria ha de cuestionar esas certezas del orden poscolonial.

Walter Mignolo y el lugar decolonial

El trabajo de Walter Mignolo resulta un hito central en la discusión latinoamericana que busca desmantelar las certezas de la cultura poscolonial. Mignolo aspira a inventar otro nombre propio mediante un pensamiento que se supone cosmopolita y crítico del cosmopolitismo liberal. En uno de sus mejores textos, en efecto, describe de manera crítica la historia del cosmopolitismo europeo, al que contrapone la posibilidad de enunciar un discurso cosmopolita cuyo carácter subalterno permita construir un cosmopolitismo de, y no solo desde, otro lugar (Mignolo 2000c: 745)[4].

---

[3] Ha de ser evidente que esto no implica que lo que pueda pensarse como «pensamiento latinoamericano» se deba escribir en español. La conclusión debería ser la contraria. A saber, que incluso lo escrito en español no puede pensarse de forma exclusiva como escrito en la lengua de España. Si en algo se juega aquí la constitución histórica de los saberes –y, con ello, la necesidad de pensar estas cuestiones de un modo más marxista de lo que parece– es en esto.

[4] Quien haya leído a Mignolo sabrá que no son pocas las ocasiones en las que, a partir de distintos debates, repite alguna de sus ideas. Buscaremos citar los

Esto se explica porque —como sabe quien conozca su trabajo— Mignolo enfatiza los lugares en los que se produce y enuncia el conocimiento. De ahí la importancia que brinda a una nueva geopolítica del conocimiento. Esto es, al análisis de los espacios y procesos de creación de los discursos coloniales y neocoloniales sobre Latinoamérica, así como de las opciones de resistir a tales discursos. Para que estas alternativas no caigan en el paradigma del colonialismo moderno se debe asumir que la modernidad y sus saberes surgen, históricamente, con la colonización. Contra cualquier pretensión de inocencia, Mignolo sospecha en particular de los discursos que parecen estar al margen de la disputa histórica, como los de la metafísica. Por ello, remarca la existencia de la dimensión epistémica de la colonización, indicando que junto con la biopolítica moderna se da la política corporal del conocimiento (*body-politics of knowledge*) que impone los saberes del colonizador sobre los colonizados (Mignolo 2009a: 16).

Para indagar en tales procesos, Mignolo apuesta por una irreductible variable geográfica, ausente en la mayoría de los análisis históricos que leen la filosofía como un saber desplegado de forma temporal, mas no espacial. En contraste con la ambición de una sola historia global que caracteriza al universalismo eurocéntrico, el teórico argentino presta atención a la simultaneidad de historias locales para mostrar los diferentes espacios que son habitados en un mismo presente. Con ello pretende destacar los variados lugares de enunciación que la filosofía ha desatendido en su filosofía de la historia, y así abrir una eventual historia de la filosofía que no desatienda a las geografías de la filosofía. Es por este motivo que Mignolo se opone

---

textos en las que aparezcan de modo más claro para la discusión que nos interesa, sin ninguna pretensión de exhaustividad acerca de su prolífica obra. De ahí, por cierto, que nos centremos en los textos cercanos a la vuelta de siglo, en los que parece haber establecido con mayor claridad sus posiciones teóricas y políticas.

a la primacía analítica del tiempo que prolongan incluso los críticos de la teleología europea:

> No es por casualidad, para ponerlo de manera concreta, que Heidegger haya reflexionado sobre el ser y el tiempo, y no el ser y el espacio; que Proust haya escrito a la búsqueda del tiempo perdido, y no del espacio perdido; que Bergson haya reflexionado sobre la memoria y no sobre la localización. En fin, la concepción lineal del tiempo en la modernidad, ligado a la historia universal, fue un instrumento de dominación colonial que redujo el resto del planeta a una anterioridad histórica en relación a Europa. (Mignolo 1997: 6)

La atención a los lugares que allí emerge sirve de base a Mignolo para repensar los saberes que fueron subyugados durante la construcción de la linealidad eurocéntrica. Su objetivo es recuperar las oportunidades otrora negadas para cimentar un nuevo presente enriquecido con lo que las filosofías denegadas permiten imaginar. Mientras la historia se basa en hechos (Mignolo 2007: 54), la filosofía se vale de mundos posibles que permiten preguntarse por opciones que fueron desplazadas por la historia, ampliando la concepción de la realidad histórica a aquello que pudo haber acontecido.

No es difícil recordar en este argumento la subordinación aristotélica del saber de la historia al de la poesía (Aristóteles 1974: 1451b), dada la capacidad que brinda el estagirita a la poesía de pensar más allá de lo conocido. Si Mignolo puede replicar este gesto para destacar ahora a la filosofía es porque no vincula la filosofía a verdades universales; si así fuese, la filosofía sería siempre un tipo de violencia epistémica por el que una cultura impone sus ideas a otra. Antes bien, piensa la filosofía como reflexión crítica ante la universalización.

De este modo, Mignolo confronta la linealidad del tiempo eurocéntrico, que excluye ciertos saberes de la historia dominante de la filosofía, con la recuperación de saberes heterogéneos a esa línea. A través de la geografía del conocimiento abre inéditas alternativas a una perspectiva decolonial. Gracias a ello, por ejemplo, el saber decolonial podría preguntarse cómo habría sido la filosofía afrocaribeña si no hubiese contado con el modelo europeo. Otro saber del lugar, por tanto, podría gestar, junto a otro tipo de filosofía, otro lugar para la filosofía. Al desestabilizar la ficción del universal, construye su ser desde el nuevo lugar particular que se da. Contra la colonización del ser, construye, en sus nuevos límites, otro ser:

> No ser capaz de ser donde se está es la promesa de un potencial epistemológico y de un transnacionalismo cosmopolita capaz de superar los límites y la situación violenta generada por haber sido siempre capaz de ser en el sitio al que uno pertenece. Soy donde pienso. (Mignolo 2003: 414)

Más acá de la filosofía

Mignolo, de acuerdo a lo expuesto, no aspira a desmontar la diferencia entre Europa y su exterior, sino a levantar otro lugar para el ser y pensar dentro de sus límites. Una de las tantas estrategias que rescata para pensar esta cuestión es la noción de *suelo* trazada por Rodolfo Kusch, quien propondría una inscripción del espacio en el pensamiento mismo. A partir de una lectura de Heidegger cuyos problemas Mignolo obvia, Kusch señalaría algunos de los medios para pensar lo propio (Mignolo 2011: 10) mediante la vinculación entre el espacio y la identidad local.

Con ese fin, Mignolo rescata una las descripciones más esencialistas de Kusch. A saber, la de la diferencia entre el *estar aquí*, propio del hombre de la montaña, y la exitista forma de vida de quien quiere *ser alguien*, ligada al hombre que habita la costa (Mignolo 2003: 227). Mientras el hombre costero enaltece a una figura ambigua de manera inauténtica, acaso corroborando la posición de Borges a propósito del agua que comentaremos en un capítulo posterior, el andino, para Kusch, se sabe parte de su tierra y vive conforme a ella.

Rechazando la frontera marítima, quizás demasiado inestable por el contacto con lo foráneo, Kusch rescata el límite propio de un profundo habitar. En contraste con el desarraigado cosmopolitismo de la ciudad, desea reponer un origen que la crítica civilizante habría olvidado. Así, al decir de Mignolo, Kusch logra pensar el constitutivo vínculo entre el lugar y la verdad, pues lo hace con la auténtica experiencia de lo circundante.

Quizás, para Mignolo (1995b: 21), esto último es lo que habrían intentado pensar Hegel y Heidegger. De este último, de hecho, se vale para pensar la relación entre lenguaje y morada, mostrando que las lenguas quechua y aymará ratifican tan esencial vínculo. Mignolo discute la eventual primacía filosófica del alemán y descuida la lógica que subyace al argumento heideggeriano; antes que desmontar la verdad alemana del alemán, asume que tal modelo unitario de verdad debería abrirse a la multiplicidad limitada a las lenguas que puedan alcanzar sus propias verdades, ligadas a *sus* lugares, sin aspiración alguna a cruzar la frontera.

Ahora bien, es el mismo Hegel quien sostiene la necesidad de ese traspaso del límite, y acaso por esto es que su nombre rápidamente desaparece de la argumentación en cuestión. Esta elusión es harto problemática, ya que la actividad de morar, para Hegel, es desplegada —contra lo pensado por Mignolo[5]— en el proceso de ir deshabitando un lugar particular como parte de la universalización progresiva del espíritu. Esto explica, por cierto, el desdén hegeliano hacia la arquitectura, cuyo carácter material autoriza su posición larvaria en la

---

[5] De hecho, en la nota al pie 12, Mignolo trae a colación una cita de Hegel que identifica la filosofía como el estar en casa. Lo que olvida, evidentemente, es que ese logro sólo es posible, desde Hegel, una vez que se ha abandonado y desnaturalizado el lugar de comienzo.

historia de la espiritualización que se dirige hasta el centro europeo que Hegel ensalza.

En ese camino, una de las más sorprendentes imágenes de la geografía escultórica hegeliana surge en su análisis filosófico de la esfinge. Mientras la mayoría del arte egipcio sacraliza al animal –en una actitud que el filósofo alemán concibe como repugnante para los modernos–, la emergencia de la esfinge marcaría el avance de lo simbólico. Al introducir un germen de humanidad en un cuerpo que aún no se desliga de la ausencia de espiritualidad del animal, pero que comienza a superar su determinación, se enuncia la emergencia de lo humano que acompaña el paso de Egipto a Grecia: «De la fortaleza y fuerza de lo animal quiere forjarse el espíritu humano, sin llegar a la representación consumada de su propia libertad y de su forma movida, pues ha de permanecer mezclado y asociado todavía con lo otro de sí mismo» (Hegel 1989: 318).

Tan heterogénea composición transforma la esfinge en un enigma que recién un griego como Edipo puede descifrar, al implantar ahí la centralidad del hombre y el correspondiente imperativo socrático del autoconocimiento. Puesto que la narrativa hegeliana criba en ese paso el relevo de Oriente a Occidente, es tan crucial para Hegel celebrarlo como para Mignolo desconsiderarlo. Sólo soslayando la dialéctica este último puede reafirmar una lectura del habitar andino desde y para su lugar, capaz de impedir su subsunción colonialista en la vanguardia de un espíritu que trasciende fronteras y pasados.

Mientras la narrativa hegeliana marca el avance de la abstracción temporal por sobre la materialidad espacial, quien piensa el espacio colonizado ha de insistir en aquel resto de la historia como marca de un espacio cuyo futuro podría cambiar. Junto con reconocer el pasado, abre la posibilidad de nuevas alternativas para el futuro. Lejos de mantener la ruina como parte del pasado, para Mignolo (2009b: 322) el reconocimiento de la ruina existente habilita el cambio hacia otro futuro.

En particular, los Andes coloniales permiten a Mignolo pensar una nueva articulación del saber. En ese lugar, escribe, se ha forjado un pensamiento cuyo decir no distingue cosmología y filosofía, ni se transmite de modo lineal de la oralidad al texto como lo haría el saber occidental moderno. Esta lectura empírica, representativa y derivada de la letra resulta, después de Derrida, harto problemática. Allí se roza el mito de la comunidad ágrafa que bien objeta el argelino a Lévi-Strauss. Sin embargo, Mignolo refiere, más bien, a la presencia de otras formas y registros escriturales previos a la imposición del alfabeto occidental. Al imponer otro aparato de escritura, Occidente interrumpe la concepción andina de la escritura:

> En cierto modo se reifica el discurso y fuerza al alfabetizado a ingresar en una sociedad tecnologizada y contractual, donde un aspecto de su pensar se concreta en cosa escrita, en una determinada forma tecnológica de inscripción que rige el decir. De esta manera, la alfabetización suprime la posibilidad del antidiscurso, de la negación, en la medida en que alfabetizar supone el control de un aspecto del existir y la supresión de otras formas de decir ajenas al alfabeto. (Mignolo 2009b: 27)

En esta escena, ligada a las primeras dinámicas de colonización, la escritura es parte de la dominación, pues resulta una técnica exterior cuya imposición distorsiona los saberes previos. No obstante, para Mignolo la escritura alfabética luego ofrece nuevas opciones al decir colonizado, con una potencia tal que los colonizadores se ven obligados a limitar su uso. La escritura, por esta razón, no es para Mignolo del todo rechazable, ya que el intelectual puede ubicarse en las letras marginadas de la colonizada ciudad letrada. Mal que mal, un desprecio absoluto a la escritura desautorizaría incluso a Mignolo como intelectual crítico. De lo que se trata, entonces, es de desaprender el saber colonial y aprender a ubicarse de otra forma ante los saberes heredados, afirmando los propios. Para lograr esa enunciación periférica, indica el argentino, es *desde* las ruinas andinas que el pensamiento latinoamericano debiera escribir su relato, al igual como el europeo lo habría hecho a partir del pensamiento grecorromano.

Esta última vinculación no altera del todo la lógica eurocéntrica que supone un centro del discurso. Queda la impresión de que, para Mignolo, la tarea no consiste en desmontar el discurso europeo sobre Europa, sino en asegurar otro discurso, con otro centro y origen, para Latinoamérica. Como si, con el Hegel que busca combatir, pensara en un progresivo relevo de la esfinge al monumento, pero con las ruinas de otros monumentos andinos que puedan, autorreconocimiento decolonial mediante, construir futuros monumentos que ya no serían ruinas.

Ser más allá de Occidente

Que lo acontecido no pueda retornar bajo una presencia no diseminada parece obedecer, en la lógica de Mignolo, a una historia particular, y no a una condición cuasitrascendental compartida por todo lo que se llama a sí mismo como cultura. Mientras en Europa la historia de los monumentos tendría continuidad, como lo destaca el eurocentrismo, en los Andes la violenta mixtura colonial genera ruinas intersticiales que obligan a pensar sin monumentos completos, debiendo la crítica aprender a refugiarse en grietas desde las cuales pensar.

Mignolo llama *posoccidentalista* (1998: 28) a esta perspectiva que busca desnaturalizar los modos occidentales del saber para construir, con otro pensamiento, otro ser. Para ello, ha de plantearse en una diferencia que excede los esquemas impuestos por el colonialismo y su limitada universalización. El bullado giro decolonial, por esto, desea localizarse fuera del lugar institucional de la filosofía para pensar *su* lugar concreto, exterior a la limitada filosofía europea. De hecho, propone un *desprendimiento epistémico* que asegure la independencia de un pensamiento que sólo se deje afectar por lo ajeno de manera derivada, tras un corte previo.

Para ello, Mignolo fantasea con un exterior[6] histórico situado fuera de la totalidad eurocéntrica. Esa posición, sostiene, abre la diferencia entre el gesto *de*colonial y las filosofías de lo *post, neo* o incluso de la *de*construcción, las que serían incapaces de pensar la diferencia colonial y resistir a ella (Mignolo 2006a: 313). El prefijo escogido implica el desligamiento de Occidente y sus reglas, pese a la imposibilidad de desconocerlas. El mismo Mignolo reconoce que no puede haber una epistemología del todo exterior a la economía y epistemología modernas. La estrategia, antes bien, sería la erección de otro lugar desde donde valerse de esos saberes. Es en las fronteras donde, gracias a la efectiva administración aduanera del intelectual decolonial, ese *locus* de enunciación encontraría su lugar (Mignolo 2000b: 27)[7].

En esa línea, la crítica ha de apropiarse de las herramientas que la tradición europea podría legar para pensar lo impensable para esa tradición. En efecto, Mignolo (2007: 80) indica pensar con y contra Kant. Es poco claro, sin embargo, con qué Kant se queda. A diferencia de lo que sucede en Derrida, esto no le permite considerar a Kant más allá de Königsberg, ya que asume que el alemán replica la geopolítica metropolitana en su trabajo filosófico. El eurocentrismo

---

[6] Mignolo (2003: 78, 158, 173) dice autorizarse en esto en la noción de exterior pensada por Lévinas. Quien conozca un mínimo de la obra de este último puede notar lo problemática que resulta esta lectura, que supone el exterior como una realidad positiva y delimitada geográficamente. La crítica derrideana a la pretensión de la incontaminación en la exterioridad levinasiana bien podría replicarse aquí al supuesto de Mignolo de cierta presencia previa a la traducción desde la que el espacio decolonial se daría su saber decolonial.

[7] En ese sentido, puede recordarse que el mismo Mignolo, al igual que buena parte de los intelectuales latinoamericanos, reconoce que su interés por Latinoamérica emerge cuando sale de ella: es en Toulouse donde, según confiesa, se interesa por México (en Martínez-Richet 1997: 104).

de Kant, para Mignolo (2000d: 1243), monta un modelo de universidad, compañera de la construcción de Estados nacionales, que le da al alemán una posición rectora en la filosofía que difícilmente podrían haber tenido las lenguas hindú o aymará.

Lo que pueda rescatarse de Kant, así, no es un pensar más allá de sus límites, pues lo que destaca es la importancia de pensar dentro de los propios límites. De ahí que el argentino se desmarque (2001b: 441) del cosmopolitismo kantiano, al que liga a un nuevo momento filosófico de la colonialidad moderna, al punto que cree que una apropiación periférica del kantismo obstaculizaría la emancipación de la colonialidad. El carácter abstracto de su universalismo es el de un discurso particular que se piensa como universal, imponiendo su singular experiencia a todas las particulares experiencias humanas. Quien en Latinoamérica cree pensar dentro la universalidad está ya pensando, de forma acaso inadvertida, dentro del imaginario colonialista.

Habría que resguardarse de tomar más de Kant que la parte que, en esta otra, permite pensar ante las otras partes. Según Mignolo (2000b: 19), el olvido de esta advertencia produce la confusión de creer que las luchas y problemas europeos son los nuestros. Para quien desea ser su particularidad, la ambigüedad del universal se presenta como un problema antes que como la posibilidad de su sutura.

En vez de preguntarse si Kant permite pensar alguna afirmación de la libertad que pueda objetarse al propio kantismo pasado y presente, Mignolo busca desprenderse de su filosofía. Por esta razón, halla problemática su traducción a otro espacio. Los negros haitianos, escribe Mignolo (2007: 80), no requerían de Kant, y su lectura les ha sido incluso contraproducente, ya que limita su creatividad al autorizarse desde un filósofo blanco. Con ello, pierden el rendimiento imaginativo de la filosofía al reiterar, en la elaboración conceptual, la subordinación que han padecido hace siglos.

Es evidente que esta estrategia de sustraccion no pasa sólo por la relación con Kant. Toda la crítica europea de la modernidad queda, para esta mirada, sujeta a las determinaciones del colonialismo europeo. Aunque Mignolo (2000a: 23) reconoce que desde Spinoza hasta la Escuela de Frankfurt hay una interesante disidencia a la modernidad, no podría leerse allí una crítica a la diferencia colonial. Al sellar la modernidad europea como un bloque con límites claros, prefiere Mignolo ir más allá de ella en vez de hacerla pensar contra sí misma.

Por este motivo, la deconstrucción le parece también a Mignolo insuficiente para pensar más allá de Europa; aun cuando reconoce sus aportes para repensar el estatuto de la letra (Mignolo 1996: 8), asume que Derrida se mantiene dentro de los límites de la metafísica europea que el giro decolonial objeta. De esta manera, Mignolo deposita su sospecha sobre lo que el acusado ya ha confesado, pues Derrida justamente explicita la imposibilidad de enunciar fuera de la metafísica, con lo que abre la crítica a las metafísicas de la identidad, como la de Mignolo. Esto lleva a que este último deba leer de modo muy tosco al filósofo argelino.

Lo problemático de la crítica de Mignolo a Derrida no pasa tanto por ciertas imprecisiones en algunas de sus breves referencias (2011: 408) a Derrida, sino en particular por su lectura de los textos firmados por Derrida que sí aborda. En uno de ellos, Mignolo contrapone la descripción derrideana del monolingüismo del otro al bilingüismo de la traducción, indicando que con este último se supera el carácter monotópico del pensamiento derrideano. Lo que Mignolo no logra comprender es que, al pensar la lengua sin un origen en el cual poder delimitarla, para Derrida no podría existir *un* lugar desde donde enunciar de forma monotópica. Mientras que el énfasis de Mignolo en la traducción confía en la existencia de una lengua propia en uno y en otro lugar con la cual traducir, para Derrida ya cada lugar es desquiciado por una lengua múltiple. La traducción, insiste Derrida, trabaja *dentro* de cada lengua hasta enloquecer su supuesta unidad, y no, como lo piensa Mignolo, en el contacto *entre* lenguas que pueden desplazar sus límites en la medida en que suponen cierta unidad.

Como resulta evidente, con Derrida no podría darse algo así como un pensamiento «verdaderamente fronterizo», puesto que no podría haber verdad de un lugar ni frontera verdadera. Si algo marca la frontera, en tanto marca, es la imposibilidad de una demarcación clara. Mignolo, por el contrario, desea la verdad del límite que se resignifica en cada contacto, pero que parte de la frontera entre Occidente y su exterior.

Lo problemático del argumento de Mignolo es que supone un espacio demarcado que pueda administrar la iteración en uno u otro lugar. Piensa desde la frontera hacia dentro: gracias a la delimitación de un espacio fronterizo, imagina la fabricación de una interioridad que ofrece un lugar para las ideas forjadas en y para ese lugar. Se trata de un paso por el cual, con toda certeza, se pasa, para luego poder establecer un exterior que puede estar más cerca de lo que quiere, pero que cree poder alejar sin alojar:

> Pensar a partir de conceptos dicotómicos en lugar de ordenar el mundo en dicotomías. En otras palabras, el pensamiento fronterizo es, lógicamente, un lugar dicotómico de enunciación y se ubica históricamente, tal como ponen de manifiesto todos los ejemplos anteriores, en la frontera (interior-exterior) del sistema-mundo moderno/colonial. (Mignolo 2003: 150)

Lo propio por venir

La cita anterior parece asumir que el borde de Occidente no es un dato seguro. Antes bien, resulta una decisión interpretativa. Es por ello que, en otros pasajes de tensa articulación con lo ya expuesto, Mignolo reconoce un grado de indeterminación entre el espacio de enunciación y lo enunciado, resguardándose así –al menos cuando refiere al discontinuo tiempo colonizado– de un determinismo ontológico que asegure la verdad del lugar. Buscando no replicar esa lógica, enfatiza en la necesidad de ponderar las distintas alternativas de las prácticas teóricas que se ubican en un espacio para enunciarlo.

Mignolo (2001b: 20), por ende, asume que siempre hay más de un discurso en cada lugar. En efecto, reconoce una pluralidad de discursos constituida entre cruces de saberes, memorias y lenguas. De ahí la irreductible diversidad de discursos, cribada por cuestiones de raza, clase y género, de la sensibilidad sociohistórica y de prácticas disciplinarias (Mignolo 1995a: 208).

Antes que suponer un lugar neutro para decidir si alguno de esos discursos es verdadero, se abre la tarea de mapear las condiciones de enunciación de discursos que disputan los límites del lugar que los autoriza. De hecho, Mignolo apunta que la distinción entre dentro y fuera no se juega en el valor referencial del discurso. Es decir, que los lugares no existen como una realidad previa al discurso, pues son ya efecto de discursos. Sin embargo, defiende una estrategia en la que el lugar ha de pensarse previo a las disputas por la invención del lugar para evitar su total desmantelación de ese lugar, aun cuando (o quizás porque) sus límites puedan no ser tan seguros como quisiera. Inventa los límites del espacio de enunciación que habita y luego lo cartografía.

Frente a la consideración eurocéntrica de Occidente como una totalidad unitaria capaz de sumar e integrar todas sus partes, Mignolo propone una lectura unitaria de Europa para sustraer de allí las ruinas que le interesan para construir otra unidad. Justamente para insistir en ese lugar, como premisa de la diferencia colonial, es que resulta necesario inventar esa frontera, hasta reforzarla como si no hubiese sido inventada y suponer que sí existe la exterioridad a Europa. Con ello, habilita la emergencia de un sujeto colectivo de enunciación en cuyo nombre se autorizan los límites del saber de ese lugar:

> Expresiones como «América Latina» o «América Hispana» pueden emplearse, desde el punto de vista de un discurso que construye descrip-

tivamente un «Nosotros», como una apropiación territorial y, desde el punto de vista que construye descriptivamente un él, como nombre que designa una entidad pero que no debería necesariamente identificarse con el sentido de territorialidad. (Mignolo 1996: 15)

El discurso fronterizo decide entonces que debe imaginar un lugar previo a la frontera y que no debe perderse en ella para poder decidir lo que podría ser (o no ser) su saber. Ante el riesgo de deconstruir la identidad al asumir la invención retórica de los lugares, se refugia en el interior que inventa. Es por esta razón que Mignolo (2011a: 418) plantea el pensar posoccidental con una retórica que raya, en variadas ocasiones, en el esencialismo que supone todo discurso de una identidad firme. En efecto, explicita que el pensamiento fronterizo, en su crítica de las categorías coloniales, *endereza* la mirada subalterna y sus propios valores.

Su estrategia es, de este modo, asegurar el propio lugar que inventa como diferencia, antes que objetar una y otra impropiedad. Asume un carácter inventivo que luego debe denegar para construir una particularidad con la cual ingresar a un futuro espacio universal que reúna particularidades como ella, con la seguridad de una frontera que obstaculice la inseminación de lo exterior en su inventado interior.

Esto permite a Mignolo repensar otro universalismo en el que cohabiten diferencias ya formadas. Es después de la sustracción, por ende, que Latinoamérica podría reinsertarse en el mundo para levantar relaciones con otras zonas particulares. A través de conceptos como «pluriversidad» (2010: 113) o «diversalidad» (2003: 349), Mignolo aspira a un orden cosmopolita que se establezca con las particularidades existentes sin subsumirlas en una abstracción que se imponga sobre ellas. Esos particulares concretos podrían forjar una futura universalidad concreta que ya no impondría ningún tipo de abstracción colonialista.

Mignolo continúa, de esta manera, la larga operación del pensamiento latinoamericano de afirmar la incorporación de lo ajeno desde y para lo propio. Esta continuidad con las viejas estrategias del latinoamericanismo puede resultar problemática para un discurso que critica discursos de esa índole, por lo que Mignolo no se limita a cuestionar los contenidos de los anteriores discursos humanistas al respecto. Además, piensa explícitamente la identidad como un proceso de forja de un lugar que no sería previo a esa construcción, postulando la importancia de nuevas estrategias de representación de la identidad colectiva. Sólo de esta forma distintas culturas, ya constituidas hacia dentro de sí mismas, dialogarían sin la imposición colonial de una sobre otra: «lo que debemos imitar de Europa es precisamente esa capacidad para crear su propio-propio, pero sin devaluar e impedir, como lo hace Europa, que otros propios-propios surjan como aguas de manantial» (Mignolo & Gómez 2012: 11).

Ciertamente, Mignolo no yerra al vincular el contacto histórico con Europa con la expansión colonial, y el consiguiente carácter eurocéntrico de lo que emerge como filosofía moderna. Lo que nos distancia de su posición es que piense la resistencia a la dominación colonial como un repliegue hacia el interior de la frontera y no como resistencia, en uno y otro espacio, a la certeza de la frontera. Su estrategia recuerda la lógica de lo nacional-popular, como si pudiese realizarse una política de sustitución de importaciones del saber, incapaz de notar la farmacológica relación con la filosofía que designa como directamente colonialista. Al menos, así deja entrever su metáfora de la *limpieza* de un cuerpo que se libra de la herida legada por tan complejo contacto con el otro, pensado en la imagen de la *infección*.

Pareciera que Mignolo piensa que el cuerpo colonizado puede mantener su herida colonial sin contaminarse, acaso hasta curarse por completo; asume que no podría volver a ser el de antaño (2006b: 18), pero que sí podría construir un cuerpo nuevo que puede relacionarse con otros, porque ya es uno y no requiere de los demás para sobrevivir.

En otros términos, imagina un sujeto que podría superar la melancolía hasta introyectar con satisfacción lo perdido para generar una nueva interioridad que, desafectada de la violencia previa, pudiese gestar un cuerpo ordenado y soberano.

Las copias de lo propio

Al pensar esta emergencia de un nuevo lugar, Mignolo acude a un famoso término, acuñado por Roberto Schwarz (1992) durante los años setenta: las *ideas fuera de lugar*. Sin un abordaje directo del texto de Schwarz, se vale de aquel sintagma para pensar la situación de los discursos de colonizadores y colonizados en los Andes. Mientras los primeros imponen sus ideas ajenas al lugar, los segundos podrían erigir otro saber en su lugar, de acuerdo a las estrategias sustractivas ya expuestas. Esto permite a Mignolo (1995b: 23) afirmar que *fuera de lugar* es otra forma de lo que ha denominado como *semiosis colonial*.

Quien conozca el texto de Schwarz puede notar que el uso que hace Mignolo de sus ideas es muy discutible. Lo que el análisis de Schwarz explica es la tensión moderna entre una economía periférica y la recepción de imaginarios metropolitanos. Esa brecha entre un discurso político liberal y una economía esclavista no contrapone la falsedad de saberes particulares impuestos del exterior con la verdad de saberes particulares locales que niegan tal falsedad, sino que insiste en los límites de una universalidad cuyo contenido de verdad no radica en su validez, sino en las tensiones y deslices de la recepción del discurso moderno en una formación histórico-social que despliega una modernidad periférica. El carácter foráneo de las ideas se explica menos por su carácter europeo que por su incapacidad histórica de ser desplegadas en el capitalismo esclavista de Brasil. Ese desajuste histórico no podría solucionarse con el reconocimiento de la necesidad de un discurso propio.

Para Schwarz, por ello, la política que se requiere no es la de una conciencia que asuma otras verdades que las del falso liberalismo y se desprenda de la modernidad que la ha constituido. En efecto, el anhelo de un corte total con las ideas y prácticas modernas que permita la emergencia de lo reprimido de estos procesos es lo que el crítico austríaco objeta como una ilusión nacionalista: la de imaginar que lo nacional aparecería ante la sustracción de lo foráneo. Frente a esa fantasía de retorno al origen, el proyecto marxista al que se suscribe Schwarz defiende la composición de otro orden social moderno, en el que las ideas –y ciertamente no las liberales– sean congruentes con la realidad material en la que surgen.

De acuerdo a lo antes escrito, es claro que Mignolo no proyecta una presentación inmediata de lo nacional después del corte, ya que aspira a una construcción mediata de lo decolonial por sustracción. Sin embargo, esa operación sigue siendo problemática desde las ideas de Schwarz. Si bien este último considera, al igual que Mignolo, la expansión de las ideas modernas en el marco del despliegue del capitalismo, para Schwarz la transformación cualitativa recién podría llegar con un cambio en los modos de producción (y no sólo en los del saber). Lo que podría advenir tras ello es un nuevo Brasil moderno, antes que una identidad otra a la modernidad. Con otras prácticas económicas, políticas y teóricas, podría emerger un desarrollo distinto, renuente a la ideología liberal que instala un imaginario que se contrapone con las condiciones materiales de vida de buena parte de la población.

Mientras Mignolo llama a transformar la periferia en un nuevo centro que pueda dialogar con otros centros, Schwarz asume el carácter suplementario de la relación entre centro y periferia, el cual debiera interrumpirse con una transformación del orden capitalista que reparte centros y periferias; así, la política del desprendimiento epistémico que Mignolo pretende ver en Schwarz –en su supuesta condición de antecedente del pensamiento decolonial (1993: 130)–

resulta, para el segundo, una estrategia ingenua. La desigualdad capitalista no se supera pasando de la copia al original; requiere de la superación del orden cuya ideología fantasea con la originalidad. Contrario a todo tipo de retórica de lo propio, para Schwarz la cuestión radica en notar, en los irreductibles traspasos de saber, las tensiones de lugares que no preexisten a tales traspasos: «La idea de copia aquí discutida opone lo nacional a lo extranjero y lo original a lo imitado, oposiciones que son irreales y no permiten ver la parte de lo extranjero en lo propio, la parte de lo imitado y lo original, y también de lo original en lo imitado» (1987: 48).

Lo impropio en las copias

En un texto reciente de tremendo interés, Elías Palti ha criticado a Schwarz por el peso que tiene la semántica de la teoría de la dependencia en su lectura de la historia del liberalismo en Latinoamérica. Para Palti (2007: 281), quien bien rescata los trabajos de crítica literaria de Schwarz, la noción de «ideas fuera de lugar» adolece de un análisis referencial del lenguaje, al que opone a la concepción performativa de los lenguajes políticos. La pregunta debiera ser cómo se construye el discurso de la libertad, y no si existe o no esa libertad. El problema de la crítica de Palti es que no nota que cuando Schwarz cuestiona el desajuste entre la palabra y la cosa no lo hace para cuestionar la falsedad de la palabra, ya que lo que busca mostrar que lo que esa palabra cimenta es una libertad ideológica, dada la imposibilidad de la burguesía de notar el hiato entre el mundo que ha prometido y el que ha formado. Como si, por así decirlo, se tratase de la performatividad de la ideología que, en su mala copia de la idea, edifica un lugar incongruente en vez de realizar un mundo coherente. No es que el lenguaje ideológico niegue la realidad, sino que la construye sin el éxito que supone la concepción analítica de la performatividad.

En esa dirección, el problema de la copia no es su carácter extranjero. Antes bien, lo que se critica es su carácter ideológico, el que solo podría interrumpirse con un desarrollo moderno en el que la distancia entre las palabras y las cosas perdiera su relleno ideológico y fuese expuesto por la crítica[8]. La performatividad, en ese caso, ya no pasaría tanto por realizar cosas con palabras, sino por mostrar, con palabras, la falta en la cosa. Sin ese gesto de distanciamiento, los deslices de la copia poca resistencia podrían ofrecer al orden colonial que genera zonas de producción de originales y de copias. La celebración de la copia es, para Schwarz (1987: 36), cuestionable: describe ese ademán como derrideano y lo asocia a Silviano Santiago, criticando la celebración de la subordinación periférica que habría en su obra.

Como bien muestra Palti, el trabajo de Santiago contrasta, en el campo brasileño, con el de Schwarz. La relación que establece este último entre Derrida y Santiago, por cierto, es indiscutible[9]. De hecho, Santiago fue uno de los primeros pensadores en brindar fuera de Francia su atención a la filosofía de Derrida, antes de que esta se expandiera en la academia estadounidense durante los años ochenta. Ya en la década en que Schwarz escribe su crucial texto, Santiago compila un glosario de Derrida, destinado a instalar su imprescindible lectura. Allí aparece, en uno de sus primeros libros, la preocupación por la cuestión de la identidad cultural en términos deconstructivos, desde la entrada sobre «etnocentrismo» en la que se reconoce este concepto como estructurante del pensamiento occidental. Por ello,

---

[8] Esa distancia entre las palabras y las cosas abre también la posibilidad de palabras ambiguas que atenten contra cualquier vínculo cierto entre palabras y cosas. En los textos que siguen intentaremos pensar, en ese desligamiento, la afirmación de la ficción literaria.

[9] Esto no impide que Mignolo (1995a: 182-183), sin desconocer la posición deconstructiva de Santiago, también lo afilie a la herencia decolonial que él desea relevar. Quizás es otro gesto de un singular hegelianismo de las periferias, si pudiese existir algo como eso, no del todo asumido.

indica el volumen colectivo a cargo de Santiago (1976: 37), el discurso etnocéntrico es denunciado por la deconstrucción.

Este dato no es menor en un libro publicado a mediados de la década de los setenta, ya que las elaboraciones teóricas en torno a la deconstrucción de las identidades nacionales –pensamos, en particular, en los pensadores indios asociados a la postura poscolonial– son posteriores, e incluso el mismo Derrida poco había escrito al respecto hasta aquella fecha. Al recordar esto no pretendemos afirmar, con una torpe teleología, que Santiago haya anticipado a otros lectores, sino indicar la temprana productividad de su lectura de la deconstrucción a propósito del debate que nos interesa. Santiago, en efecto, sostiene que su experiencia intelectual en Brasil pronto lo encamina hacia la lectura de textos de Brasil y África con ciertas nociones orientadas por el pensamiento contemporáneo francés en general y al derrideano en particular (en Cunha & Miranda 2008: 174; Santiago 2015: 264 y ss)[10].

Mediante una lectura harto selectiva, Santiago se vale de distintas posiciones de Derrida para leer la cuestión de la identidad contra cualquier retórica del origen[11], enfatizando la riqueza de la filosofía

---

[10] Décadas más adelante, por cierto, ese interés no ha sido abandonado. Por el contrario, Santiago recuerda en textos más recientes el trabajo de Derrida también acerca de variadas temáticas, tales como la relación entre filosofía y sofismo a propósito de su lectura de Platón (2004: 208), la cuestión de la autobiografía y su lectura de Nietzsche (2004: 120), el pensamiento del don y la justicia (2006b: 241), la relación entre crítica y caricatura (2006b: 283), la tematización entre memoria y escritura en Freud (2006b: 362) o incluso acerca de las mezclas en los registros de escritura ante la experiencia de una mezcla entre libro y CD-Rom (2006b: 217).

[11] Esta estrategia, por cierto, parte por su forma de caracterizar la posición de Derrida. Ante una eventual determinación de Derrida como europeo, o acaso como argelino, Santiago remarca su carácter argelino, *pied-noir* y judío (en Ramos 2012). En vez de enmarcarlo en una u otra alteridad, remarca la múltiple composición de su escritura para pensar con su filosofía, también de modo múltiple, los procesos de recreación en las escrituras americanas.

derrideana para pensar el impropio lugar en el que propone una crítica a la noción de originalidad que acompaña la colonización. Con una mímesis doblevinculante, la copia abre la opción de una reelaboración que, al traducir, no puede pensarse con independencia del discurso colonizador, ni como su réplica. Ni lo mismo ni lo otro, desestabiliza los supuestos identitarios desde los cuales el reparto colonial desea el trazo de la frontera.

Con esa indeterminable posición surge la conocida idea de Santiago acerca del *entre-lugar* del discurso latinoamericano. A diferencia de la noción de «fuera de lugar», Santiago enfatiza ahí un espacio indeciso que, ni dentro ni fuera, permite una reescritura crítica. También aquí el prefijo resulta bastante elocuente, ya que intenta pensar, sin certeza ni estabilidad alguna que garantice la posición en uno u otro espacio, el equívoco crisol en el que confluyen, de forma asimétrica, distintas tradiciones que se heredan y reinventan en una creación que no alcanza una identidad clara. Y que por resistir a esa identidad se abre, una y otra vez, a otra inanticipable reescritura.

Más que *un* lugar híbrido que permite otro tipo de enunciación, como se suele leer, la noción de entre-lugar explica la imposibilidad de delimitar el lugar que se escribe en la literatura latinoamericana, adjetivo que acaso habría entonces que tachar. En esa apertura siempre inestable, la escritura no confirma lugar alguno, pues destrona la certeza de todas sus eventuales invenciones.

Entre cosmopolíticas

Esta afirmación de una relación porosa ante las literaturas de otros lugares permite a Santiago distinguir, de manera algo esquemática, entre una lectura localista y una cosmopolita. Mientras la primera resulta problemática por su anhelo de cerrazón, la segunda también puede ser cuestionable si se asume situada en una particularidad ya dada que se inserte en una universalidad hegemónica. Si sigue tal estrategia no trasciende la distinción, propia de la lógica colonial, entre el particularismo de la identidad y el universalismo de la colonialidad. Hasta el presente, de hecho, Santiago (2006b: 18) describe la subsistencia de cierto cosmopolitismo contemporáneo coherente con la caridad neoliberal.

Sin embargo, Santiago muestra también la posibilidad de otro tipo de lectura cosmopolita, renuente a todo tipo de identidad simple con la cual encajar en la universalidad liberal. Ello abre la alternativa de contestar los límites del liberalismo en nombre de un cosmopolitismo que cuestiona las premisas liberales. Así, el desarraigo de la identidad no lleva a la pérdida del sujeto de la política, sino a una politización radical que desmantela toda identidad como un dato ya dado. Frente al universalismo proveniente del siglo XVIII y su prurito homogeneizador, Santiago (2004: 168-172) destaca la oportunidad de repensar el cosmopolitismo en la desestabilización experimental del nacionalismo particularista y del internacionalismo universalista.

A diferencia del espacio letrado de la Ilustración europea que surge en ese proceso, el tipo de modernización letrada que se desarrolla en Brasil exige pensar otro tipo de cosmopolitismo. Santiago, de hecho, compara a través de una lectura histórica el desarrollo de la modernidad literaria en Europa y en Brasil (2004: 159). En particular, en torno a la ausencia en el Brasil decimonónico de un público lector extendido, o incluso de la probabilidad de contar con libros, lo que impide el despliegue sistemático de espacios u objetos específicamente literarios o nacionales. Antes que el vehículo básico del saber, en ese contexto los libros devienen un lujo. Por lo mismo, los pocos y ansiosos lectores brasileños no podrían haber tomado una actitud desatenta a los escasos libros europeos que por allí circulaban, de modo tal que la gestación de una literatura local debió ir más allá de la literatura y de lo local. Sin cosmopolitismo no parece haber sido posible la literatura.

Esa necesidad cosmopolita forja una tradición literaria nacional que no podría haberse desarrollado con formas simples de la nación o la literatura, ni tampoco similar a la tradición europea. Mientras el desarrollo del espacio público burgués en Europa se caracteriza por la bifurcación que enmarca a la literatura en el gusto estético de la contemplación y a la política en el conocimiento y la acción, el escritor brasileño se adentra a la literatura a través de diarios que no distinguen del todo entre literatura y política, ni entre Brasil y el planeta. A contramano del cosmopolitismo imperialista, gesta la tentativa cosmopolita en un espacio literario que no se separa del todo de la política.

Con esto, por supuesto, Santiago no desconoce la existencia de políticas de la literatura en Europa, ni los zigzagueos de todo prurito de autonomía literaria o nacional. El punto, antes bien, es que mientras en la modernidad europea es plausible imaginar una literatura nacional o autónoma, en la modernización brasileña esa oportunidad sólo puede existir muy tardíamente. Antes de ello emerge en los medios de comunicación lo que Santiago caracteriza como una *escritura anfibia*, en la que, no sin tensiones, conviven temas y formas que harto distan del supuesto de la autonomía literaria.

En ese contexto, impera en Brasil un arte contaminado por la política, mixturado con la cultura popular. Estas mezclas erigen la tradición nacional en constitutiva apertura con la tradición internacional. Son frecuentes en Brasil, mas resultan un híbrido a ojos del lector europeo. Quien busque ahí una escritura que encaje en categorías ya delimitadas por la cultura europea concluye dudando acerca de la eventual existencia de la literatura en Brasil. Para un punto de vista eurocéntrico, toda discusión sobre la adecuación de la realidad brasileña a la portuguesa, escribe Santiago (2002b: XXVII), sería frustrante. En efecto, en su búsqueda de la literatura mundial, el lector eurocéntrico no logra adecuar a Brasil las categorías de su modernidad, la que supone la distinción entre literatura y política.

Por esta razón, la literatura brasileña se le presenta como un fantasma de difícil encuadramiento:

> O arte o política –define la dirección del interés a la hora de comprar. Nunca las dos al mismo tiempo y en el mismo lugar. Arte y política. El híbrido le parece un fantasma, lo que ciertamente lo asombrará –en caso de que sea menos respetuoso de las fronteras nacionales y las convenciones disciplinares– en su propia cotidianidad de habitante del primer mundo. (2004: 68)[12]

Frente a esa torpe frustración, los libros brasileños que cautivan la fácil mirada de cierta Europa son aquellos que aspiran a restituir la pureza literaria desde la indiferencia hacia la miseria nacional y su respuesta política; esos que se autorizan con un universalismo desafectado del lugar de enunciación, para instalarse en la pseudoeternidad del universalismo artístico de una obra sin fantasmas.

La obra de Paulo Coelho permite a Santiago graficar ese tipo de cosmopolitismo fácil, dado su deseo colonial de inserción de la lengua brasileña en una mundialización cuyos límites no descoloca. Al notar que Coelho instala el portugués como una lengua literaria en la globalización, Santiago cuestiona que lo haga restando singularidad a la lengua, mediante una obra sin espesor que quiere presentar un portugués transparente a toda otra lengua, siguiendo los peores deseos de esa globalización. En lugar de torcer los propios hábitos de la lengua, Coelho monta una inserción de un portugués que ya no porta diferencia alguna con la lengua neoliberal. Con ello, sostiene Santiago (2004: 78), se desentiende de la responsabilidad que el escritor no puede dejar de tener con la lengua que reescribe.

---

[12] Todas las citas de textos no traducidos son de mi autoría. En el caso de Santiago, citamos también las traducciones al español de Santiago 2012a y 2012b, realizadas por Raúl Rodríguez Freire y Mary Luz Estupiñán, y Santiago 2013, a cargo de Mónica González García.

Modos del modernismo y la modernidad

Es con la reflexión modernista de Oswald de Andrade que Santiago busca repensar otra estrategia de creación de una cultura moderna brasileña. En particular, insiste en la crítica antropofágica a la ambición nacional de exteriorizar los supuestos valores nativos de la nacionalidad. Con esa estrategia de la identidad no se construye, según escribe, una modernidad cultural sino una imagen turística. Andrade postula, contra esa estrategia, la necesidad de interiorizar lo exterior para concebir un nuevo espíritu entre la precariedad material de la falta de libro. Con la irreverencia que caracteriza a la antropofagia, demanda siempre otro préstamo −sin devolución− de lo ajeno para forjar un interior inestable cuyo límite no puede trazarse, pues en cada paso se reconfigura un «adentro» sin la fantasía de la interioridad que crea poder sustraerse de su exposición hacia el exterior. Es ahí donde aparece, y para más allá de Brasil y Latinoamérica, el carácter crítico de su gesto: «La mayor contribución de Latinoamérica a la cultura occidental es la destrucción sistemática de los conceptos de unidad y pureza» (Santiago 1978: 16).

La literatura modernista resulta interesante para Santiago ya que permite repensar las vías de la modernización, incluyendo la modernización literaria, a partir de un zigzagueo harto singular. Mientras la modernización de la sociología aspira a una inserción no mediada en la supuesta universalidad moderna, y la de la antropología levanta templos conservadores con el ánimo de resguardar la particularidad que la modernidad habría destruido de forma irreversible, el *bisturí literario* posee menos piedad y compromiso con el progresismo y sus institucionalidades patrimonialistas. Ni moderna ni antimoderna, se sitúa en el movedizo espacio que disputa la modernidad gracias a la ambigüedad que la ficción moderna favorece; en la convulsa confluencia de semánticas populares y europeas, examina y desestabiliza las condiciones de la representación de una y otra tradición sin ceder a los supuestos y lenguajes de ninguna de ellas.

El valor que Santiago otorga a la literatura no responde entonces a una defensa genérica o esencialista de lo literario, ya que explica la importancia de la literatura en su concreto emplazamiento histórico. Dado su carácter liminal, distante de cualquier certeza de la identidad del pasado o de la universalidad del futuro, la literatura carece de la estabilidad que garantice la posición en uno u otro espacio. Partiendo, por supuesto, de un espacio nacional claro en el cual alojarse. En la tradición brasileña, de hecho, argumenta que «lo propio» siempre ha sido metafórico. Es decir, que debe pasar por la mediación retórica que lo aleja de toda presencia que allí se intentara afirmar.

En ese sentido, deviene necesario distinguir entre la referencia esencialista a las culturas indígenas y africanas y el recurso a tales culturas como invención de un exterior crítico a la razón occidental, desde la que puede establecerse la crítica a la demanda totalitaria y totalizante de tal razón. La defensa de un discurso afro, indígena o de alguna otra figura excluida de la modernidad colonial no se enuncia en Santiago como la ganancia de un nombre propio que asegure un espacio de identidad ante la modernidad, puesto que instala una estrategia de sutura de los estrechos límites de la modernidad colonial y su reparto de identidades.

Con ello, traza una lógica no esencialista con la cual reinventar las tradiciones subalternas que remueve las formas y nombres que les lega el colonialismo moderno. La estrategia del entre-lugar instala un incierto diferir respecto a la modernidad europea, antes que la conformación de una nueva identidad que contraponga, con límites claros, su saber otro al mundo colonial. Y es que Brasil no podría ni ser ni no ser negro, lo que abre una crítica de la colonización que exige, en nombre de lo criticado, ir también más allá de toda negritud (Santiago 2006b: 136 y ss).

De este modo, la operación cosmopolita destacada por Santiago es distinta a la de un autor como Coelho. Sus textos no incorporan ningún tipo de identidad de Brasil en una Europa literaria ya delimitada. Desde Brasil, reimaginan tanto a Brasil como a Europa en un límite que se reescribe y se borra una y otra vez. En su reclamo del entre-lugar, el desajuste y la ambigüedad no suponen una escritura menos lograda, sino todo lo contrario.

Las desigualdades de la periferia

Es en esa brecha subterránea que deja el acondicionamiento impuesto por el orden, escribe Santiago, donde la libertad se puede respirar (2006b: 213). La historia de la escritura del entre-lugar permite al crítico brasileño leer esos respiros más allá de las fronteras de Brasil y asumir la desconfianza en las fronteras literarias como característica de la literatura latinoamericana que le interesa. En efecto, escribe que los intelectuales latinoamericanos siempre han tenido el coraje de notar lo que habría de «foráneo» en ellos, a diferencia de lo que podría decirse de los pensadores del Viejo Mundo, más reacios a reconocer la imposibilidad de la autarquía cultural (Santiago 2002c: 238).

Con esa hospitalidad a lecturas provenientes de distintas tradiciones, los escritores latinoamericanos gestan un cosmopolitismo más amplio que el de los intelectuales europeos. Su respuesta al maridaje entre colonialismo y cosmopolitismo no es el de un particularismo que se oponga al cosmopolitismo liberal. Antes bien, se trata de un deseo de ser más cosmopolita que lo que podría serlo, con sus límites nacionales y jerarquías culturales, la literatura europea. En lugar de creer que la literatura latinoamericana es autónoma respecto de la europea, Santiago la piensa en desobediente diálogo con ella.

La historia de la literatura latinoamericana que interesa a Santiago, en esa línea, puede leerse como la historia de las creativas recreaciones de la literatura europea. De sus primeras manifestaciones en adelante, la escritura del entre-lugar latinoamericano reconoce y valora la creatividad de la copia, situando su originalidad en el gesto de copiar de otra forma, y no en la creación de una forma del todo nueva, de modo tal que la distinción entre originalidad y copia pierde vigencia. Santiago (2000: 50) emplea la conocida ficción borgeana de Pierre Menard para graficar la creatividad de la copia. Entre las repeticiones emergen las diferencias que no se dejan leer como falta, sino como un desliz que afirma, de manera siempre singular, otra posición. De este modo, en la escritura del entre-lugar no se hallan experiencias de una identidad ajena a la modernidad, ya que ahí emerge otra experiencia de modernidad, una resistente ante todo discurso identitario, ante toda limitación de la escritura de parte del colonizador extranjero o del Estado nacional y sus intelectuales.

La imposibilidad de una repetición sin diferencia sintomatiza, según Santiago, los límites del mando colonial ante la subversión periférica de los códigos coloniales que son releídos y parodiados mediante un gesto cosmopolita. La desobediencia de la copia surge como posición crítica que asume y combate el colonialismo al emplazar, en los términos del conquistador, la mirada del conquistado, sin estabilizar esta última en una nueva binariedad. Es por ello que su postura está muy lejos de la ingenuidad –que le achaca Schwarz– de una celebración de la periferia. Una defensa ingenua de la diferencia habría de gozar de una identidad definida que celebrar o cierta suposición de igualdad entre uno y otro lugar. Frente a ello, Santiago asume la desigualdad para leer las resistencias de la copia como un ejercicio de crítica a la colonización, de cuestionamiento a la subordinación eurocéntrica del original a la copia: abre un espacio de incesantes traducciones que obliga a exponer toda cultura a un exterior que ya no le sería ajeno, desde un interior que ya no sería propio. La pregunta por la independencia, tan central en las discusiones sobre identidades nacionales y postcoloniales, caduca: «La copia (americana) solo puede ser "real" en el momento en que suplanta al modelo (europeo). O sea: la copia es más real que lo real

en el momento en que pudiera empezar a "influenciar el modelo"»
(2002c: 240).

Lo interesante de la propuesta de Santiago es que lee la escritura de carácter cosmopolita en virtud de su condición latinoamericana, y no pese a ella. Contra cualquier posterior sofocación en nombre de una nueva identidad, Santiago lee allí una libertad siempre inconclusa, la que clama siempre por otro esfuerzo para resarcirse de las distintas formas de determinación. Como si, por así decirlo, la escritura arrancase en los zigzagueos posibilitados por esa ausencia de plenitud.

Ante todo eventual deseo de plenitud que crea que alguna libertad se ha alcanzado, emerge la necesidad de una descolonización infinita, sin recurso a alguna realidad previa cuya restauración pudiera presentarse como un dato certero de que se ha superado la colonialidad. Lo cual, por cierto, no anula la disputa anticolonial. Al contrario, la hace mucho más exigente. A diferencia del afán eurocéntrico de la pureza de su cultura, y de la del decolonial subalternista de construir un nuevo lugar que se haya limpiado de ese afán, Santiago aspira a una literatura en la que quizás se pudiese imaginar una vida sin propiedad alguna –y ya no, como se lo suele hacer, algún gesto de apropiación que aumente el caudal de algún propietario original.

La escritura del entre-lugar se inscribe en la incerteza que asume la inventiva que Santiago rescata, con las lúcidas palabras de Simón Rodríguez: *O inventamos o erramos* (Santiago 2002a). Es sugerente que, más de cientocincuenta años después de Rodríguez, Derrida (1987b: 74) recurra a esa necesidad al afirmar que la deconstrucción es inventiva o no es. Lo que supone, desde la deconstrucción, que lo inventado ha de errar, o sea, tantear sin alguna verdad que pueda, tras haber sido inventada, autorizarse como *locus* de enunciación. Sin lugar de origen o llegada, disputa las chances que el espacio histórico del *entre* otorga. Y, entre sus multiplicidades, ha de inventar una nueva modalidad de inventar. Sin certeza, no resta más, ni menos, que la alternativa de la invención sin otro dato que la promesa abierta en la invención.

Más allá de la filosofía

Con este irreductible diferir, en la lengua y entre las lenguas, para Santiago la enunciación del entre-lugar abre la opción de pensar en un universalismo de la diferencia que requiere la huida a toda delimitación. El rescate de la promesa universalista se sitúa en las *exapropiaciones* que no han dejado de darse desde, y más allá, de su limitada promesa de universalidad:

> O la universalidad es un juego colonizador en el que se consigue, poco a poco, la uniformización occidental del mundo de acuerdo a su totalización a través de la imposición de la historia europea como Historia Universal, o es un juego diferencial en el que las culturas, incluso desde una situación económica inferior, se ejercitan dentro de un espacio mayor para que se acentúen los choques de las acciones de dominación y de las reacciones de los dominados. La verdad de la universalidad colonizadora y etnocéntrica está en la metrópolis, indudablemente; la verdad de la universalidad diferencial, como estamos viendo con ayuda de la Antropología, está en las culturas periféricas. (Santiago 1982a: 23)

La demanda de un universalismo de la diferencia autoriza la crítica a las tentativas contemporáneas del multiculturalismo, ligadas al Estado nacional y sus estrategias de identidad. A ello Santiago contrapone un interculturalismo contemporáneo, asociado a prácticas de movilidad de quienes ya no pueden optar por uno u otro lugar como su fuente de identidad. A saber, la experiencia de lo que denomina como el *cosmopolitismo del pobre* (2004).

Esta última figura de la migración precaria puede ser menos clara de lo que pueda concluirse con apuro. No refiere a una imagen acotada del proletariado, ya que el análisis del capitalismo contemporáneo requiere una denuncia que no se limite a indicar la pobreza en uno u otro sujeto, país o rama de la producción. Las múltiples formas de explotación contemporáneas obligan a pensar de manera cosmopolita la oblicua y nómade experiencia que describe Santiago, quien busca repensar la precariedad asumiendo que los intentos de huida de la nueva situación periférica desplazan hacia los centros una condición precaria que no se supera, sino que ahora llega a los espacios dominantes del capital transnacional. Pobres, en conclusión, no son sólo explotadas y explotados en la periferia, puesto que también puede serlo quienes padecen una nueva explotación en el centro.

Al centrarse en una condición socioeconómica compartida por el mundo, la propuesta de Santiago introduce la cuestión del trabajo para desligarla de toda identidad cultural delimitada, lo que permite pensar en una experiencia que *cualquiera*, en cuanto explotada o explotado, podría tener. La del pobre no deviene, no podría devenir, una identidad fija. Carente de parte en el reparto y de parte a la que pertenecer, ni siquiera podría discutir uno u otro reparto. Por eso una política que de allí surja ha de ser pensada sin determinación territorial alguna, en desplazamientos que desplazan la universalidad existente en nombre de esos otros mundos que la ficción, en su incerteza, puede imaginar.

La pregunta que queda ahí suspendida, sin embargo, es la relativa a alguna noción de justicia capaz de motivar la política. En la prolífica ensayística de Santiago es difícil pensar una antropofagia que busque inventar asumiendo la necesaria e imposible promesa de hacer justicia a lo que ha devorado. Por esa irreverencia es que, desde Santiago, es posible la creación pensada sin el *Ven* derrideano. Y es que acaso cuesta pensar esa invocación tras la marca de una invasión que ha venido a Latinoamérica de maneras tan destructivas. Mas ello, *quizás*, torna más imprescindible la invocación a otra alternativa de venir.

Pese a ello, la lectura reciente de Derrida que hace Santiago (2006a: 87) roza una consideración empírica de la escritura, al punto que describe el espaciamiento como movimiento concreto en la hoja en la que se escribe. Con ello, soslaya que la tematización derrideana de la huella remarca cierta resistencia a su transformación en un dato positivo, lo cual abre una posibilidad de invocación a lo ausente que Santiago parece perder, lo que limita la pregunta por la ética. En sus lecturas filosóficas, Santiago, en efecto, rescata la hermenéutica de Rorty (2006a: 64). Es decir, una interpretación de la interpretación sin pretensión alguna de justicia a lo leído.

En sintonía con lo anterior, Santiago (2006b: 311) distingue entre ética y filosofía en la obra de Derrida, para señalar que el argelino rechaza lo judaico de la filosofía y lo instala en el plano de la ética. Esta distinción es problemática por el condicionamiento étnico que marca esa lectura de la ética en Derrida, y también porque resta la indeterminación ética que asedia, para Derrida, toda decisión filosófica. En la discusión acerca de la relación entre etnografía, viaje y violencia, Santiago pierde la promesa por aquella venida que, sin llegar, se anuncia y abre otra promesa. Opta, en su lugar, por pensar lo que viene y asedia un adentro tan inseguro que no puede anticipar lo que llega, insistiendo en la reelaboración de ese interior mediante una transfiguración que, en su infidelidad a lo leído, lo devora y construye lo nuevo. Esta nos obliga a imaginar una idea de antropofagia que pueda suplementar la deconstrucción de Santiago con la insistencia derrideana por la promesa de la justicia. A saber, una antropofagia que exige que el otro que se come sea también a quien se pueda dar de comer, a través de formas de heredar que reinventan la tradición que se lee buscando ser más fiel a su promesa que lo que esa tradición ha podido ser.

Esa promesa abre escrituras que se comparten y disputan, parafraseando a Simmel, por caminos sin metas y metas sin caminos (en Vernik 2009: 79). Pensar algunas de las oportunidades, tensiones y dificultades se abren en esos pasos es el deseo que recorre los siguientes capítulos de este volumen.

Submemorias del desarrollo.
Literatura y memoria en la ensayística de Silviano Santiago

> Una paletada le echó el panteonero;
> luego lió un cigarro; se caló el sombrero
> y emprendió la vuelta…
> Tras la paletada, nadie dijo nada, nadie dijo nada…
>
> Carlos Pezoa Véliz (2008: 68)

Las miradas del olvido

Depositario individual de la contradictoria memoria de la clase alta destronada tras la Revolución Cubana, el narrador de *Memorias del subdesarrollo*, breve novela escrita por Edmund Desnoes, destaca la inminencia de la mirada como la particularidad de la mujer cubana. En la clásica y notable versión fílmica de Tomás Alea Gutiérrez, esa reflexión transcurre en una librería. En ella se da el fortuito encuentro entre el personaje y una mujer poco atenta a los textos de Martí y del marxismo soviético que abundan en los estantes. La mujer, en el espacio letrado, no mira las letras, sino al intelectual que las lee.

De acuerdo al personaje, el saber que guardan los libros, minado por la irreductible presencia de la carne, no puede desarrollarse en los trópicos. Incluso ante los libros de los héroes de la Revolución, la reverencia del silencio es interrumpida por la excesiva cercanía de los cuerpos. Basta con mirarse para que el cuerpo ajeno altere la eventual concentración en el propio saber, según concluye el protagonista, puesto que la vista en el trópico posee una seductora indiferencia respecto a otros sentidos: «Aquí las mujeres te miran a los ojos, como si se dejaran tocar con la mirada», dice el personaje en el filme, alterando de modo sutil el relato escrito por Desnoes (1980: 12).

Mientras el ojo del desarrollo desea distanciarse de lo observado para poder determinarlo al mirar, gracias a una conciencia que no se deja afectar por lo mirado, la mirada en el subdesarrollo no es capaz de controlar siquiera al cuerpo desde el que mira. Mucho menos, por ello, de recordar lo visto. El protagonista, de hecho, se queja con frecuencia de la incapacidad de retención mental de sus compatriotas, que alcanza por igual a quienes apoyan la Revolución y a los de su propia clase derrotada. Ni siquiera cuando se encuentra con los escritores halla algo de interés, de modo tal que prefiere hacer como si no los viera (Desnoes 1980: 69), para poder seguir viendo aquello que sí guarda algo de saber.

Si la presencia de la mujer impone la necesidad del contacto visual, la del escritor marca la del deseo de no mirar, para poder no saludar y seguir leyendo los libros extranjeros que se contraponen con la ignorancia circundante. Y es que el pueblo cubano –confiesa el personaje– no deja nada por recordar. Al no recordar nada, no logra construir ningún tipo de saber con el que pudiera surgir, a futuro, el desarrollo:

> Una de las cosas que más me desconcierta de la gente es su incapacidad para sostener un sentimiento, una idea, sin dispersión. Elena demostró ser totalmente inconsecuente. Es pura alteración, como diría Ortega. Lo que sentía ayer no tiene que ver con su estado de ánimo actual. No relaciona las cosas. Esa es una de las señales del subdesarrollo: incapacidades para relacionar las cosas, para acumular experiencias y desarrollarse. (Desnoes 1980: 44)

La fabulación de la subjetividad del personaje es tan rica como tensa, puesto que desea una memoria que no puede desarrollarse ante un subdesarrollo que no deja nada para recordar. Para que haya memoria, sugiere el personaje, debe haber desarrollo. La falta de sujeto en un presente puro de los cuerpos no puede recuperar lo que observa con el cuerpo, hasta el punto de perder la propia lengua y con ello la posibilidad de contar, en el futuro, con recuerdos: «No puedo decir que gobernaban porque no tenían idea lo que era una clase dirigente. Jamás leían un libro; creo que una vez oí decir a Mestre que había leído un libro muy interesante: *The Revolt of the Masses*; había leído a Ortega en un libro de bolsillo, eso no era lo malo, y en inglés, eso sí es el colmo» (1980: 23).

En tal sentido, resulta difícil considerar, como lo hace Emir Rodríguez Monegal (1975: 585), que la obra de Desnoes levanta la figura del intelectual de manera especular. Pareciera tratarse, antes bien, de la exposición del carácter constitutivamente fallido de esa operación, puesto que el personaje carece de una formación cultural que le brindase un espejo en el cual poder verse sin ser tocado, y tras ello poder recordar alguna imagen culta de sí mismo. En efecto, el narrador escritor reconoce haber empezado a olvidar el francés y a eructar el café que toma en la mañana (Desnoes 1980: 65). Sin la noticia de una cultura por interiorizar, la novela presenta la impotencia del escritor de una clase alta latinoamericana que carece de una tradición que recordar, una tradición en la que inscribir su obra.

Para Rodríguez Monegal, por el contrario, puede que un escritor en 1965 (año en que Desnoes publica su novela) se reconozca en su obra, porque asume que las naciones latinoamericanas ya cuentan con el desarrollo imprescindible para crear y luego forjar su memoria. Desde su punto de vista, dicha tarea ya la habrían realizado las generaciones previas, de modo que la crítica al desarrollo, incluso décadas atrás, sería excesiva. Por este motivo, Rodríguez Monegal critica a Rodó, a quien rescata como antecedente, por su supuesta caricaturización del utilitarismo estadounidense (1967: 102). Más que la crítica al desarrollo ajeno, lo importante para Rodríguez Monegal es el desarrollo cultural propio que Rodó e intelectuales posteriores logran crear, para que en el futuro pueda haber desarrollo y así, también, memoria del desarrollo.

De acuerdo al crítico uruguayo, es Borges quien alcanza lo deseado, al punto que no sólo puede leer las letras europeas que en la ficción de Desnoes son ajenas al público, sino que además puede invertir la relación y ser leído por los hombres más altos de esas tradiciones (véase Rodríguez Monegal 1972). Destaca que mientras Borges no ha leído a Sartre y Derrida, los más importantes intelectuales franceses se fascinan con Borges, en cuya obra Rodríguez Monegal busca –no sin tosquedad, por cierto– algunas afinidades con la deconstrucción que ven los franceses, y que Borges, en su ceguera, no requiere ver[1].

La ceguera literaria

Justamente a propósito de la ceguera, pocos años después de la muerte de Rodríguez Monegal, Derrida brinda breves reflexiones sobre Borges. En ellas sitúa su obra en la relación entre ceguera, noche y sueño que inaugurara Homero, y que pasa por Joyce y Milton. La literatura –deja entrever el argelino– surge con una forma singular, elusiva, de mirar sin poder mirar, lo cual abre la opción de insistir en lo que no se puede mirar. Deposita su singular mirada, por así decirlo, más allá de la mirada y lo que de ella se ofrece a la vista.

Si los autores no se saludan entre los libros, no es por desviar la mirada del cuerpo ajeno. Más bien, se debe a que la lógica que podría tener su encuentro, sin encuentro, es la de un mirar más allá, dándose a recordar una promesa distinta a la del desarrollo. Recuerdan, por así decirlo, lo que no han visto. Su memoria, antes que reafirmar el saber logrado, interrumpe su experiencia. En lugar de vincular memoria con desarrollo y olvido con subdesarrollo, la literatura instala la posibilidad (que habitan Desnoes y tantos más) de la ficción como

---

[1] Véase, al respecto, Rodríguez Monegal 1985 y 1987.

recuerdo de aquello que la linealidad del desarrollo debe olvidar, como memoria de otros tipos de memorias y desarrollos.

En esa imprecisa dirección, el recuerdo que la literatura inventa no es el de una memoria que defienda la experiencia del mundo. Esto no significa que la literatura sea una ilusión ajena a la historia; más precisamente, su mirada sobre la historia ha de ser opaca. Mientras la historia busca narrar lo ausente de alguna manera fidedigna, la literatura lo hace a través de una ilusión cuya relación con el mundo se juega en el espacio de la ficción, lo que abre una fidelidad más incierta y exigente. La ceguera literaria, por ello, es la que nombra al mundo anulando la certeza de su existencia, partiendo por la de quien firma.

Una conocida escena homérica instala con singularidad e inteligencia la alternativa de la desidentificación de quien se da otro nombre para eludir la mirada ajena. Nos referimos, como es predecible, a la lucha de Ulises contra Polifemo, en la que la astucia del protagonista lo hace presentarse bajo el nombre de *nadie* o *ninguno*: nombre sin clara referencia y referencia sin nombre preciso que desanuda el lenguaje y la realidad presente abriendo la posibilidad de la literatura. O sea, de un discurso que se autoriza en el cortocircuito entre el nombre y la referencia, ya que no tiene nombre para presencia alguna. Su nombre anula la certeza de la referencia.

En su ceguera, Homero inventa una historia que tematiza el gesto de inventar otro nombre para desviar una realidad que amenaza la supervivencia. He ahí el singular triunfo de un personaje que decide anularse para subsistir a través de un golpe cuya proveniencia su enemigo no logra identificar. Como es sabido, tras recibir el certero golpe en el ojo, el cíclope clama por la ayuda de sus pares que, ante la singular nominación del héroe, no puede llegar: «Ninguno me mata por dolo» (Homero 2003: 239).

La paradójica astucia de Ulises es la de nombrarse eludiéndose, puesto que se da un nombre que no lo dota de identidad. Todo lo contrario, anula toda eventual identidad. Derrida (1993: 88) comenta que, al presentarse, se borra: *ninguno*, por tanto, es alguien, acaso algo, pero cualquiera.

Su ademán habilita la opción de no seguir leyendo a *nadie* o *ninguno* desde un modelo negativo (*nadie* como la falta de alguien, *ninguno* como la falta de alguno), sino como una realidad de la que no hay más dato que la borradura de toda singularidad certera (*nadie o ninguno* como algo que no tiene nombre). *Ninguno*, entonces, se puede nombrar sin poder delimitar, con su nombre, su objeto. No dice más –ni menos, ni mucho menos– que un nombre anónimo que puede entenderse, como lo hacen los otros cíclopes, como la falta de alguno, pero que también puede comprenderse como cualquiera, sin más certeza que un nombre que no asegura su referencia en un mundo que deviene enigmático.

Una lectura positiva de *ninguno* permite pensar en la necesidad de la memoria ante la oportunidad del olvido. Es porque puede creerse que no es sujeto alguno que se lo puede olvidar, asegurando que no hay olvido al decir, por ejemplo: *nadie ni nada está olvidado*. Quien conozca un mínimo de las demandas por las políticas de la memoria en el Chile reciente sabe que esa frase es corriente, mediante una lectura que cree que no existe alguna persona o algún objeto que haya sido olvidada u olvidado. El problema de ese argumento es que supone –como el desarrollo– que se puede asegurar un recuerdo. Frente a la desmemoria del desarrollo neoliberal, aspira a una memoria del subdesarrollo, una memoria más completa debido a que sería capaz de recordar sin pérdida lo acontecido. Y acaso así poder gestar, desde el desarrollo de la memoria, una posterior memoria de un nuevo tipo de desarrollo, compatible con la memoria.

La lectura positiva de la frase en cuestión –que insiste en que sí hay algo y alguien que está olvidado– no deriva en una defensa del olvido. Por el contrario, asume que porque se puede olvidar es que se debe recordar. El anonimato de los cuerpos violentos clama, en oposición a la desmemoria de los cíclopes, por que *ninguno*, es decir, cualquiera, sea recordado. Esa indeterminación abre el infinito combate a la desmemoria que supone que el desarrollo puede transformar a ninguno en alguien, al cuerpo sin nombre en parte de una comunidad mayor que podría darle su nombre de modo retrospectivo.

Si la dialéctica progresista establece que la historia reencuentra el desajuste entre el nombre y el objeto, la interrupción de la dialéctica impide pensar una restauración de la identidad en un futuro en el que todo se recuerde. El peligro de la fe dialéctica está en contentarse y decir que, *ahora sí*, nadie está olvidado, olvidando los olvidos. Ante esa estrategia del relevo debe insistirse en los nombres sin referencia, sobre todo cuando no queda más que el nombre para seguir recordando un cuerpo del que no se puede recuperar más que su nombre y la promesa de justicia que abre; cuando ya no son los cíclopes, sino los *ningunos* quienes claman por el reconocimiento de la violencia y por la justa e imposible reparación de lo acontecido a los *nadie*, como bien llama Galeano a quienes tienen número sin nombre y brazos sin rostro: «Los nadies, cuestan menos que la bala que los mata» (2000: 59).

SILVIANO SANTIAGO Y EL RECUERDO DE LO INOLVIDABLE

En ese sentido, urge otra mirada que pueda pensar la memoria entre el olvido, en particular cuando ya no está el cuerpo que garantizaría su recuerdo y ya no resta más, ni menos, que la ausencia que marca el imperativo del recuerdo. De ahí que, en las últimas décadas, algunos intelectuales latinoamericanos hayan intentado reflexionar sobre los olvidos que subyacen a pasadas y recientes formas de desarrollo en Latinoamérica[2].

---

[2] Evidentemente, son muchos los autores que aquí podrían abordarse. Si nos parece interesante presentar el trabajo de Santiago no es sólo porque es hace

Entre ellos se encuentra Silviano Santiago, quien en su productiva relectura de la vanguardia modernista brasileña rescata la torsión a la tradicional retórica de la *saudade* del escritor americano. Mientras esta última tendía a lamentar la ausencia de Brasil en Europa y viceversa, el modernismo brasileño olvida ese olvido señorial para imaginar otras pérdidas por recordar. Si la *saudade* es, de acuerdo a la bella definición de Guimarães Rosa que Santiago evoca, «ser después de tener» (2004a: 20), ante ese sentimiento impera una memoria que permita sobrevivir en la pérdida, irreductible a cualquier objeto que se presente, a cualquier melancolía delimitada a uno u otro objeto. Para esa ética del recuerdo infinito, debe subsistir el recuerdo de lo prometido antes que de lo logrado y lo perdido. Quizás, por ende, nutriéndose de una memoria de lo que no se ha tenido y se debe tener para, sin tener, poder seguir siendo, aspirando a poseer lo que excede toda posesión y toda imagen del propietario.

Esa afirmación de la promesa de lo que no se ha tenido abre la alternativa moderna de la literatura, inédita en Brasil hasta la llegada del modernismo. Con ella emerge una memoria que puede recordar algo más que el subdesarrollo existente o la promesa del desarrollo programado después de ese subdesarrollo, ya que retoma el recuerdo

---

muy poco que su obra ha comenzado a ser leída y traducida en Chile, sino también porque su defensa de la literatura reelabora una relación entre memoria y testimonio desde la que puede leerse la historia de la literatura latinoamericana, sin limitarse a los conocidos testimonios acerca de los cuales gira buena parte del debate actual acerca de la relación literatura-memoria. En ese sentido, bien se podría acompañar lo aquí descrito con algunas ideas de Beatriz Sarlo, quien ha trazado interesantes y discutibles argumentos contra la reciente primacía del testimonio. Tampoco está de más explicitar que la posición de Santiago que reconstruimos no se basa en relaciones que, en su amplia y prolífica ensayística, él haya tematizado. Antes bien, es fruto de lo que nosotros, en cuanto lectores, podemos hilvanar. La opción que sus textos brindan para este ejercicio, o tantos otros, ratifica su riqueza.

de una tradición ausente. Y abre, con ello, la tradición a una traducción que interrumpe cualquier linealidad en la tradición.

La estrategia antropofágica que instala el modernismo busca cortar, en efecto, con lo que Oswald de Andrade llama, en su singular lucidez, la «memoria fuente de costumbre» (1979: 71). Contra el deseo de la memoria del desarrollo que condena al escritor brasileño al subdesarrollo, aspira al desarrollo de otra forma de memoria. Esto explica que la preocupación modernista por la memoria requiera de la infidelidad con los recuerdos imperantes para poder ser fiel al recuerdo de múltiples tradiciones con las cuales forjar la modernidad literaria.

No es extraño, a partir de lo expuesto, que Santiago (1982a) rescate de Mario de Andrade la figura de la «traición a la memoria». Quien conozca la obra de este último –en particular, sus reflexiones musicológicas, entre las que Santiago da con aquella frase– sabe que poco podría haber allí de una absoluta desconsideración hacia el pasado. Y es que la lectura que brinda Santiago de la vanguardia insiste en que su desarrollo no es el que corta con la tradición, sino que, en su lugar, reelabora de otro modo la experiencia, ofreciendo la alternativa de otra memoria. Según el *mineiro* (Santiago 1982b), de hecho, el modernismo alcanza su mejor trabajo crítico en la literatura memorialista.

Lo aquí problematizado –no está de más explicitarlo– trasciende una eventual discusión relativa a la historiografía literaria brasileña, ya que indica las tensiones que abren lo que puede seguir llamándose, sin certeza, la literatura. Desde la perspectiva de Santiago, el poema nace de esa productiva memoria traicionada. Es porque no se tiene el dato que autorizaría la narración realista que puede surgir la escritura literaria. El poema –indica– siempre se escribe después del acontecimiento, gracias al recogimiento del ser en la memoria de lo ido.

Se entrevé, entonces, que sin la diferencia entre lo recordado y su recuerdo no se podría escribir literatura; y que es por esa distancia que la escritura no puede recuperar la experiencia ni dejar de escribirla, de forma tal que la literatura sería esa inquietante experiencia de la imposibilidad de escribir la experiencia[3]. Su escritura, simultáneamente, elabora e impide la consumación del duelo, al remover con una escritura siempre singular la ausencia que se invoca:

> Escribir poemas. Desenterrar y resucitar paisajes, desenterrar y resucitar cadáveres, desenterrar y resucitar recuerdos, desenterrar y resucitar emociones, desenterrar y resucitar anotaciones, desenterrar y resucitar lecturas, y así *ad infinitum* –he aquí el trabajo religioso y sacrílego del poeta con las palabras. (2006b: 360)

La inscripción del sujeto en la escritura, por tanto, no se juega en la presentación del objeto del poema. Antes bien, remite a la manera en que el sujeto trabaja una experiencia con la que no puede dar. En consecuencia, para Santiago, el poema siempre resulta alegórico, por lo que su rendimiento político varía en función de su oscilación entre alegorías impersonales, subjetivas o sociales.

Es predecible que el concepto de alegoría que utiliza Santiago remita a Walter Benjamin, cuya reflexión acerca del vínculo entre narración y experiencia es releída de modo crítico por el brasileño para pensar en nuevas modalidades de escritura. Si para Benjamin –en la lectura de Santiago– la crisis contemporánea de la experiencia moderna amenaza la continuidad del narrador moderno que narra la experiencia, la estrategia posmoderna sería la de la narración desde la falta de experiencia propia. Es aquella condición la que abre, para Santiago, la necesidad de narrar la historia de otro.

---

[3] De esto no se sigue, por cierto, una distancia clara entre escritura literaria y no literaria, una distancia que permitiese así pensar en una escritura tranquila ajena a la literatura. Al contrario, se abre la necesidad de pensar la inquietante imposibilidad de una escritura cierta allí donde ésta quisiera, dicho de forma ingenua, ser no literaria.

Ante la falta posmoderna de experiencia, explica Santiago, los medios de comunicación de masas inventan experiencias sin asumir el carácter inventivo de su discurso. Su deseo realista consuma, en ese sentido, la falta de experiencia del presente. Suplantan a quien podía narrar cuando la experiencia aún era posible, narran su falta de experiencia como si fuese experiencia y deniegan la alternativa de otra narración que inscriba de otra forma la inexperiencia en la letra. Su desarrollo aspira a recordar todo porque ha olvidado la promesa de lo inolvidable

Mientras en la narración modernista el quiasmo entre política y literatura produce una escritura que no puede desligarse de una y otra esfera (Santiago 2004: 69), la política del narrador posmoderno –y, por cierto, su límite– es la defensa de la literatura en cuanto tal, en una esfera pública que amenaza la posibilidad de la literatura, dada la insistencia massmediática en efectos de realidad que la política debe asumir y la literatura descreer. Ante la hegemonía de la narración noticiosa que cree dar con la experiencia, la literatura insiste en otro modo de narrar que cuestiona la correspondencia entre el nombre y la cosa.

En este escenario, la estrategia literaria no puede ser la de recordar más, sino la de hacer la memoria de lo que subyace a toda memoria, a saber, la equívoca relación entre el recuerdo y lo recordado. Ante la falta de una experiencia que pudiese confirmarse en la narración, se abre la opción de seguir narrando. En lugar de intentar la reconstrucción de la experiencia, el narrador posmoderno ha de trazar otra estrategia que la del memorialista moderno. Sin nada que decir, la suya es la segura inseguridad en la palabra en un mundo donde la certeza del vínculo entre palabra y objeto se ha desplomado.

Habida cuenta del exceso de información sin experiencia es que la narración posmoderna, al no poder aportar ningún dato, se expresa en su propia impropiedad, sin hacerla pasar como experiencia propia. Narra para testificar la posibilidad de narrar, incluso en la pobreza de la experiencia. Insiste en la experiencia de la palabra, pero no para confirmarse como información, pues su trabajo es el de suturar todas las potenciales certezas acerca de sus referencias: «Hay un aire de superioridad herida, de narcisismo descuartizado en el narrador posmoderno, impávido por ser aún el portador de la palabra en un mundo donde ella poco cuenta, anacrónico por saber que lo que su palabra puede narrar como recorrido de vida tiene poca utilidad» (Santiago 2002c: 56).

Recién con ese paso podría aparecer lo que Santiago destaca como la «ficción pura», por parte de quien sabe que toda figura de la realidad es una construcción de un nombre que no puede dar directamente con su referencia. Como si, con la falta del dato de la historia, comenzara la literatura. Por lo mismo, poca pureza podría guardar ese nombrar que al desenterrar nada resucita con certeza.

Recordar a ninguno

Las reflexiones recién consignadas guardan particular importancia cuando la experiencia que se debe recordar es la de quien no puede dejar su recuerdo. Si las posdictaduras latinoamericanas se han caracterizado por las amnistías y desmemorias que Santiago (2004: 148) bien cuestiona, la defensa de la literatura deviene insustituible para imaginar las memorias cuya desaparición impide su transformación en información que podría confirmarse, y que obligan a imaginar un recuerdo más allá de la triste lógica de la información.

Frente a la desmemoria del desarrollo, la literatura elabora el recuerdo de la violencia que el desarrollo olvida, desde los más tempranos procesos de modernización colonial hasta las tentativas contemporáneas del neoliberalismo, ante las cuales escribe el narrador que Santiago caracteriza como posmoderno. Si la característica del totalitarismo es su deseo de no dejar siquiera huella, deviene imprescindible el paso por la literatura (el no paso por la literatura, para ser más preciso en la imprecisión) como estrategia de rescate, contra el olvido, de los crímenes que han impuesto su desarrollo. De ahí la importancia de la ficción para recordar aquello que ha acontecido sin que pudiera confirmarse en algún tipo de información:

> Esta despreocupación con la «veracidad» del relato, perdonada incluso por el historiador interesado por una historia «de los vencidos», será mucho más interesante para el crítico literario, por el estrecho callejón de desprecio a la veracidad que se comunican entre la ficción y la autobiografía, el fingimiento y el relato personal, la narración [*estória*] y la historia [*história*]. (Santiago 2002b: 40)

La defensa que hace Santiago de la literatura parece imprescindible para no olvidar. Aún más después de algunos reconocimientos oficiales por parte del Estado que permiten creer que ahora sí que ya nadie está olvidado. Frente a esa tranquilidad del dato, huelga imaginar las memorias que han desaparecido, que no pueden entrar al reino de la información y que claman por la ficción para ser recordadas, en una lectura que desdibuja toda memoria del desarrollo para permitir imaginar, desde sus escombros, otros desarrollos de la memoria. Bien lo entendió Blanchot, al sopesar la seriedad que instaura el juego literario, especialmente cuando más problemático resulta su estricto carácter lúdico: «anuncia la felicidad y la inocencia de la lectura que tal vez sea, en efecto, una danza con un compañero invisible en un espacio separado, una danza dichosa, apasionada danza con la "tumba". Ligereza a la que no hay que desear una preocupación más grave, porque allí donde la ligereza está dada, la gravedad no está ausente» (2002: 177).

Los laberintos de la raíz.
Silviano Santiago recorre a Octavio Paz

> Este constante estar en camino, esta habitabilidad del camino que no nos ofrece salida alguna, nos atrapa en un laberinto sin escapatoria...
>
> Jacques Derrida 1994a: s.p.

Los laberintos del ensayo

En uno de sus tantos ensayos, Octavio Paz (1984: 101) escribe –casi al pasar– que el ensayo es siempre un género plural. La igualmente plural historia de los ensayistas parece así demostrarlo. Ya en el cauto título de los libros de Montaigne puede leerse la imposibilidad de que exista un solo ensayo, como sí podría existir –recurriendo a una contraposición quizás ya demasiado genérica– un único Discurso del Método. Y es que la incierta certeza de la escritura ensayística exige a quien allí tantea la escritura seguir de forma infinita, en una y otra forma, ensayando.

Bien demuestran ese carácter plural del ensayo los libros de ensayos que ha firmado Silviano Santiago antes del que hoy nos ocupa. Con gran productividad, tales volúmenes atraviesan muy distintas temáticas: desde las transformaciones en las motivaciones de los viajeros a interpretaciones del modernismo brasileño, pasando por lecturas del cine, el lugar de la crítica en el diario o la relación entre cultura y democracia. Desplegando de modo simultáneo miradas y objetos variopintos, el brasileño no vacila en atravesar distintos registros con una libertad que deviene urgente en los contemporáneos tiempos del *paper*.

Podría suponerse que el libro que acá abordamos interrumpe esa estrategia, al limitarse a la lectura de dos ensayos centrales de todo eventual canon brasileño o latinoamericano, como lo son *El Laberinto de la Soledad* de Octavio Paz y *Raízes do Brazil* de Sergio Buarque de Hollanda. Al encarar tales textos, sin embargo, Santiago no rehúye la gesta del ensayo. Por el contario, acaso la radicaliza, al pensar también el canon con una perspectiva que poco se preocupa –como tiende a hacerlo la historia canónica de las ideas– por delimitar de manera unitaria los trayectos e ideas de uno y otro autor. Leyendo ambos textos en conjunto, reuniendo las tristes y tradicionalmente separadas tradiciones brasilera y latinoamericana, Santiago muestra que siempre hay más de uno, más de un autor, de un texto, de una lectura; como si pudiéramos decir: su ensayo no es *un* ensayo, dado que en ningún momento deja de ser un *ensayo*.

Por lo mismo, poco sentido tendría intentar resumir el libro, relatar sus capítulos o principales ideas. Como todo lo que destaca por su singularidad, no se puede contar con su experiencia si es el otro el que la cuenta. El texto se resiste a ello y permite tanto más.

Valga, entonces, uno que otro tanteo en su nombre, partiendo por lo relativo a la curiosa finalización de *Las raíces y el laberinto de América Latina*. Si la descripción de una investigación sistemática sobre Paz y Buarque, o sobre otros autores, debiera partir por el principio, la de un texto como este bien puede hacerlo por el final: «Apunta a una fórmula, un *objet trouvé* duchampiano o un hallazgo del surrealismo, que se fue transformando en forma y que, a su vez, sería la manifestación más auténtica de la moral social y la elaboración política brasileñas (que sin existir existían)» (2013: 247).

La última frase del libro no sólo presenta una indecisión; además, termina con un paréntesis tras el cual no se concluye. Como si su final fuese la interrupción de una lectura interminable y no la confirmación de un saber ya ganado, Santiago escribe un punto final que nada finaliza. Es claro que un libro que cierra de esa forma no llega a claridad o cierre alguno, sino que aspira a mantener abierta la alternativa de otra lectura. Como el mismo Santiago lo explicita, su objetivo es montar una máquina de escritura que fragmente las de los autores estudiados para seguir pensando.

Reescribiendo con y contra ellos, Santiago vuelve a viejas preguntas para leerlas de un nuevo modo[1]. Antes que exponer los conceptos de uno y otro para descubrir la identidad de las culturas estudiadas, Santiago ejercita la deconstrucción del concepto de identidad y de la identidad del concepto, al leer, desde la atención a imágenes privilegiadas de los ensayos que comenta, a Paz con Buarque y a Buarque con Paz.

Con ello, expone una lectura que no busca un suelo común entre una y otra tradición. Por el contrario, al confrontarlas, quita el suelo a ambas. Se trata de una máquina que ya no busca hallar su voz en el fondo de la raíz o en los muros del laberinto; que impone una lógica que no puede más ni menos que situarse en la siempre singular yuxtaposición de escrituras que resuenan más allá de ellas mismas, acaso sin paz, con el exceso de cierto eco.

---

[1] Es interesante notar que la reciente atención de Santiago hacia la obra de Paz —sobre quien algo había escrito Santiago a finales de los años ochenta (véase Santiago 2002c)— reitera la de otros autores importantes de la crítica cultural latinoamericana contemporánea, lo que esperamos que se amplíe con la celebración del centenario del mexicano. Como parte de distintas agendas poéticas y políticas, pueden hallarse en las últimas décadas textos en que autores de la importancia de Bosteels (2013), García-Canclini (1989), Johnson (2003), Moreiras (1987), Ramos (2010), Rojo (2003) o Sánchez Vásquez (2004) leen a Octavio Paz, desde perspectivas harto más ricas que la tradicional elegía biográfica o la mera repetición de las ideas del autor. Un trabajo más extenso sobre el libro de Santiago bien podría mostrar, contrastando su lectura con algunas de las citadas, cómo en distintas aproximaciones a Paz se juegan también distintas agendas de lectura de la literatura latinoamericana.

De hecho, Umberto Eco (1987), en un ensayo publicado en una revista fundada por Paz, distingue tres tipos de laberintos en la historia: el clásico, el manierista y el rizomático. Mientras el primero destaca por su simple relación entre camino y salida, el segundo sobresale porque su camino posee una intrincada combinación que llega a una sola salida, que es lo que el tercero, puro zigzagueo, no tiene. Es comprensible la tentación de leer *El laberinto de la soledad* desde la segunda de las figuras mencionadas, sea porque la ensayística del mexicano podría graficarse con las características del laberinto manierista, sea por la importancia histórica que Paz (por ejemplo, en 1998: 35) atribuye al Barroco en la conformación de la cultura latinoamericana. O más particularmente porque, como afirma Santiago, Paz considera que con la respuesta de la autenticidad podría culminar la incesante búsqueda del mexicano, al igual que la posibilidad de alcanzar una respuesta final a una pregunta compleja sirve a Eco para establecer la diferencia entre el laberinto manierista y el laberinto clásico o el rizoma.

Mientras el laberinto barroco erige su propia trama múltiple, en el mito de Teseo –comenta Eco (1987)– la complejidad del hilo narrativo está dada por el hilo que Ariadna entrega al héroe. Mirado desde arriba, el laberinto sería simple: una entrada, una salida. Por esto es que, para Eco, la narración requiere la inquietante presencia del minotauro, dispuesto como el elemento de sorpresa en un laberinto algo rutinario.

Sin embargo, para la mirada del minotauro, según fabula Borges en su conocido cuento «La casa de Asterión» (1994c), las formas en que se lo encierra no son tan simples, ni tan heroica la gesta del héroe que él termina reescribiendo. En una curiosa nota al pie inserta en el relato de Borges, el narrador discute en torno a la cantidad de puertas de la construcción. El número que indica las supuestas catorce puertas –escribe el narrador– en boca de Asterión habría significado infinito. Las matemáticas del monstruo, de esta manera, multiplican hasta lo inconmesurable aquello que el griego cree poder medir. El intraducible y temido minotauro, con una lengua con la que no podemos contar, inscrita en una perspectiva jamás contada, experimentaría su historia desde una mirada múltiple. Mirada que, como la de Santiago, se esfuerza por indicar que ningún lugar es tan simple como querría pensarlo el que rápidamente entra en él para asesinar a un supuesto monstruo.

Lo que Eco no puede ver en una estructura que cree que es simple son las tensiones históricas que la componen. El mismo Santiago, en otro de sus ensayos, reprocha al italiano su confusión del fondo con la fuerza (2012b: 130). Eco parece replicar este error con respecto a los laberintos, ya que la ambivalente figura del minotauro obliga a pensar los enredos de un laberinto que puede no ser tan simple de solucionar con la alusión a una raíz que permitiese pensar una unidad más determinada. De acuerdo a lo imaginado por Borges, la fuerza que ha encerrado al monstruo y la fuerza de su melancolía sobrepasan cualquier esquematización del fondo o la forma.

Otra narración del mismo Borges rubrica la capacidad de los laberintos de forzar todo discurso que suponga un fondo. En ella, Borges piensa la naturaleza —con todas las comillas que requiere ese vocablo en Borges o en Santiago— como laberinto. La breve historia cuenta que un rey babilónico construye un tremendo laberinto que, por profano, resulta escandaloso. Para burlarse de la simplicidad de un rey árabe al que hospeda, lo hace ingresar en él. Como resulta predecible, el rey árabe se pierde y sólo da con la salida tras suplicar a Alá. Una vez fuera, promete a tan macabro anfitrión invitarlo a ver su propio laberinto. Conquista Babilonia y captura al rey, para abandonarlo en un espacio anterior a arquitectónica alguna; espacio que, en lugar de exponer la simplicidad, impone la absoluta confusión:

> «Oh, rey del tiempo y substancia y cifra del siglo!, en Babilonia me quisiste perder en un laberinto de bronce con muchas escaleras, puertas

y muros; ahora el Poderoso ha tenido a bien que te muestre el mío, donde no hay escaleras que subir, ni puertas que forzar, ni fatigosas galerías que recorrer, ni muros que veden el paso». Luego le desató las ligaduras y lo abandonó en la mitad del desierto, donde murió de hambre y de sed. La gloria sea con aquel que no muere. (1989b: 607)

Andar sin Paz

En tan orientalista relato, Borges ironiza una eventual mirada del origen de Occidente o de Oriente que pudiese distinguir, de modo simple, entre la simpleza de la raíz y la confusión del laberinto. En el paso de uno a otro espacio no se presenta posibilidad de encuentro ni orientación, sino distintas estrategias de visitantes que, pese a su poder, no pueden delimitar el sentido ante las características de los distintos espacios.

Hasta cierto punto, es esa la errante situación en la que Paz coloca a la figura del pachuco, leído por Santiago desde su productiva noción del entre-lugar del escritor latinoamericano. Contra todo relato mítico del origen, en el heterogéneo comienzo del pachuco no habría raíz ni plenitud alguna que pudiera restituirse a futuro. Sin origen, su destino ha de ser igualmente errante, a diferencia del destino que Paz supone que puede tener el hombre no migrante que, asumiendo su inicio, lo trasciende y retoma allí las múltiples alternativas que el origen brinda. El mismo Paz, en efecto, describe en uno de los breves textos de *Corriente alterna* que ninguna raíz podría prefigurar, ni siquiera en su presente, el discontinuo futuro que en ese lugar ha de nacer:

> La semilla primera en la que todo lo que será más tarde la planta –raíces, tallo, hojas, frutos y la final pudrición– vive ya con una vida no por futura menos presente. El tiempo de antes es el de la inminencia de un presente desconocido. Y más exactamente: es la inminencia de lo

desconocido —no como presencia, sino como expectación y amenaza, como vacío. (Paz 2000: 26)

Incluso antes de la raíz, el presente estaría diferido de sí mismo, sin certeza alguna del porvenir. Como si, por así decirlo, en la vida que avanza —a diferencia de lo que sucede en la existencia del pachuco— la raíz ya fuese un laberinto del que la soledad sólo ha de salir abrazando lo desconocido. En uno de los primeros y más conocidos poemas de Paz, de hecho, la imagen arbórea aparece enloquecida ante un suelo que no otorga particular certeza, desde un origen que no lega más que la indetenible búsqueda que, al volcarse sobre sí, ha de seguir perdiéndose como en un sinuoso laberinto del tiempo:

Y se agolpan los tiempos / y vuelven al origen de los días, / como tu pelo eléctrico si vibra / la escondida raíz en que se ahonda, / porque la vida gira en ese instante, / ay, latido cruel, irreparable, / y el tiempo es una muerte de los tiempos / y se olvidan los nombres y las formas. Esta es tu sangre, digo, / y el alma se suspende en el vacío / ante la viva nada de tu sangre. (1937: 23)

Es con esa sangre incierta que Octavio Paz piensa la constitución de la cultura que desea interpretar. Recordando la bella imagen de Valéry de Europa como el mundo que puede extraer un canto de esperanza desde la nada, el mexicano indica que tal carácter proyectivo es el que habría engendrado América Latina. A la explicación de Europa en torno al cristianismo, la razón y el Estado, Paz añade la voluntad de soñar que lleva al europeo a atravesar el Atlántico para inseminar al nuevo mundo: «Los americanos somos hijos del sueño de Europa como de su sangre» (1988: 191).

De manera algo abusiva, podríamos remarcar que no es del todo claro si esta cita evoca la sangre transmitida o la derramada por la colonización. Puede pensarse, justamente, que la trama de la malinche que marca su ensayo es la de la imposibilidad de pensar la una sin la otra: la sangre sin violencia, el linaje sin la soledad. Dado el bastardo origen de la colonización, la raíz no ofrece certeza a quien, desde el inicio, sería preso del laberinto, sin poder soñar con la libertad del europeo o el estadounidense. Sin un suelo demarcado, su semilla no podría germinar con linealidad. Por ello, Paz se consuela de la objeción que le hace Mistral de ser un poeta poco telúrico recordando que, para Huidobro, lo necesario es cortar las raíces: «para volar –y él concebía a la poesía como aviación verbal– no hacen falta raíces sino alas» (1989: 204).

Si en el caso del hombre europeo la opción del despegue recién pareciera complicarse con la crisis contemporánea de la cultura, para el americano la potencia de elevarse siempre habría estado puesta en entredicho. Con un esencialismo que no sería novedoso destacar, Paz recurre de modo comparativo a la equívoca figura del pachuco para mostrar cómo, en su inserción dentro del desenraizado mundo estadounidense, el migrante mexicano se apresa en un laberinto cuya hondura obliga a pensar que sus complejos pueden trasladarse allende las fronteras de la cultura latinoamericana. En su profundo laberinto, como demuestra Santiago, Paz presenta al pachuco como un sujeto híbrido, sin herencia cultural, lengua o religión en la que apoyarse, y sin que ese «sin» abra nuevos rumbos.

Y así como el pachuco carga con su herida ignorante hasta el otro lado de la frontera, Paz traza el gesto inverso: traer el saber ajeno para el propio lado de la frontera, y alejar entonces el asedio de la inautenticidad que caracteriza al pachuco. Paz cree que con la literatura puede dar con el origen que está vedado para el pachuco y proyectar la vida que él detiene; para ello, debe lograr la verdad del enigma con el que se contrasta y conjurar ese hombre inauténtico que no puede pensarse a sí mismo. Por eso, el autor mexicano debe desplegar un aparato interpretativo capaz de acompañarlo por los múltiples recovecos que expresan la inautenticidad de su objeto de estudio:

> Tendrá que ser trabajada a partir de otra máquina textual de diferenciación, incansable y neurótica, cuyo referente económico y socio-cultural –la América anglosajona– le es históricamente paralela y exterior. En contraste con el paralelismo histórico y la exterioridad victoriosa de la América anglosajona, las raíces europeas de América Latina pierden espacio y significado y no son más que una forma de «vacío», vacío que de manera inapelable se llena semánticamente por el nuevo sistema de diferenciación cuyo exponente es la diáspora. (Santiago 2013: 56)

Al decir de Santiago, Paz monta esa máquina recurriendo al habla popular que su ensayo representa y supera gracias a la imprescindible mediación del poeta al que Paz atribuye el saber que al pachuco le niega. Si el intelectual parte como etnólogo, oyendo e interpretando el laberinto desde una incierta máquina textual, como ensayista lo soluciona transformando su singular arquitectura en la de la espiral que, de acuerdo a Santiago, permite a Paz leer y dar con el origen vedado para el pachuco. De este modo, tras haberse contrastado con él, el ensayista hace de la herida de la sangre la alternativa para el despegue de una nueva lengua que, ni sola ni compartida, pueda expresar una nueva vida:

> La manera como el ensayista desnuda al ser mexicano de todo y cualquier adjetivo y como, ya desnudado y desamparado, lo entrega en bandeja al poeta que, a su vez, somete al ensayista en *Los hijos del limo*. Desnudo y huérfano, como el poeta, el ser vive la soledad con plenitud durante apenas un segundo solipsista. En otro lugar futuro, podrá ser plenamente. (2013: 209)

Con sus certezas, Paz narra la esquiva personalidad del pachuco a través de una crítica del colonialismo que no puede sino cerrarse en la búsqueda del interior para denegar todo examen materialista del exterior que lo circunda. Al igual que el inhospitalario rey de Mesopotamia, encierra a quien invita para hacerlo hablar en las categorías que le impone. Como su enemigo árabe, lo abandona luego en el desierto, sin preguntarse cómo inventar nuevas formas colectivas de vida en los que se abran laberintos y soledades. En ese punto, el autor expone su recelo a ensayar otro ademán en el ensayo, acaso por el temor que, como intuye Benjamin con su infinita lucidez, no deja de dibujar quien teme a la intemperie: «El laberinto es patria del que vacila. El camino de aquel a quien espanta el auténtico logro de la meta trazará fácilmente un laberinto. Así hace el instinto en los episodios que preceden a su satisfacción. Pero así hace también la humanidad (la clase) que no quiere saber qué va a ser de ella» (2008: 276).

11. Releer a Martí
El indio y la madre frente al mundo moderno

Nuestro niño, nuestro indio, nuestra América.
Sobre el humanismo de José Martí

> Resucitar es menester después de haber sido muertos de aquel modo.
>
> José Martí (1991g: 131)

El apóstol del humanismo

Es difícil hallar entre las letras latinoamericanas un nombre propio que concite una admiración tan grande y transversal como el de José Martí. Entre sus contemporáneos, incluso un autor de estilo muy distinto, como Sarmiento (1900: 176), destaca la singularidad de su escritura. A ello se habrán de ir sumando, hasta el presente, posteriores alabanzas que se refieren también a su vida. Por ejemplo, Rubén Darío describe su existencia como la de un hombre de valores inalcanzables: «El cubano era "un hombre". Más aún; era como debería ser el verdadero superhombre, grande y viril; poseído del secreto de su excelencia, en comunión con Dios y con la naturaleza» (1905: 160).

Precisamente, esa calidad moral es lo que se suele enfatizar de Martí en los debates sobre identidad y liberación latinoamericana. Aunque la influencia de la escritura literaria martiana se vio algo eclipsada tras su muerte –en parte, por el trabajo del recién mencionado poeta nicaragüense y su conocida pretensión fundacional–, en la historia de las ideas políticas su figura rectora no se ha destronado. La muerte de Martí en combate parece sellar su carácter heroico dentro de la épica de la descolonización. Escasea el pudor retórico por parte de quienes lo levantan como un prócer que, ya en sus primeros años de vida, habría sido destinado a tan adulta gesta. González (1974: 172), por recordar uno de tales intérpretes, afirma que ha sido un héroe prometeico, poseedor del destino de redimir a sus pueblos americanos desde la misma infancia.

Los combates por la herencia de Martí que libran los distintos proyectos políticos que suceden sus combates, particularmente en la Cuba poscolonial, parten de esa certeza. Bien ha demostrado Ette (1991) cómo los usos y abusos de Martí han autorizado a distintos intérpretes a hallar, para las tareas de su presente, cierta anticipación preclara en la biografía martiana. Ya que ese deseo de ser fiel a Martí es compartido por proyectos antagónicos, las imágenes que circulan sobre su obra divergen hasta alcanzar patentes contradicciones. Corolario obligado es entonces achacar al lector enemigo, antes que a Martí, la responsabilidad de la divergencia. La pureza de Martí no se toca[1].

Dentro de estas lecturas heroicizantes, es probable que la de Fernández Retamar sea la más influyente hasta hoy. Su interpretación enfatiza la importancia de Martí para pensar la especificidad de la América mestiza (Fernández Retamar 1978: 49). Esto es, una América que mezcla descendientes de europeos con lo que Martí denomina, de modo problemático, «los negros» y «los indios». Tal reconocimiento de la heterogeneidad de un continente mestizo no cierra la discusión, sino que la abre a la interrogante por las eventuales estrategias para mediar las tensiones que constituyen una cultura múltiple. Martí sería quien nota esa heterogeneidad y también quien da con la receta para construir en ella.

En ese marco, Fernández Retamar (1993: 563) recuerda que el cuestionamiento de la dicotomía entre civilización/barbarie se realiza

---

[1] Es sintomático, en ese sentido, que las recientes objeciones de Santí (1996: 65) a la lectura que ha hecho la izquierda cubana de Martí también se erijan en el deseo de hallar a un Martí más verdadero que el de sus oponentes. Como si se pudiera discutir sobre uno u otro Martí, sin suponer que puede haber más de uno.

en nombre de un hombre natural que es el mestizo que era también Martí. Sin haber sido un negro o un indio, su excepcionalidad parece haber sido la de saltar por sobre esa distancia del mestizo hasta compenetrarse verdaderamente con la diferencia, sobre todo con el mundo indígena. Por lo decisivo que habría sido su encuentro con el mundo indígena, según Fernández Retamar (1989: 26; 2004: 42), Martí se habría identificado con la cultura india. Desde este supuesto, con mesura aun menor, otros intelectuales de la izquierda cubana han transformado al apóstol en apóstol, también, de los indígenas: «Y a tanto llega su sensibilidad indígena, su amor al indio ofendido en una sociedad que lo tiene por principal sustento, que en ocasiones comete el pecado *ex abundantia cordis* de ladearse en exceso hacia su partido, situándole sobre el blanco y el negro de su día» (Marinello 1977: XVI)[2].

Antes que decidirnos por uno u otro eventual grupo de preferencia martiana, nos interesa insistir en que la identificación sólo puede acontecer en la distancia que abre la posibilidad de la representación, lo que exige tomar algún resguardo ante el supuesto de una compenetración completa. Resulta entonces necesario pensar los traslados que abre toda política de la representación, antes que suponer una identificación sin fisuras. Martí actúa en nombre de otro, lo que permite que luego otros, en posteriores luchas latinoamericanas, actúen en nombre de Martí. Al no limitar su lucha a sus propios intereses —como toda lucha que puede considerarse una lucha política, por cierto—, puede abrirse hacia efectos no anticipados. En efecto, para Martínez Estrada (1969: 19), la lucha martiana contra la discriminación racial se enmarca dentro de la guerra a la inequidad, lo que ofrece la

---

[2] Por cierto, lecturas más recientes de su obra no parecen cambiar de opinión, pese a matizar los posicionamientos de Martí. Así, por ejemplo, Rodríguez (2012: 172) señala que, pese a que Martí no comprende del todo los fundamentos histórico-sociales del mundo indígena y que ha hallado soluciones solo *parcialmente acertadas* a sus problemas, aboga por la plena integración a la sociedad del indio.

opción de trasladar su legado a otros contextos de dominación. Para ello, ciertamente, resulta necesario replicar una lectura celebratoria de Martí más allá de Cuba. Lo dicho desde la isla será ratificado por otras lecturas de su obra. También para el argentino, Martí es el mejor faro para guiar al continente (Martínez Estrada 1946: 317).

A partir de ese supuesto de una luz sin trasluces, se mantiene la celebración de Martí incluso cuando su obra es leída por académicos cuyas agendas políticas de lectura harto difieren de las de los intérpretes ya citados. En particular, dentro de la infinita bibliografía sobre el intelectual cubano, que excede a cualquier lector, impera destacar la ingenuidad celebratoria de las posiciones martianas por parte de autores que suelen pensar los límites de la inclusión y la representación con particular lucidez[3].

---

[3] Para mostrar solo algunos de estos casos, recordemos que Franco (1974: 146) indica que Martí postula la plena integración del indio a la nación, Montero (2004: 99) describe la construcción de un «nosotros» inclusivo, Viñas (2003: 51) contrapone su carácter sutil y comprensivo a la indofobia de los gobiernos e intelectuales latinoamericanos del siglo XIX, Saldívar (1995: 10) afirma que su reflexión fundamenta una práctica de estudios culturales latinoamericanos de tono indígena y Schutte (1994: 44) escribe que Martí considera que el componente humano de Nuestra América deviene de las culturas indohispanoamericanas. Es tal el supuesto de la excepcionalidad martiana que esta no se discute ni siquiera cuando se notan los límites de sus posiciones, incluso cuando se asoma la cuestión de la infantilización que luego comentaremos. Por ejemplo, Cecilia Sánchez (2008: 26) contrasta su desatención al problema de la mujer con la productividad que nota en la figura del indio mudo. Sin embargo, este adjetivo debiera ser problemático para las lecturas de Martí como defensor de tales sujetos. Si el intérprete enmudece al indio, quizás no puede quedar en una posición tan distinta a la de la mujer. Frente a esa peligrosa alternativa, Subercaseaux (2008: 218), con una posición similar, señala que la aspiración martiana es la de entregar voz a los grupos subalternos. Así, se da a entender que Martí logra, con insólita facilidad, dar una respuesta acabada a la incerteza que constituye la pregunta por la posibilidad del habla subalterna, hoy recurrente gracias a la influyente reflexión de Spivak (1998). Sin embargo, tampoco esta última autora otorga una imagen de Martí que diverja de la línea interpretativa descrita. De hecho, sostiene, sin detenerse en su trabajo

Unas y otras lecturas concuerdan en destacar cierto humanismo que promueve un nuevo trato para con el indio, distante al de los humanismos racistas del siglo XIX. De esta manera, Fornet-Betancourt (1998: 19) ve un humanismo inclusivista en la obra de Martí, Guadarrama (1994: 35) destaca allí un humanismo práctico y transformador y Roig (1991: 35) resalta su universalismo no ideológico. En la idea martiana de lo humano, entonces, cabría todo hombre. O sea, se asume que logra un universalismo que puede asumir con orgullo que ha logrado, al menos en el plano del pensamiento y de la propuesta, la universalidad prometida.

El humanismo del apóstol

Dado este panorama, nos interesa pensar la obra martiana asumiendo las tensiones y ambivalencias que la recorren, en lugar de achacar a los intereses ocultos del intérprete el recuerdo de la cita que desajusta la imagen deseada. En particular, al leer estas tensiones como síntomas de un proceso histórico de descolonización que no tuvo, ni podría haber tenido, la univocidad que desean las lecturas teleológicas de su desarrollo.

En ese sentido, es imprescindible la sugerencia de Ette (1987: 144) sobre la importancia de matizar un dualismo absoluto entre la posición de Martí y la del ya mencionado Sarmiento. Intentaremos mostrar que en la obra de Martí la inclusión indígena no es tan incondicional como se la suele presentar, y no porque no haya diferencias entre su posición y la del argentino, sino porque la propuesta martiana para abrir el espacio político a negros e indígenas no elimina del todo la jerarquía entre unos y otros. Antes bien, reordena su posición subor-

---

de modo acabado, que en su obra existe un ruralismo de izquierda de carácter humanista (Spivak 2009: 113).

dinada en el marco de un proceso de desvinculación del dominio colonial en el que Martí no aspira, como Sarmiento, a desechar todo lo existente antes de la liberación prometida. Al contrario, es con los sujetos y saberes existentes, incluyendo los indios y negros, que emite su conocida invocación generacional a crear (Martí 1991f: 20).

Con este llamado, Martí busca retomar el proceso de crecimiento que ha interrumpido la colonización. El cubano se vale de la concepción –frecuente en variadas filosofías de la historia del siglo XIX[4]– del devenir de cada pueblo como el de un cuerpo cuyas etapas corresponden a dinámicas internas de crecimiento[5]. Los distintos pueblos pasarían por los mismos procesos, pero con distintos tiempos: no demoran lo mismo en crecer, pero finalmente todos habrían de llegar a la adultez.

Esta posición permite llegar a una conclusión igualitaria, frente a lo que afirman posiciones racistas que ven mayor posibilidad de crecimiento en uno que en otro pueblo. Allí es donde reside el universalismo en Martí, para quien, por lo dicho, no existen pueblos superiores o inferiores, sino momentos distintos dentro de una historia desigual y combinada. El gran espíritu universal, señala Martí (1991g: 98), posee una faz particular en cada continente.

---

[4] Véase Rossi 2003: 125.

[5] No está de más recordar que Martí, pese a su conocido cuestionamiento al concepto de raza (1991f: 22), central en su estrategia de crítica a los diagnósticos del presente latinoamericano como una lucha entre razas, en otros textos acude a este concepto para pensar un pueblo y su crecimiento. Así, señala que cada hombre es átomo de la raza con cuyas cualidades brilla, y no duda en describir a quien la desconoce o vicia como quien traiciona su bandera en el momento de la batalla (Martí 1991h: 313). Contra quien leyera allí cierta afirmación bélica de la raza, para Martí lo cobarde está en la retirada ante la propia responsabilidad, más que en una falta de coraje para enfrentar a otra raza. De acuerdo al cubano, la pluralidad de las razas no implica su lucha, sino la posibilidad de su coexistencia, así como la necesidad del reconocimiento, por parte de todo hombre, del grupo al cual pertenece.

Con esto, Martí aspira a reconciliar la igualdad fundamental de los hombres con la expresión histórica de diferencias culturales. Mientras el humanismo surgido de la supuesta adultez europea debe ver la juventud nuestroamericana como retraso, la concepción martiana de las historias permite pensarla como parte de las variaciones temporales de una multiplicidad de historias que se concibe de modo no jerárquico, gracias al reconocimiento de que las actuales sociedades más crecidas han sido también, en el pasado, niñas.

De esta forma, Martí fundamenta su más extensa –aunque indirecta– objeción a Sarmiento: le enrostra el hecho de que el pasado gaucho ha sido imprescindible para alcanzar el presente dizque civilizado en el que Sarmiento puede denostar al gaucho o al indio. En lugar de caracterizar al gaucho como bárbaro, sostiene que debe comprenderse históricamente su vida. Es decir, para el caso, como la de pueblos que recién comienzan a vivir y que despliegan su valor de forma distinta que en la vida moderna, que permite mirar el pasado desde la adultez. Magna filosofía, escribe, es la de notar, sin entristecerse, que hay un mundo con distintos grados, los que se diferencian por sus modificaciones de ambiente y lugar (Martí 1991g: 370).

El problema del indio es que su crecimiento natural se habría detenido tras la invasión española. Con ello, se interrumpe el desarrollo de un pueblo de singular inventiva. De hecho, Martí destaca la particular facilidad del indio americano para revestir con pompa la vida, sello que se desplegaría en toda dimensión de la vida prehispánica. Con ese dato, no sorprende que su caracterización del mundo prehispánico, incluso al adjetivarlo como virginal, enfatice su dimensión artística (Martí 1991r: 44)[6]: antes de comenzar a crecer, el indio ya habría dado con el arte. Martí cuestiona así la tesis de la

---

[6] Por los motivos que se expondrán acerca de la imposibilidad de la adultez del indio, tampoco esa capacidad podría desarrollarse en el indio contemporáneo. O sea, la belleza de la obra del indio brilla como parte de su pasado, pero no podría ingresar al espacio de las letras modernas que tanto importa a Martí.

inexistencia de cultura en los grupos indígenas enfatizando que, por naturaleza, el indio es proclive a una manifestación tan poco salvaje como el ornamento: «El indio es discreto, imaginativo, inteligente, dispuesto por naturaleza a la elegancia y a la cultura. De todos los hombres primitivos es el más bello y el menos repugnante. Ningún pueblo salvaje se da tanta prisa a embellecerse, ni lo hace con tanta gracia, corrección y lujo de colores» (1991h: 329).

Ahora bien, siguiendo a Martí, la sutileza de tales costumbres no impidió su necesaria defensa anticolonial a través de medios que no pudieron haber sido tan artísticos. Sostiene Martí (1991p: 167) que fue tanto su coraje que hasta el presente se recuerda, en Caracas, la frontalidad con que los indios lucharon desnudos frente a los españoles armados con hierro, espadas y mosquetes. La desigualdad de armamentos permite el triunfo del codicioso invasor, cuya devastadora civilización interrumpe y destroza la unidad de la que caracteriza como la natural y majestuosa obra americana.

De tan violento desencuentro surge entonces una mescolanza, ni española ni india, en la que la parte india resulta más perjudicada. Al brindar sus capacidades expresivas a un cuerpo ajeno, el pueblo indio no puede retomar para sí su desarrollo artístico y dirigirlo hacia una eventual adultez política. Para Martí (1991g: 117), el pueblo nuevo es terco y osado por español, pero artístico por indio. Sumándose a otra historia que la que le corresponde, el indio queda en una prometedora situación de niñez cuyo crecimiento no podrá retomar, condenado en cambio a no ser más, ni menos, que una parte de un cuerpo *híbrido*, de pies monstruosos (Martí 1991r: 45). Falto de mundo en donde desplegar su arte, no abre caminos con sus cantos: se angustia al ver a los hombres vueltos lobos (Martí 1991f: 136).

Los mudos indios buenos

En esa línea, no es casual que cuando Martí (1991f: 18) narre la compuesta e híbrida unidad del nuevo cuerpo nuestroamericano, en el famoso pasaje de «Nuestra América», deje al indio en el cuerpo y no en la cabeza. Al emerger con los pies en el rosario, la cabeza blanca y el cuerpo pinto de criollo e indio, este nuevo cuerpo excluye al indio de la voz. Al menos para un paradigma humanista, desde el cuerpo nadie puede hablar. El indio carece de voz, por lo que deviene un infante[7].

En efecto, las imágenes que brinda Martí del indio destacan por la incapacidad de habla que expresan. En el texto recién mencionado, remarca Martí (1991f: 20) la mudez de quien partía al monte a bautizar a sus hijos. Incluso en los procesos de Independencia, o acaso especialmente en ellos, el indio no recobra la capacidad de hablar ni la de actuar contra quien ha detenido su crecimiento. Pueden criar a un hombre que Martí (1991h: 225) destaca como San Martín, pero jamás ser líderes como el prócer que han criado. Su apoyo, según describe, no supera la pasividad. Así, narra que en México el clérigo fue hablándole a sus indios, cuyos pares venezolanos habrían pasado con la lanza en la boca (1991f: 138). Incluso cuando los indios toman las armas no son capaces de fundamentar su inclusión en la batalla, pues deben cerrar la boca para poder sumarse a la palabra ajena. Y es que no parecen tener total conciencia de las tareas de su presente. Por ello, Martí contrapone el criollo independiente al indio marcado de la fusta, quien sujeta el estribo a su señor para que pueda verse más alto (1991f: 140).

La responsabilidad de ese error no es de los indios, sino de quienes les han impedido crecer. Son otros, entonces, quienes deben dirigir a los indios para que puedan sumarse al bando correcto, sin poder

---

[7] Véase Agamben 2001: 64.

dirigirlo. Los mestizos deben conducir el proceso de la independencia necesaria para el crecimiento del extraño cuerpo nuestroamericano. El mestizo está llamado a relevar en su historia la detenida historia del indio para seguir creciendo, en un continente también mestizo que vive, para Martí (1991f: 57), lo mejor de la juventud.

Para poder alcanzar una adultez en la que conozca su pasado, el cuerpo nuestroamericano requiere del saber de la historia del pasado de su parte india. Ese conocimiento le permite no desear desprenderse de su herencia, como quería Sarmiento, y aprender a administrar esa pervivencia del pasado en su cuerpo presente, necesitado de la unidad de los distintos grupos que lo componen. Los jóvenes deben conocer las partes de su cuerpo y cómo se ha compuesto en su historia concreta, antes que la ley abstracta, para superar las enemistades y lograr el buen gobierno, en el que cada parte del cuerpo cumpla su función. Sólo de esa manera el joven podrá canalizar de modo adecuado su ímpetu y aprovechar el futuro que se le abre:

> Habrá que temerle, por la abundancia y el vigor de sus talentos, cuando se hayan desarrollado, aunque se nutren de ideas tan grandiosas, tan sencillas y tan humanas que no habrá motivo de temor: es precisamente porque se han consagrado, confusa y aisladamente, a las grandes ideas del próximo siglo, que no saben cómo vivir en el presente. Todo en ellos es prematuro y precoz –tanto los frutos como los hombres. (1991p: 154)

Es por la necesidad de superar sus confusiones, propias de quien no se conoce del todo, que, para Martí, la legitimación del rol del intelectual pasa por su capacidad de constituir los ausentes saberes que conduzcan la adecuada edificación política. En esta dirección, la tarea intelectual en Nuestra América es menos la de imaginar un nuevo orden abstracto y más la de detectar un *nosotros* latinoamericano (Ossandón 1995: 84) al cual gobernar de forma adecuada, lo cual pasa por asumir y conocer su particular composición y las torsiones que ella impone, incluyendo la de dar con el saber de aquellos grupos que no pueden saber ni comunicar su historia.

La importancia de incluir las lenguas indígenas en el ejercicio del gobierno parte del supuesto de que el indio mudo no es quien hablará por sí mismo ante los mestizos. Bien señala Ramos (2009: 406), en un texto que tanto ha ofrecido para debates como el que aquí planteamos, que en Martí el indio deviene objeto del conocimiento y la representación, pero no sujeto. El arte del buen gobierno ha de ser, por lo tanto, el de hablar por quien no puede hacerlo. El mandamás debe aprender la lengua del indio porque el indio mudo ya no tiene la capacidad de instalar sus palabras en el nuevo espacio público, ni tampoco la de aprender sus lenguajes para un eventual uso futuro.

Sin ese saber del gobernante no puede finalizar la injusticia que en el presente se hace a tan magno pasado. No es porque Martí no estime a los indios que desea hablar por ellos. Al contrario, para poder incluirlos todo lo posible, dada la imposibilidad de una inclusión horizontal de la parte niña y muda en un cuerpo joven y parlante, es que aspira a representarlos con los instrumentos que logra la parte más avanzada de su cuerpo.

El nuevo presente de los niños

Con su nuevo saber, Martí busca repotenciar el glorioso pasado indio, frente a un presente en el que se hallan a destiempo. Martí (1991g: 157) los tacha como la actual rémora que impele a la joven nación. Tras una educación que el cubano tilda de bárbara e imperdonable, no podrían haberse sumado a los nuevos procesos productivos. Representantes de un tiempo pasado, debido a su historia no logran adaptarse al dinámico presente poscolonial. En su largo comentario sobre Guatemala (1991g: 122), los caracteriza como cuerpos que se cruzan, detienen, saludan, entregan chicha y siguen. Su paso improductivo contrasta con la energía de una sociedad que se moderniza. Esto explica, por cierto, la importancia de sumarlos a las transformaciones de la época para consumar una modernización incompleta, que no los afecta tanto a ellos como al continente al que deben sumarse. En efecto, Martí (1991h: 337) arguye que sólo cuando se haga andar al indio, el continente caminará bien.

Los indios se resisten a esa incorporación al mundo moderno. En su defensa de los indios, Martí explica su terquedad ante la vida moderna por el carácter violento de las anteriores formas de imposición de la modernidad en el continente, y no por un ánimo anticivilizatorio. En su presente los indios no pueden notar la diferencia entre los nuevos representantes del Estado y sus antiguos agresores colonialistas, pero en el futuro podrán notar, retrospectivamente, que los mestizos han llegado a incluirlos con amor al orden que en el presente resisten.

Desde la perspectiva martiana, la obstinación india ante el Estado se fundamenta en el apego a normas conocidas –mejores que las que les han hecho a la fuerza conocer– antes que en la ausencia de normatividad. Esto le permite a Martí (1991g: 164) sostener que aquellos hombres tercos, enemigos de que el Estado cambie sus costumbres, son en realidad leales y firmes, severos con lo que no consideran bueno y amigos de la virtud que han conocido. Su razonable resistencia al Estado presente es dato, entonces, de la necesidad del futuro Estado de contar con ellos.

Los indios no podrán ser buenos gobernantes adultos, pero sí buenos gobernados. Y es que siguen siendo, para Martí, tan buenos que ni siquiera deberían esforzarse para serlo. Siendo educados, podrán comprender la necesidad de sumarse al orden gobernado por los mestizos, sin cuestionar el rol subordinado que allí le cabría ni imaginar otra manera de construir ese orden. Lejos de una eventual crítica a tal situación, para Martí el indio ha de agradecer su nueva posición. De hecho, pronostica (1991g: 165) que, después de integrarse, ellos serán el principal apoyo de la civilización que hoy obstaculizan. Es claro que esta aprobación reafirma la distinción entre el indio y quien le educa. Desde una orilla distinta, el indio entrega su respaldo a un proceso que sólo podría recibir de fuera, como parece confirmarlo la imagen que Martí (1991g: 156) celebra, en la que los indios reciben, con su camisa más blanca y fina, al maestro que vuelve a la aldea.

Se debe así movilizar a quien no puede hacerlo por sus propios medios, ni fines. Detenidos aún en la interrupción de su historia, es otro, que ha seguido creciendo, quien debe obligarlos a crecer. Recién cuando mejore su formación, la inclusión perderá su carácter forzoso: «Los indios a las veces se resisten; pero se educará a los indios. Yo los amo, y por hacerlo haré» (VII: 157).

Las edades de «La Edad de Oro»

En la agenda de Martí, la importancia que adquieren los procesos educativos, como modo de constitución de ciudadanía, no se limita a los indios. Ya en la infancia, explicita (1991f: 202), se deben cultivar los sentimientos patrióticos de dignidad e independencia; de lo contrario, incluso se podría perder la libertad conseguida. Apunta al respecto que mientras el pueblo más educado es el más feliz, el menos educado es el más esclavizable (1991p: 375).

De ahí la centralidad política de la educación, cuyos éxitos, en concordancia con lo ya expuesto, dependen del previo reconocimiento del pueblo e historia del cual cada niño es parte[8]. Por esta razón,

---

[8] La importancia que da Martí a contextualizar la enseñanza parece situarse dentro de la crisis del modelo educativo positivista y su universalismo abstracto, contra el cual piensa Martí. Weinberg (1984: 41-44) indica que tal paradigma se impone en Latinoamérica tras los procesos de Independencia, para entrar en crisis décadas después. La posición de Martí al respecto, huelga decirlo, no es la

Martí (1991e: 260) rescata en Estados Unidos la existencia de una escuela para niños nuestroamericanos, dado lo riesgoso que sería que al destierro de los miembros de un pueblo se sumase una educación que no reconozca su pertenencia, esté donde esté, a ese pueblo.

Tales instituciones, sin embargo, han de complementarse con otras posibilidades abiertas en el creciente espacio letrado del mundo moderno. Inserto en él, Martí se preocupa también del público infantil, y concibe *La Edad de Oro*, notable publicación escrita en Estados Unidos para un público infantil nuestroamericano[9]. Dedicada a los niños, comienza explicándoles que serán los adultos a cargo de actuar en el futuro.

Los bellos textos de los cuatro números publicados se orientan a edificar futuros actores históricos competentes, a través de distintas estrategias de exposición de lo que ellos habrán de saber como futuros adultos. Lo cual, claro está, implica que el educador Martí no es un

---

de un antipositivismo simple. De hecho, Weinberg sincera sus dificultades para ubicarlo dentro de los modelos educativos imperantes en Latinoamérica. Sintomáticamente, su descripción de las concepciones educativas de Martí (1996a: 21-25) avanza casi exclusivamente mediante citas. Esta dificultad se debe a que cuestionamientos martianos al positivismo se ejercen desde la valoración de la educación técnica, a partir de un sentido práctico del aprendizaje contrapuesto a la artificiosidad de una educación que privilegie el conocimiento humanista. En efecto, Martí (1991h: 278) cree necesario que la escuela, en vez de metafísica, sea física. Esto, por cierto, no es sinónimo de educación mecánica, ya que su concepción de la práctica trasciende una concepción inmediata de lo logrado. De hecho, Martí distingue entre instrucción y educación (1991p: 375). Esta última requiere de la primera, pero la trasciende al apuntar también a la formación de sentimientos. De ahí la importancia de educar a cada niño en el amor a su historia, más allá de la indeterminación de una enseñanza cuantitativa. Para Weinberg (1996b: 193), el modelo educativo martiano es entonces instrumental y formativo a la vez. Esto es importante para entender –de acuerdo a lo que luego comentaremos– *La Edad de Oro* en tanto dispositivo que, a través de una enseñanza basada en ensayos, cuentos e imágenes, aspira a construir patriotas, y no sólo sujetos productivos.

[9] Véase Fernández Retamar 1992.

niño. Y que, por consiguiente, es algo ingenuo pensar, como lo hace Henríquez Ureña (1954: 168), que *La Edad de Oro* es un texto escrito desde una mentalidad infantil. Antes bien, se trata de una escritura adulta con un tono destinado al público infantil, a través de textos que educan, entre otros temas, sobre los indios. En lo que sigue, nos interesa reflexionar sobre unas pocas operaciones conceptuales y retóricas que determinan las formas por las que se les comunica a los niños que sí crecerán la realidad de los indios que no podrán crecer[10].

Son varios los textos de *La Edad de Oro* destinados a informar a los niños sobre la historia que les precede. Ya el primero de los cuatro números incluye el escrito «Tres Héroes», el cual, junto con recalcar las virtudes de San Martín, Hidalgo, Bolívar y el ejército de jóvenes que este último habría tenido, recuerda lo mansos y generosos que los indios fueron. La otra presentación de un personaje histórico en tal número profundiza en la bondad india, a propósito de Fray Bartolomé de las Casas. La virtud de este sacerdote contrasta, sostiene el texto, con la colonización española, impuesta con violencia frente a los indios que recibieron a los españoles como amigos. Acaso con una mentalidad infantil, los indios inocentemente dieron todo a los españoles, adultos codiciosos.

En ese contexto, el escrito narra la historia de un indio que escapa al monte. De las Casas reconoce la crítica situación descrita y llora con los indios en lo alto. Sin embargo, luego vuelve a la ciudad y, cuando los españoles intentan expulsarlo, acompañados de centinelas indios, Las Casas les explica a los indios que por eso lucha por ellos:

---

[10] Predeciblemente, las lecturas de *La Edad de Oro* parecen ratificar la lectura de un humanismo inclusivo en Martí, destacando su antimperialismo (Minelli 2006), su anticolonialismo (Alvarado 2009), su mirada intercultural (Teja 1994: 147), su amor por los indios (Turner 1997: 151), su deseo de restitución de los derechos indígenas (Rodríguez 2010: 36) o bien eludiendo aquellas preguntas, incluso cuando se analiza un texto que plantea tales cuestiones desde el título, como «La muñeca negra» (Larrea 2003: 150).

porque están tan martirizados, escribe Martí (1991o: 448), que ni siquiera pueden agradecer a quien los defiende. Se ponen del lado de sus verdugos hasta que la palabra del sacerdote les permite entender su posición. Tras oírlo, lloran y se arrepienten, permitiendo que el sacerdote pueda hablar por ellos.

A diferencia del improductivo llanto indio, la palabra del sacerdote tiene efectos en la historia. De esta manera, la confundida mansedad del indio requiere de esa buena dirección que respeta su bondad natural. Lo que el pasado indio aspira, por tanto, es a tener un buen adulto, al punto que los indios podrían haber sido buenos compañeros de juegos con los niños del presente. De acuerdo a otro texto del mismo número, los indios jugaban, al igual que otros pueblos, en otras épocas. Ignoraban la pólvora invasora, pero no juegos tan lindos como los de quienes los habrían invadido. Jugaban al palo, escribe Martí (1991o: 342), tan bien como el más rubio de los ingleses.

En otros textos de la revista puede leerse la ya expuesta filosofía de la historia de Martí. En uno de ellos, de modo muy creativo, se narra la historia de los hombres como la historia de las modificaciones de sus casas. Mediante el constante uso de imágenes, Martí expone la diversidad de figuras y etapas en la historia del hombre. Parte parangonando el presente con una Edad de Piedra en la que los hombres viven casi desnudos, luchando contra las bestias, sin libros. La niñez de la humanidad no podría haberse escrito a sí misma. Recién el niño lector, parte de un pueblo adulto, puede comprender ese presente que hereda. Y con ello, que su pasado se comparte con el del resto de los otros pueblos: «Estudiando se aprende eso: que el hombre es el mismo en todas partes, y aparece y crece de la misma manera, y hace y piensa las mismas cosas, sin más diferencia que la de la tierra en que vive» (Martí 1991o: 357).

Lo distintivo de la época moderna es que, con los contactos entre unas y otras tierras, el diálogo entre los pueblos adultos crece y se acelera, y lo mismo ocurre con sus respectivos avances. Quienes no han podido crecer quedan fuera de tal presente, como lo muestran las casas indias. Estas se presentan bajo la figura de la ruina que Martí retoma, para caracterizar la historia india, en otro texto (Martí 1991o: 380) que parte caracterizando la historia de los indios como el *poema* más triste y hermoso que existe. Por esto, indica inmediatamente, no podría leerse sin ternura; tal vez, por tratarse de una trágica historia de niños, incluso cuando alcanzan grandes civilizaciones. Inocentes, supersticiosos y terribles, escribe que fueron una raza inteligente, artística y limpia.

Al trazar estas ideas, Martí combate los prejuicios sobre los indios que le son contemporáneos, cuya vigencia el cubano explica por la ignorancia de quienes, sin justificación alguna, destruyeron el crecimiento de tan buena raza y luego no comprenden los nocivos efectos de su pasada violencia. Para criticar la identificación de la barbarie con los indios, Martí señala que, en todo pueblo, la superstición y la ignorancia hacen bárbaros a los hombres. Sobre los indios se ha dicho tanto, para justificar la crueldad y conveniencia de la colonización, que cunde una ignorancia que pareciera transformar al hombre más culto en otro bárbaro (Martí 1991o: 382).

Bárbaro, entonces, no es quien no sabe nada, ya que todos saben algo: es aquel cuyo saber le impide notar el saber del otro. En efecto, Martí destaca que se conservan en los museos piezas de esa cultura cuya existencia los bárbaros siguen discutiendo. Lo que subsiste de los indios, por lo tanto, es parte de un pasado que se puede exponer como tal, carente de la alternativa de crear un futuro distinto a ese pasado. Tras indicar la belleza de la historia que se ha perdido, Martí cambia el género en el que la inscribe. Del poema hermoso y triste se pasa a describir la historia de América como una *novela tan linda* (Martí 1991o: 389). Antes de narrar su historia, América puede ser un poema. Tras el trágico derrotero de su historia, comprendida como pérdida del poema, deviene novela.

Una triste novela infantil

Este paso del poema a la novela no puede ser casual en un autor tan atento a los modos de la letra como Martí. Para abordarlo, podemos recordar el prólogo de la única novela que escribe, *Amistad funesta*. En su breve presentación del libro, Martí no sólo se excusa ante el lector por lo poco lograda que halla su obra (1991o: 192). También se pide perdón a sí mismo debido al escaso placer que le depara el género moderno de la novela, en tanto *ficción prolongada*, rebosante en diálogos jamás oídos y personas inexistentes.

Esto contrasta con la autenticidad que Martí exige al poema. Los versos, a diferencia de la novela, son propios, en la sinceridad que se modula desde la imposible intimidad de la escritura. La sencillez del poema, dadas las tentaciones de la artificialidad, se juega en la relación con quien lo escribe antes que en sus contenidos. La sinceridad del poeta no pasa por su eventual presencia en la obra, sino por el testimonio de su necesario desvanecimiento en la letra que queda para testimoniar su retiro: «Como una espada reluciente que deja a los espectadores la memoria de un guerrero que va camino al cielo y al envainarla en el Sol, se rompe en alas» (1991ñ: 131).

Esta imagen deja entrever que la diferencia entre una y otra forma de escritura se cifra tanto en su veracidad como en la aspiración del poema de mantener, en su fragilidad, cierta unidad. Por el contrario, la novela es una unidad compuesta que no puede resumirse en una acción en la que el autor se exponga[11]. La novela pierde determinación moral para ganar en una posibilidad de ficción desligada de la moral. De ahí que la adjetivación martiana desplace sus términos de referencia, a la hora de leer como novela la historia americana que ha

---

[11] Es claro que estas cuestiones ameritan una discusión harto más larga, particularmente a partir de la temprana teorización de Lukács sobre la novela y las lecturas que realiza Benjamin de Baudelaire, Proust y Hölderlin, entre tantos otros textos.

leído como un poema, de la alegría/tristeza del poema a la belleza/fealdad de la novela.

Una vez perdida la unidad del poema americano emerge la artificial historia mestiza, cuyo rendimiento estético no depende de su honestidad para consigo misma. Antes bien, pasa a jugarse en su capacidad de componer en la hibridez. Sólo así la historia nuestroamericana puede devenir novela y perdurar tras el heroico y derrotado poema que pasa a ser uno de los tantos momentos de su novela. En consecuencia, el poeta debe retirarse a un espacio privado sin épica, como bien lo supo la etapa de la poesía latinoamericana que vive Martí. Es entonces en su heterogénea y prosaica composición contemporánea que la juventud nuestroamericana, tras la interrupción de su poema indio, avanza sumando historias y embelleciendo el presente, toda vez que no puede alegrar la triste historia ya perdida.

En esta línea, resulta de interés lo escrito sobre la Feria Mundial de París de 1889, inserto en el tercer número de la revista que nos interesa. Martí narra que en la feria comparecen todos los países, incluidos los de la ya adulta modernidad europea. Cien años después de la revolución, los antiguos esclavos demuestran allí los progresos que la irrupción del liberalismo ha permitido, *como si se acabase un mundo, y empezara otro* (1991o: 406).

El nuevo mundo, para Martí, es el de un orden cosmopolita que convida, en un mismo jardín, a todas las razas humanas. El pabellón más admirado de esa reunión, relata, es el que muestra al hombre en cuarenta y tres habitaciones. La presentación parte con el origen de los nuevos pueblos que vienen al mundo y culmina en una torre Eiffel caracterizada como el más alto y atrevido de los monumentos humanos. Como si emergiese, en la historia, la superación de los previos límites de la historia, con una torre que excede el espacio de pabellón alguno o el tiempo de una era delimitada.

A diferencia de su símil babélico, esta torre, por emerger junto con el hombre ya consolidado, resulta indestructible. Por su solidez, Martí la refiere como el mástil del barco que sería la humanidad, con todos sus pueblos dentro. La humanidad resulta entonces un logro que sintetiza los distintos pueblos y sus diferencias. De acuerdo a la sugerente lectura de González-Stephan (2006: 241), en su imaginaria narración –pues Martí presenta una feria que no ha visitado– el cubano expone una visión comprimida del mundo, a partir de una concepción eurocéntrica que, simultáneamente, homogeniza y exotiza la variedad del globo.

A los pies de tan universal consecución, con menor altura, se hallan los jóvenes pabellones nuestroamericanos que miran a la torre como los hijos a un gigante, mostrando sus avances *elegantes y ligeros como un guerrero indio* (1991o: 417). La figura del indio, en efecto, es parte de varias exposiciones nuestroamericanas. Aunque se la nombra también en los pabellones de Brasil, Chile y Ecuador, es en el de México donde destaca gracias a la representación de los distintos dioses de la poesía de los indios. Tan unitaria era contrasta con un presente del que se exponen elementos varios, tales como obras y comidas, revestidos de letras y formas indias que parecieran ahí *estar vivos* (Martí 1991o: 418).

El pasado indio supera el carácter de ruina sólo yuxtapuesto con el presente republicano, integrándose espectralmente como otro elemento de un organismo vivo que presenta las distintas fases de su evolución y aviva al indio como pasado sin porvenir que no puede presentarse sino en la mediación de los Estados conducidos por el mestizo. El indio se muestra así ante un mundo civilizado en el que su vida, por guerrera o bella que haya resultado, no puede presentarse más que como un pasado incapaz de valerse por sí mismo.

El humanismo por venir

Este mundo moderno del contacto igualitario entre las naciones y la igualdad entre los adultos es el que debe dictar la ley de la Cuba por venir. A diferencia de la libertad limitada propia del esclavismo estadounidense, la libertad cubana no ha de ser, según enfatiza Martí (1991f: 139), ni de raza ni de secta. Nadie debe quedar fuera de derecho alguno en el nuevo orden. Partiendo, claro está, por el derecho a tener derechos.

Con esta defensa de una ley igualitaria, Martí (1991d: 270) parte del irreductible fundamento de la garantía de la dignidad plena a todo hombre. El sujeto que ha llegado a la adulta universalidad no está limitado por su particular inicio en uno u otro pueblo; conforme a esta nueva etapa, es el carácter, y no la pertenencia biológica, lo que marca la calidad de cada hombre y su posición política: «Los hombres de pompa e interés se irán de un lado, blancos o negros; y los hombres generosos y desinteresados, se irán de otro. Los hombres verdaderos, negros o blancos, se tratarán con lealtad y ternura, por el gusto del mérito, y el orgullo de todo lo que honre la tierra en que nacimos, negro o blanco» (Martí 1991b: 299).

El problema del indio es que su imposibilidad histórica de alcanzar la adultez le sustrae de aquel espacio universal en el que los hombres modernos pueden superar una u otra delimitación de su historia particular. La ley puede asegurarle no ser esclavo, pero la historia le impide ser un ciudadano como los hombres que provienen de otros pueblos. Esto explica que se mantenga al indio en un rol subordinado, pese al deseo de educarle. Como niño, posee ese derecho; por ser siempre niño, no podría alcanzar los frutos de la inclusión para salir del lugar en el cual se lo incluye. Su inocente bondad natural le impide ser el futuro adulto de un pueblo ya crecido que pueda entrar al mundo cosmopolita. El indio moderno, en tanto sujeto político del presente, es para Martí imposible. En ese sentido, no es extraño que no aparezca en el listado que hace Martí (1991d: 276-278) de los grupos que los revolucionarios cubanos deben aliar a su lucha, que en cambio sí incluye a negros, españoles y extranjeros, quienes pueden relevar en el presente el antiguo coraje indio.

Siguiendo lo expuesto, las tensiones del historicismo martiano se hallan menos en el *todavía no* que Chakrabarty (2008: 35) describe en el teleologismo europeo y más en una especie de *todavía sí* de saberes y sujetos del pasado que, sin ser negativos en sí mismos, devienen problemáticos por su imposibilidad de alcanzar ese futuro adulto que promete la teleología. El mismo universalismo que abre a Martí la alternativa de incluir al indio en la república moderna es el que lo subordina. La diferencia con Sarmiento, quien proponía eliminarlo, no es menor. El punto está en que la inclusión universalista muestra su límite al no integrar igualitariamente a aquellos cuerpos cuya negación colonial abre la posibilidad del discurso de la historia universal que Martí hereda.

En esa línea, bien señala Castro-Gómez (1996: 120) que la crítica latinoamericana a la filosofía moderna de la historia no debiese pasar tanto por su contenido como por la lógica lineal que la recorre. En la linealidad moderna, la inclusión de la diferencia sólo puede darse si se ajusta a la narración dominante —en este caso, a la idea de la interioridad evolutiva de cada pueblo y sus etapas vitales. Al no poder ingresar en esa teleología, la filosofía teleológica de la historia sólo puede pensar al indio en una infinita detención.

Es por esto que lo que discutimos no es si Martí ha sido un autor humanista con una propuesta de mayor inclusividad que la del programa de Sarmiento. La cuestión es que la inclusión que permite su humanismo, gracias a su concepción del desarrollo universal de los pueblos y la triste excepción del pueblo indio que no ha podido seguir creciendo, impide la igualdad prometida. En lugar de contraponer exclusión y humanismo, resulta necesario pensar en las exclusiones que constituyen, en Martí y otros autores, la política humanista.

A propósito de estos asuntos, Kohan (1991: 44-46) lee en Martí ciertas tensiones entre las concepciones imperantes de lo universal y lo particular, dada la incapacidad de la primera estrategia de incluir al hombre nuestroamericano y de la segunda de cuestionar la subalternización existente. Asumiendo esa tensión, Kohan escribe que Martí cuestiona la universalidad del poder existente, desde un universalismo distinto al europeo, basado en la identidad fundamental humana. Con esa estrategia, argumenta Kohan, Martí no supera algunos modos de estereotipación que limitan el presente humano, pero habilita la promesa de la liberación al trascender el universalismo hegemónico.

Esta posición nos interesa, para reconocer que lo que hemos argumentado no impide la admiración al trabajo de Martí como una crítica certera a los previos racismos latinoamericanos, y también porque esa crítica abre la opción de leerlo, más allá de sus límites, en relación con algunos debates contemporáneos que parten cuestionando el humanitarismo con la promesa de otra forma de lo humano que la del humanismo. Esto es, desde una humanidad que indetermina cualquiera de las figuras que se presentan como conclusivas de sí mismas. Esto exige pensar lo humano más allá del humanismo, mediante una imaginación que trascienda las posiciones dominantes en el debate contemporáneo al respecto, presas de una estrecha imaginación liberal que oscila entre las tentativas de un cosmopolitismo universalista liberal y las de un diferencialismo particularista propio del multiculturalismo[12].

---

[12] Esto amerita, aunque sea en una nota torpemente extensa, presentar algunas ideas con las que nos interesa pensar el debate planteado, con otros autores que pueden suplementar lo dicho sobre Derrida en un capítulo anterior. También con una precisa objeción al reflejo especular entre la suposición liberal de la identidad humana y la suposición multicultural de la identidad cultural, variados autores de la filosofía crítica contemporánea buscan cuestionar, en la noción misma de identidad, la incompletitud que obliga a ir más allá de sí. Para ello, ya no se trata de pensar, con la tradición metafísica, lo particular respecto al universal que lo acoge, ni tampoco de pensar, contra esa tradición, la universalización como erección de un particular que se arroga ideológicamente la capacidad de representar de manera falsa a las verdaderas particularidades. Antes bien, se trata de considerar el carácter excluyente como verdad toda pretensión universalista, y de insistir en el desajuste entre lo particular y lo universal como necesaria sutura de toda universalidad. Dicho de otro modo, la universalidad es construida partir

Mientras Martí busca pensar un universalismo capaz de respetar las diferencias que termina jerarquizando, el pensamiento latinoamericano contemporáneo, en especial en sus tentativas decoloniales, opta, sin dejar de rescatar a cierto Martí, por afirmar algún tipo de particularismo. Ante ello, podemos buscar lo que Martí llama su «gran política universal» (1991g: 98), intentando sobrepasar los límites constitutivos de su programa. Antes que apelar al refugio en una u otra diferencia latinoamericana, la deconstrucción de sus límites reclama, en el nombre de lo prometido, pensar en nuevas formas de agenciamiento que reinventen, infinitamente, las maneras de lo universal. En tal sentido, habría que leer la utopía martiana de igual-

---

de cierta particularidad, pero esta es trascendida por la petición de universalidad desde la cual se erige. Así, la universalidad se excede a sí misma al cuestionar los límites que la forman. En tal sentido, el antagonismo sería interno a la universalidad (Žižek 1998: 185). Este movimiento conceptual ha sido explicado históricamente por los trabajos de Balibar (por ejemplo, 1991: 150). La violencia de las categorizaciones universales no sólo proviene, para Balibar, de la exclusión que acompaña los procesos de normalización propios de la biopolítica moderna, sino también de quienes quedan «dentro» de las disputas que abren unas y otras inclusiones. Por ello, Balibar (1993) busca pensar cómo la disputa por lo humano interpela a los sujetos que serían los efectivos depositarios de la ciudadanía. La institución moderna de lo que llama la *igualibertad* ofrece un espacio de disputa, antes que la realización de sus valores. La violencia que el universalismo real ejerce deviene tan reiterada como fallida, puesto que no puede dejar de cohabitar con cierto universalismo ficticio que apela a la superación de su fáctica y excluyente determinación. Antes que falsedad, *ficción* significa allí la posibilidad de la invención que excede la universalidad presente. En esa línea, toda institución de la universalidad no puede dejar de habitar una dimensión ideal (Balibar 2002: 163), compuesta por una carga de negatividad ante el presente. En torno a esa apertura a la política de los universales, una respuesta posible es la de Badiou, vinculada a la posibilidad de que acontezca tal universalidad, en tanto exterioridad al mundo instituido. Así, para Badiou lo universal no reúne en un concepto las particularidades preexistentes, puesto que irrumpe frente a ellas, con la verdad que sutura el ser instituido: «El universalismo no está dado en el mundo: es un acontecimiento. En cierto sentido, dad frente a su tentativa concreta de realización, enfatizando en las alternativas de apelación y contestación a la universalidad por parte de grupos cuya actualidad no es un testimonio pasivo del pasado, como muestran los contemporáneos procesos de reinvención política de grupos indígenas en el continente.

Con y contra Martí, habría que repensar un universalismo antihumanista. La multiplicidad de registros e ideas de su obra ofrece opciones para imaginar con algunos de sus textos lo que otros no pudieron pensar. Bien señala Cerutti (1993: 60) que en sus textos existe una dimensión utópica que roza la confusión naturalista entre ser y deber ser, pero que logra evitar esa confusión abriendo

---

siempre es algo que se propone contra el mundo, regido normalmente por códigos desigualitarios. Por tanto, tenemos una lucha, una contradicción y un conflicto entre el surgimiento de nuevas posibilidades universales dirigidas a todos y el mundo tal y como es» (2006). En consecuencia, no podría haber objeto de lo universal. Cualquiera de sus legalizaciones es limitada a lo que promete. De ahí que la universalidad se juegue, para Badiou, en el pensamiento (2011-2012: 411) –en particular, por su fidelidad al acontecimiento–. La pregunta que allí asalta, dada la posición que nos interesa, es cómo serle fiel, en particular si se considera que el acontecimiento no comienza ni termina de acontecer, por lo que tal fidelidad es imposible. Y por eso, estrictamente imprescindible. Esto requiere afirmar el universal, infinitamente, como por venir, dada la imposibilidad de una presencia que garantice la promesa de la universalidad. Esta opción, claro está, es la tomada, de acuerdo a lo descrito en un capítulo anterior, por Derrida. Si todo presente de la universalidad exige el incesante reclamo de una justicia que requiere tanto de su limitada legalización como la ilimitada necesidad de trascenderla, entonces la universalidad no puede dejar de prometerse, cuasimesiánicamente, en y más allá de uno u otro lenguaje, más allá incluso desde la concepción performativa de los lenguajes que pareciera ser fiel a la postura derrideana (por ejemplo, Butler 2000: 48). En esa dirección, el problema con la posición martiana no radica en que presente una universalidad inacabada. Lo que discutimos es que, en momentos varios de su obra, tiende a darla por acabada. De ahí la importancia, por cierto vinculada a la literatura, de pensar el posible inacabamiento de su obra, para así rescatar su apertura y abrirla más allá de ella, contra cualquier cierre posible, incluyendo los de su propia escritura o los de las posteriores interpretaciones de su obra.

la alternativa de suturar el presente en nombre de lo que pareciera ser imposible dentro de las posibilidades que abre la filosofía de la historia. Acaso contraponiendo la política contra la naturaleza, ante el pesimismo final de Bolívar, Martí defiende con lucidez la oportunidad de superar los escollos de la descolonización: «Se ha arado en el mar» (1991f: 139).

La necesaria e imposible democracia latinoamericana, por tanto, habría sido real. Y aun cuestionando sus formas de realización, podría rescatarse de aquella afirmación martiana el pujamiento de todo límite en nombre de cierta promesa que excede el pragmatismo liberal, gracias a la donación utópica, rescatada por Martí, más allá de cualquier trazo del derecho. Y quizás —y la dubitación que nos acompaña no puede excusarse sólo por ausencia de mayor espacio— esto puede jugarse en otra relación con la letra, a partir de un pensamiento en torno a la ya descrita experiencia de la poesía, en tanto promesa que aspira, en su siempre frágil inscripción, a la convivencia de realidad y promesa, de la realidad de la promesa como exceso de cualquier realismo.

Esto abre la posibilidad de pensar una invención cuyo ser ya no podría —como el del cuerpo nuestroamericano— indicarse aquí o allá, puesto que se expresaría como un nombre de una realidad siempre resbaladiza. Precisamente por aspirar a la inalcanzable inscripción de quien escribe en lo escrito, el poema jamás podría lograrse ni dejar de invocarse —ni la novela de narrar la historia de esas figuras del poema—. Ni, por ello, ser propio de autor o lector alguno, por adulto que se suponga. Escritura, entonces, que indetermina la figura de una América que ya no sería nuestra, sino que, por venir, dona al pensar la chance de pensar una cosmopolítica sin más origen ni destino que una inscripción tan heterogénea como el sujeto que, una y otra vez escrito, la dibuja: «Yo vengo de todas partes / Y hacia todas partes voy» (Martí 1991ñ: 63).

Tensiones y posibilidades de la teoría social latinoamericana. José Martí y la amistad de la democracia en (nuestra) América

> Muchas veces se ha aplicado en la historia la frase de «amigo de los hombres»; Martí se la ganó de vivo, y de muerto la retiene en la mano parada.
>
> Gabriela Mistral (1993: 440)

El síntoma y sus incertezas

Me parece que la pregunta que abre este ciclo («¿existe teoría social en América Latina?») es, por así decirlo, sintomática. Muestra la incomodidad que emerge cuando se desea afirmar un objeto de deseo cuya existencia no es segura (como la de todo objeto deseado, por supuesto). La pregunta surge de una triste mescolanza entre prejuicios e ignorancia, que habría que leer menos como dato de ingenuidad individual que como un efecto producido por estrategias dominantes de narración de la historia de la teoría social que excluyen a variados pensadores latinoamericanos. Es claro que esto no es algo que pueda achacarse a los organizadores de este encuentro, a quienes, antes bien, hay que reconocer la sinceridad de la duda y el coraje de instalar una pregunta algo inédita en las universidades chilenas, en las que sigue resultando extraño referirse a la teoría social latinoamericana.

Si sostenemos, sin ánimo de arribar a certezas definitivas, que sí existe esa tradición, no es porque podamos decir genéricamente –parafraseando a Gramsci (1967: 61)– que todas las sociedades filosofan, sino porque quien indague un poco en la historia de las ideas latinoamericanas habrá de notar que sí existe una tradición de pensamiento social latinoamericano. Se trata de una larga tradición construida por quienes, retomando al autor marxista recién citado, han sido intelectuales tradicionales u orgánicos que han instaurado saberes que han acompañado el despliegue de los discursos hegemónicos y contrahegemónicos en las repúblicas latinoamericanas desde sus primeras décadas. La importancia histórica de quienes han elaborado esas teorías, varias de las cuales han acompañado gobiernos que algunos de esos pensadores incluso han encabezado, es indiscutible. De hecho, un escritor más histérico bien podría haber limitado su intervención en este ciclo a decir: *sí, existe el pensamiento social latinoamericano*, y retirarse.

Yo espero (al menos en esto) no ser tan histérico, y reflexionar acerca de ese *sí*. Nos tomará un poco más de tiempo, aunque uno también podría dar una respuesta muy breve y limitarse a fundamentar esa afirmación con una lista de teóricos sociales latinoamericanos de alto nivel. Para ello, tendríamos que partir recordando el pasado reconocimiento de Malinowski (1987: 3-4) al crucial concepto de *transculturación* desarrollado por Fernando Ortiz en los años cuarenta; luego, pasar por autores de los estudios latinoamericanos que no carecen de vuelo teórico, como Renato Ortiz o Carlos Rincón; o sólo indicar que varios de los autores más influyentes en la actual teoría social contemporánea son latinoamericanos: los martiniqueños Frantz Fanon y Édouard Glissant, el jamaiquino Stuart Hall, el argentino Ernesto Laclau o los peruanos Danilo Martucelli y Alonso Quijano.

Rápida y lúcidamente, podría objetarse a esta improvisada lista que no basta con haber nacido en Latinoamérica para generar un pensamiento social que pueda llamarse latinoamericano. Aún más, cuando se trata de autores que han escrito sus obras más importantes fuera del continente, elaborando teorías sociales cuyas reflexiones no se limitan a las sociedades latinoamericanas y escribiendo en la lengua de los países en los que han vivido[1], al punto de que cuando se refiere a la mayoría de los recién citados se suele soslayar su nacionalidad. Esa elusión es síntoma de la división internacional de las tareas y lenguas académicas, a partir de la cual resulta difícil –incluso sumando otros tantos autores a la lista– referir a una tradición de pensamiento social latinoamericano con la misma facilidad con que solemos hablar, por ejemplo, de la teoría social alemana, reuniendo a Weber, Adorno, Habermas, Luhmann y compañía como cumbres de una tradición cuya existencia no parece discutible.

Es claro que la discusión que aquí se abre no es exclusiva de la teoría social, puesto que refiere a las distintas tradiciones culturales en Latinoamérica. A lo largo del siglo XX, la pregunta por la existencia de un arte, un cine o una literatura latinoamericana, por mencionar ejemplos cruciales, fue un elemento constituyente de la consolidación de tales formas de producción en el continente. Inventar esa tradición, en efecto, fue necesario para legitimar el ejercicio de sus prácticas.

Cuando nos preguntamos por un pensamiento social, sin embargo, la pregunta puede resultar más esquiva, pues no es del todo seguro si con pensamiento social indicamos un saber que posea o no pretensión de universalidad. Si la tiene, lo que habría que preguntarse es si han existido pensadores latinoamericanos que hayan aportado con teorías sociales de carácter universal. Si no la tiene, debemos indagar qué pensamientos particulares, desde sus posiciones particulares, han trazado los pensadores de las particulares sociedades latinoamericanas, y de allí analizar si podemos inferir la existencia de la teoría social en el continente.

Para avanzar en esta pregunta quizás sea útil analizar un caso en el que parecemos saber que sí hay pensamiento social. Podemos

---

[1] Que los autores del Caribe anglófono o francófono se hayan formado en lenguas académicas dominantes, por cierto, no hace esta cuestión más simple, sino todo lo contrario.

acudir al ya mencionado ejemplo de Weber y sus connacionales, y preguntarnos si el pensamiento social alemán posee un carácter universal o particular. Es obvio que esto podría abrir una discusión eterna, debido a todo lo escrito al respecto y también porque es probable que no se pueda concluir afirmando ni una ni otra respuesta, al recordar, a modo de ejemplo, que Weber escribe sobre la modernidad protestante europea para llegar a una teoría general de la racionalización o que Habermas desarrolla su concepto universalista de acción comunicativa desde la experiencia política, harto particular, del espacio público burgués en las sociedades europeas modernas. En ambos casos, con una experiencia particular se tematiza un concepto que busca, con vocación de universalidad, ir más allá de los casos particulares.

Acaso la pregunta entonces no sea si sus teorías son particulares o universales, sino cómo, gracias a una narración hegemónica de la sociología, los conceptos que se construyen gracias a experiencias particulares adquieren rango de universalidad para pensar en otras experiencias. Es decir, cómo la teoría social alemana se universaliza y deviene teoría social a secas, al punto que sería muy extraño un ciclo de conferencias que preguntase si existe el pensamiento social alemán o una licenciatura en sociología que no estudiase a tales autores en los cursos de teoría social.

En efecto, hoy suponemos que esa es la fuente de la teoría y que hacer teoría social es hacerlo siguiendo su lógica. Si algún autor latinoamericano logra teorizar de esa forma, podríamos señalar que su obra sí es teoría social porque, de uno u otro modo, cumple con las normas naturalizadas que hoy impone la sociología para que un autor sea catalogado como un teórico social. Lo cual parte por conocer y discutir con la teoría social de los países que producen teoría que se considera como tal. Dicho en breve, para que Ortiz sea catalogado como un teórico social debería discutir con Habermas, pero no a la inversa.

La teoría social europea impone así algunas formas y procesos particulares que se pueden analizar con pretensión de universalidad, y deja a otras limitadas a levantar un conocimiento que se tasa como particular. Si asumimos que la universalidad no es una condición que pueda asegurar la elaboración teórica, por mucha vocación que tenga de ella, sino una atribución realizada a través de normas hegemónicas de universalización, pierde sentido preguntarse si los teóricos sociales latinoamericanos han producido una obra de carácter universal. Sus obras son tan tributarias de una historia particular como las consideradas teorías universales, y al menos partes de ellas tienen tanta vocación de universalidad como las que hoy damos por universales.

Por eso la pregunta que habría que hacerse para saber si existe la teoría social latinoamericana es la de si tales autores piensan o no desde experiencias latinoamericanas, tal como los alemanes lo han hecho con su experiencia de la modernidad para elaborar teoría social alemana. Así como el carácter teórico de sus obras emerge en su capacidad de elaborar conceptos con vocación de universalidad, el carácter «latinoamericano» de sus obras se juega en su capacidad de pensar y expresar ciertas tensiones propias de la historia de las sociedades latinoamericanas. Con ellas, emerge cierta teorización que no podría ser idéntica a las elaboradas por la teoría producida en Alemania, o en otra zona europea o estadounidense.

Ante este dilema, puede imaginarse una respuesta prescriptiva que decida qué es o qué podría ser un pensamiento social latinoamericano y que determine cuántos de los autores de nuestra lista cumplen con los requisitos para ser emplazados en la lista de quienes los cumplen. Sin embargo, creo que dicha estrategia no es la más interesante. Supone una definición invariante y algo ingenua, pues apela a alguna identidad propia latinoamericana que surge con la naturalización de las modalidades mediante las que se desarrolla el pensamiento social europeo (por ejemplo, al referir a una eventual *verdadera sociología latinoamericana*) para buscar imprimirle alguna condición latinoamericana que se suponga previa a la formación del conocimiento sobre Latinoamérica.

No es difícil notar el improductivo esquema que allí se abre, que obligaría a decir que la teoría social latinoamericana es la que responde a ciertas características propias de la especificidad latinoamericana. Tal ejercicio tiende a esencializar algunas descripciones, y a generar un canon que excluye las posiciones que no calzan con sus supuestos acerca de la disciplina y acerca del continente. De esta forma, la saludable búsqueda de una tradición de teoría social latinoamericana termina instituyendo un canon que ha de calzar con lo que ya se ha decidido que debe ser teoría social y que debe ser latinoamericano. La exclusión del ensayismo en la discusión sociológica ha sido un triste efecto de esa operación, la que termina limitando las posibilidades de la lectura. Por lo mismo, me interesa suspender, por el momento, esa pregunta disciplinaria por el *qué* para dar paso a la pregunta, más bien histórica, por el *cómo*.

Las escrituras amistosas de José Martí

Un lector analítico atento ya podría objetar que al preguntarnos por el *cómo* debe existir un *qué* acerca del cual preguntarse cómo se da. Me interesa, por ello, partir de un autor latinoamericano de quien no creo que podríamos dudar que ha hecho teoría social si es que creemos que alguien la ha hecho en su tiempo, a través de una escritura que, dada la época en la que emerge, no podría haberse preguntado por la sociología latinoamericana de acuerdo a los criterios naturalizados de nuestro presente. Me refiero a José Martí, el conocido poeta, ensayista, cronista y político que muere en Cuba durante la guerra por la independencia que movilizó buena parte de sus escritos y acciones.

Quien conozca la bibliografía sobre Martí sabe que la monumentalización de su figura por parte del oficialismo cubano ha llevado a anacronismos como el realizado por el ya mencionado Ortiz (2002), quien describe el programa martiano como sociológicamente científico. Una lectura más precisa de su obra permite notar que, como todos los autores del siglo XIX, Martí oscila entre distintos registros de escritura, en los que yuxtapone reflexiones teóricas y llamados a la acción que no se distinguen con certeza. Su obra tampoco separa con claridad –ni desea hacerlo– argumentos y metáforas, conceptos e impresiones.

Es obvio que esto no se debe a que Martí no haya tenido la inteligencia para hacer tales distinciones. Todo lo contrario, es su lucidez histórica la que lo lleva a operar de manera simultánea en los espacios de la reflexión y de la acción, mediante escrituras mixtas que surgen en el contexto de una modernización periférica que no puede dar por supuesta la distinción entre campos, esferas o sistemas que ha podido narrar la sociología de la modernidad europea. Que el pensamiento de Martí haya sido crucial en la historia política y literaria latinoamericana no es una paradoja ni mucho menos una casualidad. Es un claro dato de condiciones históricas y culturales distintas a las de la modernidad europea, a partir de las cuales surge un ejercicio distinto del pensamiento social, desde la crítica a los procesos metropolitanos de modernización y a las teorías que celebran tales procesos. Por ejemplo, al leer a Spencer, Martí cuestiona sus olvidos de las miserias de la evolución europea:

> no señala con igual energía, al echar en cara a los páuperos su abandono e ignominia, los modos naturales de equilibrar la riqueza pública dividida con tal inhumanidad en Inglaterra, que ha de mantener naturalmente en ira, desconsuelo y desesperación a seres humanos que se roen los puños de hambre en las mismas calles por donde pasean hoscos y erguidos otros seres humanos que con las rentas de un año de sus propiedades pueden cubrir a toda Inglaterra de guineas. (1991n: 392)

Es importante enfatizar que esta crítica no es la de quien, anclado en el esencialismo que sigue habitando buena parte de la crítica latinoamericana a la modernidad, aspire al desarrollo latinoamericano a espaldas de la modernidad europea. Un ejemplo cercano de una lectura que busca pensar así a Martí puede hallarse en Mignolo (2007: 113). Frente a esa estrategia de lectura, aún muy frecuente, nos parece que el deseo de Martí es el de pensar, retomando lo que hemos intentado mostrar en el capítulo anterior, en distintas historias posibles de modernización. Esto lo lleva a pensar en la colonización como interrupción del desarrollo unitario y lineal de la cultura americana, a diferencia del desarrollo gradual que Martí cree que sí ha acontecido en Europa. Su crítica al universalismo eurocéntrico, por ello, no se orienta por una posición particularista, sino que se autoriza más bien en la petición de una lectura de lo humano que asuma la diversidad de procesos históricos y, en consecuencia, no imponga moldes ajenos a las circunstancias históricas en las que se desea intervenir.

Ese tipo de operación, que Martí ve y critica en sus contemporáneos, replica el gesto colonialista de la imposición de otro tiempo en el espacio donde se habita. Los distintos proyectos hegemónicos de su tiempo suelen caer, siguiendo su diagnóstico, en tal error. Con ocasión de la muerte de Marx[2], y tras simpatizar en el plano ético con su defensa de los pobres, Martí manifiesta su distancia ante el deseo de imposición de un orden social que no pueda componerse desde la realidad existente:

> Karl Marx estudió los modos de enseñar al mundo sobre nuevas bases, y despertó a los dormidos, y les enseñó el modo de echar a tierra los puntales rotos. Pero anduvo de prisa; y un tanto en la sombra, sin ver que no hacen viables, ni de senos de pueblos en la historia, ni de

---

[2] Una interesante lectura de la tensa posición martiana sobre Marx puede hallarse en Bosteels 2012.

senos de mujer en el hogar, los hijos que no han tenido la gestación natural y laboriosa. (1991i: 388)

Aquí puede leerse la objeción de Martí a buena parte del pensamiento social latinoamericano previo, el que habría deseado imponer modelos políticos metropolitanos sin considerar los lazos sociales existentes y los eventuales hijos que pueden nacer de la madre que Martí llama, en oposición a Estados Unidos, *nuestra América*. En particular, destaca su cuestionamiento a la agenda progresista de Domingo Faustino Sarmiento, quien en el *Facundo* diagnostica (1993: 9) la ausencia de un Tocqueville que pudiese haber comprendido el modo de ser argentino[3]. Al notar esa falta, el libro de Sarmiento se interna de forma imaginaria en la pampa: es mediante el desciframiento del secreto de la barbarie que Sarmiento cree que se podrá reunir un saber con el cual alcanzar la civilización moderna cuyo epítome es, para el argentino, el mundo estadounidense. La tarea intelectual es, para Sarmiento, explicar la brecha entre una modernidad inacabada y una modernidad real. Y con ese saber, superar tal brecha con la mayor velocidad posible y alcanzar una modernidad similar a la estadounidense.

Desde esa modernidad estadounidense Martí, en el exilio, reflexiona acerca de la necesidad de otro tipo de modernidad que la que allí observa y padece. Para ello, aspira a componer un cuerpo nuevo, reconociendo el lugar de aquellas partes que Sarmiento llama —no sin melancolía por un pasado local que ha de perderse con la modernidad— a eliminar. Para Martí el trabajo político del saber es el de interpretar las distintas partes que luego han de componerse en el híbrido cuerpo *nuestroamericano*. Afirma el cubano que para alcanzar una modernidad coherente con la historia de ese cuerpo no basta con la imposición de instituciones modernas, ya que resulta

---

[3] Véase Villavicencio 2009.

imprescindible también componer los afectos que permitan desarrollar la modernización siguiendo un proceso adecuado.

La forja del nuevo orden social requiere, por tanto, de otra modalidad, pública y privada, de relación entre los hombres. En este punto las reflexiones de Martí acerca de la amistad[4] resultan cruciales para pensar una formación de vínculos sociales que, gracias a los distintos afectos, permitan la composición de un nuevo orden político que cuente con cierta eticidad capaz de sellar los vínculos que la legislación moderna puede mediar, mas no asegurar. Las instituciones modernas necesitan, para el cubano, del suplemento ético que la amistad ha de generar.

Quizás la expresión más famosa de la noción martiana de amistad[5], dada su posterior musicalización, puede hallarse en uno de los *Versos sencillos*. Allí Martí (1991i: 122) celebra tener más que el leopardo que posee un monte, puesto que él tiene un buen amigo. La amistad –deja entrever– es cuestión de humanos que superan la animalidad, pues se entiende como la capacidad, estrictamente humana, de compartir los sentimientos y razones. En uno de sus dramas, de hecho, un personaje describe la amistad como continuación de nuestro ser (Martí 1991o: 47).

---

[4] Queda pendiente repensar aquí, a partir del concepto de amistad que trataremos, el lazo entre amistad y literatura. Esto abre, evidentemente, una discusión mucho mayor que debería pasar por una atenta lectura de *Políticas de la amistad* de Jacques Derrida. En particular, en torno a las relaciones de igualdad en la amistad, y también –especialmente por el afán epistolar martiano– por la relación entre amistad, escritura y distancia. Al respecto, la apelación del cubano a la amistad para con el verso (Martí 1991ñ: 125) podría ser de alto interés.

[5] No está de más destacar que, pese a que la bibliografía sobre Martí rara vez ha indagado en este concepto (o, quizás, precisamente por esa ausencia), Silvio Rodríguez ha cantado, al respecto, con su siempre lúcida precisión: «Martí me habló de la amistad / y creo en él cada día / aunque la cruda economía / ha dado luz a otra verdad».

La amistad permite entonces que la finitud del hombre trascienda hacia la de otro hombre finito, forjando una vida en común en la que la singularidad no se pierde. Todo lo contrario, se redobla, dado el carácter no genérico del vínculo entre amigos siempre singulares. En la simultánea defensa de la individualidad y crítica del egoísmo que recorre la obra martiana, la posibilidad de la amistad como extensión del sentimiento individual deviene una experiencia crucial para pensar la buena convivencia entre los hombres que en el lazo amistoso confirman su individualidad de forma no individualista. Así, en una de sus tantas cartas, Martí (1991q: 415) pondera la amistad como la única dulzura de la vida, mientras que en uno de sus apuntes la hace compartir, junto al amor, la experiencia del placer propia del cese de los dolores.

La cuestión de la diferencia sexual explica que Martí pueda valorar la amistad por sobre el amor de pareja, ya que este último genera la devoción de todas las facultades a un solo objeto del sexo distinto, lo cual por cierto habría de ser cuestionado. Es por esto que el amante –sostiene explícitamente Martí– puede perder el criterio. La amistad, en cambio, no excluye la libertad del criterio, puesto que se vuelve hacia al otro sin perderse. Se trata del amor sin la mujer, escribe Martí, y habríamos de añadir que lo es también, para el cubano, sin la homosexualidad. O, al menos, en una homosexualidad que reprime la relación carnal. Habiendo delimitado la amistad de la devoción erótica, el vínculo amistoso le brinda la alternativa de combinar afectos y razones en una relación de dos que se suman sin restarse del mundo.

Frente al interesado mundo moderno que celebra Spencer, Martí presenta la amistad como un vínculo basado en el desinterés. Otro modo del amor (Martí 1991a: 294) se ofrece acaso como la única relación afectuosa posible en la distancia que Martí padece y expresa a través de su larga historia de amistades epistolares. En el marco de una biografía de exilios y desazones, la amistad da a Martí el consuelo de otra forma de relación social, capaz de prometer la superación del presente en nombre de la humanidad por venir.

Ante quien piense que las definiciones mencionadas carecen de validez porque su espacio de exposición no es el de la argumentación sistemática, ya que provienen de cartas o piezas literarias, es importante insistir en que Martí pide a tales textos la expresión de la sinceridad en la que se juega, para él, la verdad. Por este motivo, el hecho de que se trate de escritos que suelen considerarse literarios no los hace carecer de razón. Incluso en sus textos de prosa más argumentativa Martí nunca abandona una voluntad de estilo que abunda en metáforas, propia de un ejercicio de la escritura que se plasma en distintos registros de exposición, todos ellos renuentes a la voluntad de sistema. En efecto, en una de sus crónicas, Martí da una definición similar de la amistad similar a las ya recordadas, y no mucho menos figurativa que las que surgen de poemas y cartas: «Los corazones no deben estar así, enconados en la pequeñez del mundo, sin más sombra a que acogerse que la de la propia nariz. La vida rebaja, y hay que alzarla. Para todas las penas, la amistad es remedio seguro. Con un amigo, el mundo lo es» (1991e: 254).

Las amistades de la política

A partir de esta noción puede interpretarse la lectura martiana de los afectos existentes en distintas sociedades. La mayor belleza de los griegos –afirma (Martí 1991e: 376)– fue el culto a la amistad. Sin embargo, con la modernización los hombres parecen haber perdido tan preciado secreto. En México, cuestiona que los jóvenes inteligentes esquiven lo que los reúne en común. Como plantas aisladas, desconocen la fraternidad, sin buscarse, amarse o quererse (1991f: 307).

Martí aspira a una nueva política para nuestra América, capaz de imponer la amistad en el orden de la política. Esto contrasta con la imagen −también proveniente del poema antes citado− que dibuja al presidente como quien tiene un jardín y un tesoro, pero ningún amigo. A contrapelo de los liderazgos oligárquicos, ricos en bienes materiales y pobres en amistades, Martí busca abrir los procesos revolucionarios a todos quienes sean capaces de sentir la amistad, superando los egoísmos del mundo moderno. Así, al describir el crecimiento de la revolución, señala que han dejado de ser hombres para hacerse amigos del hombre (Martí 1991c: 80).

A través del libre y desinteresado vínculo entre hombres capaces de darse por quienes aman, incluso antes de conocerse, la libertad que se forja ya no se reduce a las instituciones políticas o a los intereses individuales. Únicamente de esta forma parece viable la construcción de una nueva vida en común. Esa vida política es la que reúne la alternativa del amor en el presente con la de seguir amándose de manera libre en el futuro: «Si me preguntan cuál es la palabra más bella, diré que es "patria": y si me preguntan por otra, casi tan bella como "patria", diré "amistad"» (1991q: 510).

Para que los amigos de la patria puedan edificar la patria de los amigos resulta necesaria una nueva figura de la autoridad, distinta de la del presidente sin amigos. Es el poeta quien cree Martí que debe conducir, desde su margen específico de saber, una modernización abierta al desinterés artístico que expresa la opción de una relación no utilitaria con el mundo[6]. El poeta no es sólo quien forja la belleza necesaria, sino quien expresa en ella los fines que deben guiar la vida de los hombres que se hacen amigos. Tomando cierta distancia para con los presentes esquemas de la política, el saber poético instala una nueva política de las formas, propia de los altos imperativos que exceden los concretos intereses de la política. Sin su saber sobre los fines, se corre para Martí el riesgo de que la construcción de la des-

---

[6] Al respecto, dentro de la amplia bibliografía sobre el modernismo, véase en particular Rama 1985.

interesada libertad colectiva derive en mera negociación de intereses individuales.

A su vez, el saber de la política ha de asumir que el saber de la poesía, incapaz de defenderse a sí misma, siempre puede ser eclipsado por los intereses del pragmatismo utilitarista. La composición de la amistad resulta un proceso difícil, en particular cuando se trata de amigarse con quienes trascienden la frontera. En la política internacional, cuestiona Martí, abundan las falsas amistades, y no distinguirlas de las verdaderas puede ser catastrófico. Los fines de la amistad deben pasar entonces por los medios de la política, y el buen político es quien es capaz de utilizar sus medios sin olvidar la dificultad de alcanzar los fines que trascienden su acción individual. Testigo de proyectos y fracasos de uniones nuestroamericanas, Martí se distancia de cualquier deseo de una amistad inmediata entre naciones, asumiendo la necesidad del saber de la política que logra distinguir el verdadero y el falso desinterés, la verdadera amistad y la falsa amistad:

> Lo real es lo que importa, no lo aparente. En la política, lo real es lo que no se ve. La política es el arte de combinar, para el bienestar creciente interior, los factores diversos u opuestos de un país, y de salvar al país de la enemistad abierta o la amistad codiciosa de los demás pueblos. A todo convite entre pueblos hay que buscarle las razones ocultas. Ningún pueblo hace nada contra su interés; de lo que se deduce que lo que un pueblo hace es lo que está en su interés. Si dos naciones no tienen intereses comunes, no pueden juntarse. Si se juntan, chocan. (Martí 1991f: 158)

Cuando se desoculta el interés y los intereses se confrontan, la enemistad puede, en última instancia, transformarse en guerra. Esta deviene imprescindible para permitir la amistad de quienes sí pueden reunirse. Martí (1991b: 374), de hecho, refiere al proyecto independentista cubano como una revolución de pericia y amistad. Recién tras ella ha de ser posible la amistad entre los distintos grupos que viven en Cuba, y también la autonomía con la que el país ha de decidir sus amigos y enemigos.

La amistad en América

En particular, lo que preocupa a Martí –proyectando la futura independencia respecto de España– es la falsa amistad de los Estados Unidos en nuestra América. Esto no se debe a una mirada sustancialista que asuma una relación inmutable entre tal país y una política imperialista. Con mayor precisión, Martí explica históricamente la hipocresía estadounidense como parte de un país cuyos miembros suelen desconocer la verdadera amistad entre ellos, por lo que resulta difícil que puedan hacerse amigos de hombres de otros lugares.

Durante su estadía en Estados Unidos, Martí cuestiona sus pretensiones imperialistas tomando una posición ambivalente en relación con los inéditos procesos de modernización que observa en aquel país[7]. Frente a una lectura simple de las crónicas que Martí escribe desde las *entrañas del monstruo* (1991d: 168), huelga recordar que destaca algunos elementos de la modernidad estadounidense. Por ejemplo, a Walt Whitman, *hombre del pueblo humano* que, antes de amar una familiar en particular, es amigo del mundo en general. Martí celebra en él la potencia masculina de la autoafiliación sin mujer (Molloy 1996: 379). Su falta de lazos familiares abre, por lo dicho, la posibilidad de un amor que siempre puede abrirse ante el nuevo deseo de otra amistad:

> Él no era familiar, pero era tierno, porque era la suya imperial familia cuyos miembros habían de ser todos emperadores. Amaba a sus ami-

---

[7] Véase Ramos 2009: 263-392.

gos como a amadas: para él la amistad tenía algo de la solemnidad del crepúsculo en el bosque. El amor es superior a la amistad en que crea hijos. La amistad es superior al amor en que no crea deseos, ni la fatiga de haberlos satisfecho, ni el dolor de abandonar el templo de los deseos saciados por el de los deseos nuevos. (Martí 1991m: 19)

El desarraigo familiar que en Whitman se puede celebrar resulta problemático cuando lo que se expande no es el desinterés propio de la ternura del poeta, sino los intereses de la riqueza, como acontece en el país de Whitman. La pérdida utilitarista de la preocupación por la belleza en los objetos se replica, según Martí, en la relación entre los sujetos que pierden la belleza de la amistad. Como bien argumenta Avelar (2012: 23), la crítica política anticonservadora de Martí va acompañada de una crítica estética conservadora a la mercantilización. Evidentemente, en Martí esto no es una paradoja. Antes bien, resulta un ejercicio coherente de crítica a un emergente mundo capitalista que pierde toda ley que no sea la del interés. De esta forma, el cubano cuestiona la falta de ética y fe en la amistad en este pueblo de gente emigrada, de personas aisladas y cerradas cuyo único goce –siguiendo su ácida descripción– es el de la riqueza (Martí 1991j: 226).

Faltos de sosiego en medio de una vida cada vez más acelerada, carentes de toda noción de patria o amistad, lo que Martí destaca en la vida de los Estados Unidos es lo que amenaza la buena vida. A saber, un proceso de individuación que abre la igualdad política pero pierde los vínculos sociales del amor y la amistad. Andando *lo bello en dominio de todos*, la democratización deviene igualación mediocre en la que se pierde lo más alto del hombre. Desde su privilegiada posición como observador de los cambios metropolitanos, Martí critica tanto la pasada aristocracia del linaje como la presente oligarquía del dinero, propio de los *ruines tiempos* de la acelerada sociedad moderna:

La guerra, antes fuente de gloria, cae en desuso, y lo que pareció grandeza, comienza a ser crimen. La corte, antes albergue de bardos de alquiler, mira con ojos asustados a los bardos modernos, que aunque a veces arriendan la lira, no la alquilan ya por siempre, y aun suelen no alquilarla. Dios anda confuso; la mujer como sacada de quicio y aturdida. (1991g: 228)

Las amigas de Martí

La figura de la mujer expresa el doble vínculo de Martí ante la modernidad. Tal como saluda el reconocimiento de sus derechos políticos, cuestiona la pérdida de los valores tradicionales de la madre[8]. Esta transformación de la mujer en un eventual sujeto moderno choca con las marcadas posiciones de género que, para Martí, ya en la infancia deben conocerse. En el breve prólogo a *La Edad de Oro*, la revista escrita por Martí para los niños, explicita que nunca el niño es más bello que cuando lleva del brazo a su hermana o cuando regala flores a su amiga (1991o: 301). Es en ese momento que parece confirmarse, sumando lo que añade, que el niño nace para ser caballero y la niña para ser madre.

A juicio de Martí, esa repartición de los roles debe mantenerse en la adultez. No está de más recordar que él habla de amigas para referirse a patrias o manos amigas, pero que este hombre de tantos amigos tiene pocas amigas. Sin embargo, la nueva mujer –escribe con preocupación– que comienza a tomar los roles del hombre comienza a ser, activa y desvirtuadamente, una amiga. En Estados Unidos hay mujeres que son amigas, y sin hombres mediando su amistad.

Así, por ejemplo, destaca Martí con algo de admiración a la esposa del presidente, quien gusta de recibir amigas en su casa (1991k: 135). Frente a quien pudiera pensar que esta tendencia se limita a las élites

---

[8] Véase Montero 2003.

políticas o al espacio privado, Martí brinda también la caracterización de nuevas experiencias de asociatividad femenina en torno a la organización de caridad «Las hijas del Rey». Nacida de una conversación de sala, la organización muestra la inanticipable potencia de la asociación entre mujeres:

> Fueron diez las primeras que se reunieron para pensar en cómo se remediarían, sin costos ni pompas, tantas desdichas del cuerpo y el alma. Pues que cada una junte diez amigas. Que donde haya diez amigas, quede el grupo. Que cada grupo atienda a propagar el cariño entre los seres humanos, y a endulzar una especie de miseria. Estas diez a buscar empleos a ancianos. Otras diez a confortar por las calles a las mujeres infelices. (Martí 1991l: 117)

A la pregunta de si esa relación de asociatividad, ligada a un vínculo que poca singularidad expresa, es la de la amistad, habría que sumarle, con la óptica de Martí, la de si quien así se reúne sigue siendo una mujer. Después de preguntarse, sin responderse, si el tipo de vida estadounidense paga a la humanidad su derecho a existir brindando más virtudes que defectos, si su acelerada y mercantilizada vida aumenta u oprime la libertad, Martí sostiene que en Estados Unidos, de hecho, existe la mujer que se casa para burlar el matrimonio. Pero también, recordando al ya mencionado Tocqueville, que existe la mujer superior. Es decir, la mujer capaz de compatibilizar la cultura moderna con la naturaleza femenina.

Esa referencia al autor francés no es casual. Para Tocqueville, es la mujer quien forja las costumbres de una y otra sociedad, de modo tal que su breve análisis de la mujer en la sociedad estadounidense es crucial en su lectura de la modernización de una sociedad inmigrante a la que el hombre llega, dice el francés, *sin amigos*. Justamente por la ambivalencia ética de tal proceso de individuación, propio de lo que Jaume (2011: 282) bien denomina la dialéctica de la razón democrática de Tocqueville, la mujer debe asumir un rol distinto al de los hombres que se hacen iguales en Estados Unidos.

Tocqueville destaca, en esa dirección, que la diferencia de los sexos se erija como el único límite a las tendencias igualitarias irrefrenables en la sociedad moderna, puesto que asegura un estricto reparto de funciones económicas y políticas. Mill (1977: 55), en efecto, cuestiona que Tocqueville no note la mantención de los privilegios de la aristocracia del sexo en la nueva sociedad que describe como democrática. El francés, sin embargo, nota esa jerarquía tradicional, mas la explica desde la nueva modernidad de la mujer que, gracias a su libertad individual, decide sustraerse de la individualización. De este forma, la misma mujer que comienza a escuchar la política por sobre el espectáculo (Tocqueville 2005: 251) es la que se somete con libertad a la necesaria autoridad conyugal, sin que por ello se deje de valorar su independencia (2005: 554 y ss.)[9]. Al casarse de manera libre, la mujer adulta cambia sus costumbres manteniendo su espíritu independiente: con libertad, afirma Tocqueville, decide subyugarse.

Siguiendo lo argumentado, la mujer decide individualmente mantener un rol no individualista que permite la reproducción de los individuos. A falta de amistad, mantiene el amor. Martí cataloga de extraña, superior y *casi inefable* a esta mujer, cuyo amor se alza como la única salida posible a una vida sin amistad[10], y se pregunta si acaso

---

[9] Al respecto, véase Mathie 1995, Turner 2008, Winthrop 1986 y Wolin 2001: 329-332.

[10] En descripciones del mismo Tocqueville pueden hallarse las noticias de la sociedad moderna que más asustan a Martí. Y es que Tocqueville no sólo traza un distinto ejercicio de la escritura, como de modo tan sugerente ha mostrado Lefort (2007), sino también un análisis muy notable (a pesar de lo escueto que resulta) de las transformaciones sociales de la literatura. Mientras en la Francia prerrevolucionaria los escritores se sustraen de la disputa política y en la posrrevolucionaria los hombres han perdido el hábito de leer (Tocqueville 1993: 163), en la vida mercantilizada de los Estados Unidos no hay buenos escritores. La igualdad democrática, por tanto, parece contravenir la libertad espiritual. Uno

podrá equilibrar la falta de patria del mundo estadounidense. Sólo su corrección podría corregir al casi incorregible mundo moderno:

> en las escuelas cosexuales no es la mujer lo que se dice: ni la satisfacción moderada de sus necesidades en el trabajo apaga en ella, antes incita, el deseo de pecar innecesariamente, por lo superfluo del lujo: ni en el hogar es con mucho la compañera decorosa y la amiga inteligente que pudiera ser; pero por lo que se ve en conjunto de esta masa de santas y de esclavas, de predicadoras y de favoritas, de andrófobas y de poetisas de pasión, de sacerdotisas del agua y familiares del vino, de mujeres bestiales y ángeles con espejuelos, de bocas rojas y frentes amarillas, sólo en la mujer reside aquí, con la inteligencia que ha de moderarla en un pueblo culto y libre, la virtud robusta que baste a compensar los desórdenes de poder, y la sordidez y rudeza de la vida, a que parece el hombre americano encaminado. (Martí 1991l: 156)

Así, mientras para Tocqueville la democracia deviene una tendencia moderna que únicamente puede corregirse dentro los procesos propios de la modernidad estadounidense[11], para Martí resulta necesario sustraerse de esa forma de modernidad y construir otra modernidad, asociada a otro modo de escritura que el del francés. A

---

de los análisis más notables de Tocqueville (2005: 4713) a este respecto guarda relación justamente con la relación entre literatura y matrimonio. Tras señalar la facilidad con la que se legitima el amor ilegítimo en el caso de las uniones forzadas, explica en una nota asociada a dicho pasaje la diferencia entre el desarrollo de la novela familiar europea y su ausencia en los Estados Unidos, destacando cómo la ficción europea elabora la catástrofe de la familia tradicional al excusar a los personajes por sus desgracias. Tal ficción, a partir de lo antes expuesto sobre la poco amorosa familia moderna y la muy utilitarista falta moderna de literatura, resulta imposible en los Estados Unidos. Sin matrimonios forzados, como en Estados Unidos, la novela familiar europea no ha lugar. En ese sentido, en la modernización estadounidense se pierde la posibilidad del escritor, y también de la novela moderna europea que Martí, entre otros, hereda en Latinoamérica.

[11] Véase Chignola 2014: 113.

diferencia de Sarmiento, Martí se vale de Tocqueville y su interpretación de la situación de la mujer moderna en los Estados Unidos para pensar lo que no debe ser nuestra América y sus mujeres. A partir de un ejercicio crítico de la distancia, busca diferenciarse de la poco amistosa sociedad estadounidense, abriendo la alternativa de una democracia con otros afectos que los del comercio, incluyendo los del amor tradicional a la mujer en el marco del amor a la patria.

Y es que sin el amor heterosexual a la esposa y sin el amor filial a la madre quizá no podrían haber amigos. En particular, amigos de esa patria que Martí busca amar como a una madre, al punto que la caracteriza como tal[12]. Superior a la finitud de quienes se hacen amigos, con ella no podría haber amistad. Es entre sus hijos que han de gestarse los futuros amigos de la patria. Quienes logren, con pocas amigas, cimentar la democracia de los amigos, podrán forjar, de manera amistosa, el mundo moderno que promete libertad e igualdad (Rama 2015: 59).

Martí y la teoría social latinoamericana

A través del seguimiento de la noción de amistad en Martí hemos intentado mostrar un indicio de la existencia de teoría social en Latinoamérica en un registro harto distinto de lo que solemos entender hoy por teoría social. Para mostrar esto hemos debido atender tanto a argumentos como a metáforas, pasando por distintos registros de su obra, incluyendo los ficcionales. Ello no supone un argumento sustancialista que sostenga que la filosofía en Latinoamérica se da en la novela o la poesía, sino que asume que en la historia del modernismo abierta por Martí la escritura literaria no vale menos que el ensayo como espacio para elaborar la teoría.

---

[12] Véase, por ejemplo, Martí 1991f: 140.

Desde esa posición lateral ante la teoría social, Martí lee y discute con algunos autores que seguimos leyendo como clásicos de la teoría social: Marx, Spencer y Tocqueville. Y lo hace construyendo un espacio de enunciación que, en el cruce entre unos y otros saberes, teoriza sobre unas y otras sociedades con una vocación de universalidad que permite que su trabajo pueda ser pensado, en su singularidad, como teórico.

Si consideramos esta modalidad de teoría social en América Latina previa a la institucionalización de la sociología, podemos avanzar hacia una respuesta más fundamentada de por qué creemos que sí existe teoría social en la región, y así buscar algunas noticias acerca de qué podría significar la teoría social en Latinoamérica. Tras lo argumentado, esta no se entiende ni como una reflexión delimitada por la institución para interpretar la teoría escrita en Europa ni como teoría social limitada a pensar sobre o para Latinoamérica, en limitado diálogo con autores latinoamericanos. Antes bien, su pertenencia a la historia latinoamericana se juega en la expresión de ciertas tensiones en los temas y modos de escribir[13]. Su esquiva pertenencia a Latinoamérica consiste en escribir desde Latinoamérica, insistiendo en que ese *desde* no impone fronteras cerradas. A la inversa, marca la importancia de suturar las fronteras políticas e intelectuales del continente a la hora de pensar el continente.

Y es que el carácter periférico de la enunciación latinoamericana ha obligado a sus intelectuales a pensar de forma cosmopolita, yendo más allá de los limitados universalismos europeos (Santiago 2012a: 60). Con ello se instala un espacio de enunciación que no deja de tras-

---

[13] En ese sentido, para mostrar el carácter latinoamericano de los autores antes mencionados, habría que pensar con detenimiento cómo la forma en la que cada cual aborda debates mundiales expresa ciertas cuestiones relativas a la historia del continente. Los énfasis de Fanon y Hall en la raza, de Laclau en el populismo o de Martuccelli en los variados procesos de individuación pueden ser buenos ejemplos al respecto.

tocarse, performativamente, con lo pensado. Esto significa pensar desde un lugar que el pensamiento reinventa, como lo hizo Martí con tanta importancia.

Por ello, antes que pensar si los autores en cuestión se ajustan o no a una Latinoamérica preexistente, resulta central mostrar cómo parte de su ejercicio teórico es reimaginar lo que entendemos por tal nombre y lugar. Por lo mismo, la diversidad de autores del siglo xx que hemos mencionado pueden leerse como autores latinoamericanos porque –y no pese a que– apelan a una Latinoamérica distinta a la pensada por Martí. Puesto que las tensiones sociales que deben pensar son otras y también son otras las actuales estrategias de exposición, para retomar la alternativa de pensar desde América han de hacerlo con otra lógica. De ahí que resulte erróneo pensar en una tradición de pura continuidad en la teoría social latinoamericana que permita suponer, por así decir, que Martí o Laclau responden a las mismas preguntas. Ya que se trata de pensar desde un lugar que está siempre en disputa, la tradición que entonces es posible trazar no podría ser lineal, a menos que dejara de disputar ese espacio.

Cuando Martí asume esas luchas, brindando el nombre de nuestra América y una poética y política que busca ser pensada con los lazos que allí desea rescatar, reinventa su territorio y ejercita un tipo de escritura que muestra qué puede significar realizar teoría social desde ese lugar. Hoy, desde aquí, desde el siempre incierto y poroso aquí, nuestra tarea no ha de limitarse a repetir su obra; por la amistad que debemos tener con él y con otros amigos y amigas de la teoría, debemos aprender a pensar, desde otra sociedad, otras amistades con la política y otras políticas de la amistad.

III. Olvidos y excepciones de la República
Dos textos sobre la modernización uruguaya

La creación del olvido. José Enrique Rodó y los lazos de la reconciliación

> Sólo se habrá elaborado el pasado cuando las causas
> de lo ocurrido hayan sido eliminadas.
> Sólo porque las causas subsisten, hasta el día de
> hoy no se ha roto su hechizo.
>
> Theodor W. Adorno (2005: 70)

Los lazos de la memoria

Un año después del fin de la Primera Guerra Mundial, Víctor Pérez Petit publica una larga biografía de su querido Rodó que abre con la rememoración de un diálogo sostenido con su amigo a inicios de la guerra. De forma inesperada, Rodó entonces afirma que, dentro de cien años, los hombres habrán de envidiar a quienes, como ellos, hayan sido testigos concretos de la guerra. Tan curioso celo se explica porque, en tanto observadores directos, Rodó y sus contemporáneos no padecen la usual necesidad de los hombres de pensar con una distancia en el tiempo que los obliga –señala Rodó– a *filosofar al revés*. Antes que una experiencia que se padece, la guerra europea resulta un objeto, por lejano, pensable. La simultaneidad con esa guerra permite pensar y recordar lo que se ha presentado, y así construir un saber enderezado sobre la guerra.

Según narra el biógrafo, es la posesión de un saber certero como el antes destacado lo que caracteriza el conocimiento que un amigo tiene del otro. Se conocen, dada su simultaneidad, mejor que nadie. Cada uno, por eso, podría ser el mejor biógrafo del otro. Por lo mismo, para guardar a los futuros hombres el saber de uno y de otro, Rodó propone a Pérez Petit un singular lazo. Antes de que las futuras generaciones inviertan sus figuras, la escribirán guardando su saber: «Celebremos el pacto, siquiera para dejar certificado que cruzamos la vida como dos buenos amigos. El pacto es este: el que sobreviva, hará la biografía y el elogio del otro» (Pérez Petit 1918: 14).

Pérez Petit acepta con risa, suponiendo que él será quien deba recoger lo prometido. Poco después, tras la muerte de Rodó en Europa, cumple rápidamente con un largo texto que busca una fidelidad a la memoria que sobrepasa la imagen de sí que Rodó desea transmitir en su vida. Así, Pérez Petit testimonia la influencia de Platón en la obra de Rodó, quien habría venerado y ocultado su lectura de Platón incluso a sus más íntimos amigos. Tal como un enamorado esconde a su novia –cuenta Pérez Petit (1918: 30), con una metáfora harto elocuente de la platónica amistad que recuerda–, Rodó esconde el libro de Platón cada vez que alguien entra en su recámara. Dado el imperativo de recordar, el biógrafo dibuja un retrato de su amigo que cuenta lo que Rodó quiso mantener en secreto.

Cuando recuerda a su amigo, Pérez Petit expone el secreto que es retomado por variados comentaristas posteriores a partir de distintas estrategias de lectura que siguen vinculando a Rodó con singulares formas de platonismo[1]. Se trata de una interpretación harto problemática, ya que Rodó acompaña la promoción de estatuas que recuerden el pasado –propias de su bien llamado paradigma escultórico (Melgar Bao 2002)– con la afirmación política, hacia el presente y futuro, del arte escrito que Platón rechaza.

Dentro de las letras americanas, algunas de las obras que Rodó destaca son las provenientes de la prosa decimonónica rioplatense. Por ejemplo, la escritura de Juan María Gutiérrez y su *porfía tenaz*

---

[1] Por ejemplo, véase Giaudrone 2005: 101-102 y Rocca 2010, en especial el capítulo «Lector, literatura».

contra el olvido, la ingratitud y la indolencia (1967: 736). Para Rodó, el escritor argentino cuenta con el secreto para retratar la nación que los nuevos hombres deben prolongar, acompañando su enderezado conocimiento de la nueva guerra europea con la insistencia en el recuerdo de la previa lucha por la Independencia americana. Sólo así la gesta emancipadora puede –de acuerdo a lo que consigna Rodó (1967: 570) en el Centenario chileno– mantenerse *para siempre* como alto y sagrado recuerdo en la historia de las naciones.

Tal trabajo de la memoria deviene crucial ante la contemporánea amenaza de que otros recuerdos hagan olvidar la memoria de lo que no se ha percibido. Comparadas con la guerra mundial –se sincera Rodó–, las independencias americanas no parecen ser mucho más que una hazaña policial. Resulta improbable, con esa percepción, que la gesta independentista pueda seguir fundamentando el presente político. Sin embargo, con otro modo de recordar la gesta independentista se podría generar otro recuerdo de ella: al exaltar el valor y el sacrificio de la Independencia, como lo hace Gutiérrez, se explicaría por qué perdura en la memoria de los hombres (1967: 1224).

En ese sentido, al trascender los hechos y sentir los valores, la memoria puede engrandecer los hechos, restituyendo el valor de lo acontecido. Incluso, si es que no especialmente, cuando se trata de experiencias de las que no queda ni más ni menos que el recuerdo. La buena memoria puede, de esta manera, enderezar lo que el tiempo ha invertido:

> éste es hechizo de la memoria, cuyo acompañamiento sentimental vincula siempre cierto poder de evocación y realización de las cosas desaparecidas; poder que, en organizaciones muy sensibles al prestigio alucinador del recuerdo, alcanza hasta igualar, y aun superar en intensidad y fuerza, la faz subjetiva de la realidad pasada. (Rodó 1967: 936)

Los lazos del olvido

Puede especularse que otro secreto que Rodó toma de su lectura furtiva de Platón es la necesidad de que el recuerdo de la verdad vaya acompañado de algunos olvidos que, para Platón, aseguran la unidad del cuerpo de la ciudad. El éxito de esa operación permite a Schmitt sostener —en una crucial nota de su no menos crucial texto sobre el concepto de lo político— que, según el ateniense, la verdadera guerra se da siempre entre helenos y bárbaros, en contraposición a la guerra civil: «Aquí se manifiesta la idea de que un pueblo no puede hacerse la guerra a sí mismo y que una "guerra civil" significaría tan sólo un desgarramiento pero no quizás la construcción de un nuevo Estado y hasta de un nuevo pueblo» (Schmitt 2006: nota 17).

Con un gesto problemático, Schmitt sugiere que la guerra siempre se da más allá del límite, incluso cuando se trata de una manifestación de la lucha de clases, como si la unidad de la nación pudiese siempre recuperarse. Toda división interna es entonces ponderada como una inversión de la identidad para consigo misma que supone la unidad política. De este modo, lo que habría que recordar son las guerras en las que la nación se ha impuesto ante otra nación, olvidando el previo olvido con el que, para Loraux, emerge la ciudad griega tras la guerra civil[2]. Conocedora de la fractura constitutiva de la ciudad, Loraux no puede distinguir con simplicidad entre la guerra civil y la guerra entre naciones, como bien recuerda Derrida en otra nota al pie (1998: nota 13), también clave a la hora de pensar su deconstrucción de la política schmittiana.

La tarea que se propone Rodó parece ser la de gestar el olvido descrito por Loraux para alcanzar el fundamento unitario deseado por Schmitt. Ese olvido deviene urgente dada la frecuencia que toma la guerra civil en Uruguay, al punto que escribe a Unamuno en 1904

---

[2] Dentro de su amplia y notable obra, véase en particular, para este tema, Loraux 2009: nota 13.

que el enfrentamiento bélico entre connacionales se ha arraigado como un triste *sport nacional* (Rodó 1967: 1393). Durante la guerra europea, de hecho, Rodó cuenta cuarenta y dos guerras uruguayas en ochenta años de historia, sin olvidar que la cantidad de guerras en Europa duplica a las americanas. Por ello, ironiza sobre la antigua creencia de la guerra como originalidad americana, puesto que sigue siendo más frecuente en el continente del cual se copia su triste hábito: «Nuestras perpetuas "paces", nuestros periódicos juramentos de olvido y confraternidad, nuestra sempiterna afirmación de la que acaba "será la última", tiene ahí su filiación indiscutible» (1967: 1227).

La diferencia entre la civilizada adultez europea y la conflictiva juventud americana, por tanto, no pasa por que una historia sea menos violenta que la otra. El viejo continente ha crecido porque ha podido superar el deporte momentáneo de la guerra. Lo que consigue Europa, por tanto, es el olvido de sus previos conflictos.

Para pensar en esa operación, el modelo de nación que gana el interés de Rodó –y, por cierto, el bando que apoya en la guerra europea que le es contemporánea– es el de Francia. En particular, puede recordarse la figura de Renan, pensador francés del que Rodó se vale para pensar la urgencia de gestar una nueva civilización opuesta a los criterios imperantes del progreso utilitarista. Además del conocido eco de tales ideas en *Ariel*, Rodó también retoma de forma implícita, de acuerdo a lo que intentaremos mostrar, algunas de sus ideas para pensar la constitución de la nación como un ejercicio de olvidar en común. Ante el siempre inestable fundamento de la nación, Renan (2000) asume que no basta con recordar en común, pues a ello hay que añadir el acto común de no recordar.

El hoy mucho más recordado ejercicio de inventar una tradición emerge con la previa producción del olvido. Siguiendo el lúcido comentario de Palti (2003: 77), para que se despliegue con éxito tal estrategia no basta con desear olvidar; además resulta imprescindible olvidar que se ha olvidado y así dejar de contar con los recuerdos que dividen. Creando el olvido, Europa crea en el olvido y se renueva: «Mnemosina es la madre de la patria, pero esta memoria debe promover un culto previo al olvido» (Déotte 1998: 27).

Los lazos de la amnistía

Según Rodó, es esa voluntad de olvido la que falta a Uruguay tras la Guerra Civil de 1903, que él ha rechazado de forma rotunda, pese a ser parte, como parlamentario, de uno de los bandos. Frente a la guerra propia, la mirada recta no es la que toma partido por el conflicto contemporáneo. Y es que los conflictos que se padecen cerca pueden desviar y no enderezar la mirada. De ahí la centralidad de una memoria no apasionada que pueda recordar y olvidar lo necesario.

En enero de 1904, escribe a Juan Francisco Piquet que su único consuelo es que el escenario acabe pronto. Sin embargo, dado que la potencia del conflicto no se ha apagado, su finalización momentánea podría no bastar. Al mismo Piquet narra con intensidad, algunos meses más tarde, la dificultad de que el término formal de la guerra consiga, realmente, la finalización del enfrentamiento: persiste una memoria que imposibilita el cierre del conflicto por parte de hombres que vuelven a gozar del presente sin notar la inquietante presencia de los recuerdos que dividen. Una cita tan larga como notable así lo muestra:

> Le escribo mientras atruenan los aires los cohetes y bombas con que se festeja el restablecimiento de la paz. ¡Este es nuestro pueblo! Vivimos en una perpetua fiesta macabra, donde la muerte y la jarana alternan y se confunden. Gran cosa es la paz, sin duda alguna; pero cuando todavía no están secos los charcos de sangre, cuando todavía no se ha disipado la humareda de las descargas fratricidas, cuando todavía está palpitante el odio, y las ruinas de tanta devastación están por reponerse, tiene algo de sarcástico esta alegría semibárbara, estos

festejos que debían reprimirse, por decoro, por pudor, porque lo digno sería recibir con una satisfacción tranquila y severa la noticia de que cesó el desastre, y pensar seriamente en ver cómo se han de cicatrizar las heridas y pagar las enormes trampas de la guerra. Pero ¡no, señor! Hay necesidad de hacer una fiesta carnavalesca de lo que debiera ser motivo de recogimiento y meditación. Es lo mismo que si una madre a quien se le hubieran muerto dos de sus hijos en la guerra, al saber que habían salvado los otros dos, festejara esto último abriendo sus salones, descotada y pintada, y dando una opípara comilona, cuando aún estuvieran calientes las cenizas de los hijos muertos… Parece que se festejara una gran ocasión de orgullo y honor para el país. Y lo que se festeja es apenas que la vergüenza y la miseria no se hayan prolongado por más tiempo y no hayan concluido del todo con esta desventurada tierra. Hay en todo esto algo de insulto para los hogares que visten luto, y para los trabajadores honestos arruinados por la locura nacional, y para el país mismo, desacreditado y asolado por la ignominia de la revuelta montonera… Pueblo histérico, y pueblo chiflado, donde al día siguiente de despedazarse en las cuchillas se decreta la verbena pública, y donde los teatros rebosan de gente la noche del día en que llega la noticia de la batalla más espantosamente sangrienta que ha manchado el suelo de la patria. (Rodó 1967: 1350)

En esa dirección, incluso sin la cercanía del cuerpo asesinado, basta con el recuerdo de la antigua brega para que la paz se interrumpa. Para detener tan macabra tradición, Rodó, parafraseando su imagen, aspira a enfriar y ocultar las cenizas de los restos cuyo espectral asedio impide el cierre del pasado. Aspirando a una pacificación real, Rodó destaca en el parlamento una ley de amnistía que describe, también, como una *ley de olvido* (1967: 1099).

Con ese tipo de medidas, Rodó aspira a que la memoria de la nación puede, a un mismo tiempo, anudar y desanudar recuerdos: movimiento simultáneo de memoria y olvido que permite a quien afirma la memoria de la Independencia denegar, con la misma finalidad, el recuerdo de las guerras civiles de principios del siglo xx. Si la memoria de la primera anuda la nación, la segunda debe ser olvidada para dar pie a una nación que pueda renovar su existencia olvidando la guerra reciente, para retomar la promesa de unidad que consagra la antigua guerra independentista.

Algunos años después de la ley mencionada, y ante la discusión parlamentaria sobre la conmemoración de las fechas de duelo nacional, Rodó enuncia un encendido discurso en el que objeta con dureza el exceso de recuerdo del pasado que se contrapone a la real vida del espíritu. Únicamente las sociedades en secular esclavitud, como la polaca, o en perpetua expatriación, como la judía, pueden templar su sentimiento público con duelos públicos que en pueblos libres y progresistas –postula– interrumpen el presente al retomar un pasado que ya ha pasado. Por esta razón, declara que la artificial insistencia en el olvido resulta un *convencionalismo repulsivo*, incapaz de asumir los naturales procesos mediante los cuales los hombres mueren y se olvidan, dando paso a la nueva vida.

En su rechazo del luto infinito, Rodó sostiene la importancia de retomar la normalidad de la existencia, lo que se lograría abandonando el luto para permitir el avance de la historia. Para enderezar la vida hacia el futuro se requiere alejar en el presente el recuerdo invertido de los bandos. Dejar de recordar la muerte que divide, entonces, para seguir recordando lo que permita vivir sin divisiones:

> Las fechas gloriosas, los días de júbilo y orgullo para la comunidad, tienen sí títulos suficientes con que perpetuarse y motivar imperecederas conmemoraciones, porque son en sí mismos una afirmación de la vida, un estímulo perenne de los sentimientos que exaltan la vitalidad social y vinculan al porvenir con el pasado por el lazo de continuidad que se sobrepone a la muerte, a los contrastes, a los dolores, y lleva triunfalmente adelante la entidad colectiva de un pueblo. (1967: 1142)

Los lazos de Rodó

El rescate rodoniano del pasado no desea, siguiendo lo citado, una vuelta a lo perdido. Frente al deseo conservador por preservar una identidad previa a la modernización, para Rodó es con la modernidad que la identidad debe prolongarse al crear una nueva vida en común. Tras destacar la simultaneidad entre el crecimiento americano y la filosofía de Condorcet y otros pensadores del progreso, Rodó vincula de manera explícita el futuro americano con un porvenir al que no le falta el olvido: «Si hay algún sentimiento esencialmente americano es, sin duda, el sentimiento del porvenir abierto, prometedor, ilimitado, del que se espera plenitud de la fuerza, de la gloria y del poder» (1967: 1203).

Es sabido que el proyecto rodoniano busca encaminar ese progreso con la superioridad estética del saber desinteresado de la cultura, como tan bien ha mostrado Julio Ramos (2009: 359). Nos interesa acá destacar la importancia que, para Rodó, ha de tener el olvido en esa formación de un espacio letrado. A partir del importante libro *Motivos de Proteo*, cuyo conocido lema es *reformarse es vivir*, Rodó defiende la necesidad creativa del olvido. Esto permite relacionar uno de los más importantes textos teóricos del uruguayo con las posiciones parlamentarias recién reseñadas. Pese a ello, y a algunos interesantes intentos de leerlo en las tensiones de su presente[3], la bibliografía sobre su obra ha tendido a centrarse en su crítica cultural al utilitarismo estadounidense y en la defensa de la identidad hispanoamericana, soslayando los vínculos con las tensiones políticas de la época[4].

---

[3] Por ejemplo, véase San Román 2000 y Alonso 2009.

[4] Al sustraer a Rodó de la discusión por la guerra, se lo desliga de su militancia en el Partido Colorado. Además, se autoriza la opción de leerlo como un enemigo del progreso, ya que se lo presenta como defensor de los derechos del espíritu en absoluta contraposición a un progreso que se opondría a esos derechos. Así, junto con olvidar que Rodó fue parlamentario, se olvida su afirmación del olvido. Así,

La aparente despolitización de la escritura rodoniana podría así interpretarse como una estrategia política ante un contexto que exige distanciarse de la polémica política explícita. De hecho, en trabajos recientes, Gerardo Caetano (2013: 99; Caetano & Garcé 2004: 332) enfatiza la contribución de Rodó a la minimización de la intransigencia partidista. Puede leerse la escritura del uruguayo como una coherente prolongación de su actividad parlamentaria y viceversa. En ese sentido, parece errado marcar una separación tajante entre lo que Rodó padece y lo que Rodó escribe, ya que justamente escribe la necesidad de superar a través de la literatura lo que padece en la política. Dado que la agenda parlamentaria de Rodó es la de superar la contingencia es que defiende la creación comprendida como una forma de intervenir en la coyuntura, al eludirla y enderezar, de forma indirecta, la mirada a esa coyuntura. Solo allí emerge la posibilidad de alcanzar una nueva unidad que supere la división política.

Es a través de las letras que Rodó propone una modernización cuyo olvido del pasado no derive en el progreso calibanesco, sino que sea capaz de componer en el mismo movimiento el progreso y la creación, con los nuevos bríos de la unidad que recuerda su pasado para olvi-

---

de modo ejemplar, Roig (1981: 70) lo considera el mayor ideólogo de la restauración, contra el olvido, de la propia identidad. Lo que no nota, de acuerdo a lo que intentamos mostrar, es la necesidad del olvido del presente en ese recuerdo del xix para forjar el xx. De ahí lo problemática que resulta la afirmación de Benedetti (1966: 128) de Rodó como un autor del siglo xix cuya posición en el siglo xx habría sido la de un turista. Es decir, como quien no podría haberse interesado, en su presente, por lo que veía como distante. Tal estrategia de lectura permite que también *Motivos de Proteo* sea un libro leído al margen de la guerra. Por ejemplo, Ardao (1971: 278) anota como una *curiosa coincidencia* el hecho de que el libro se escriba durante la guerra, mientras que Rodríguez Monegal (1967: 34) arguye que la guerra civil destruye sus mejores ideales. Desde esta mirada, el trabajo de Rodó sólo puede pensarse gracias a la elusión de un contexto destructivo, lo que obliga a olvidar cómo Rodó desea también destruir, con la finalidad de construir los nuevos ideales.

dar su conflictivo presente. En esa línea, escribe a García-Calderón, durante la guerra, que es el desencanto de la política parlamentaria el que lo lleva a retomar, por otros medios, los fines del fin a la guerra: «Quizá debamos remontar la mirada, y preparar el terreno de una política más culta, y sana, y mejor, por medios que no sean los de la participación militante en las luchas políticas actuales, dadas las condiciones en que están ellas planteadas» (1967: 1437).

Si bien en *Motivos de Proteo* no pueden hallarse declaraciones partidarias sobre la amnistía como las ya citadas, debido a que el carácter *friccional* del libro (Ette 2000: 180) impide que aparezca su posición de modo explícito, sí puede leerse una teoría general de la vocación y la creación que supere el contexto de la guerra. La creación poética deviene así un antídoto amnésico contra la violencia. Carlos Real de Azúa (1993: XLV), de hecho, sitúa la guerra civil como un *contraluz doloroso* de las felicidades y bríos de Proteo. En la necesidad de pensar la verdad de las ilusiones, el libro busca una memoria cuya verdad supere una u otra ilusión y los dolores reales que acompañan las ilusiones:

> Y ahora surge en mi memoria una sombra, ahora veo un padre generoso y bueno, arrastrado al furor de la civil contienda por esas ilusiones de fe y amor, por esas torres de viento, que nacen de seducción y encanto recíprocos, y toman, a la distancia, semejanza de ideas; le veo llorar ante un sangriento cadáver, muestra de cómo el mismo impulso de vértigo paró en el sacrificio sin honor y sin fruto; y le veo que mide el abismo que separa la verdad de este dolor, de la mentira de aquel mareo de pasión y vanagloria. (Rodó 1967: 915)

Los lazos del arte

Lo que nos interesa subrayar es el rastro abierto por la crucial distinción rodoniana entre memoria épica y memoria lírica. Si la primera se liga a los hechos objetivos, la segunda se centra en las impresiones y sentimientos personales, al punto que permite volver a sentir el instante y su sentimiento. Más creativa que referencial, la fidelidad de la segunda se juega en su capacidad de trasponer sensaciones antes que hechos, y con ello inventar otra historia que la vivida. A través del arte, Rodó considera que la memoria lírica puede evocar sensaciones perdidas. Como hipnotizador, el artista puede evocar un recuerdo hasta que pueda sentirse como si volviese a la juventud o la infancia (Rodó 1967: 938).

Si bien Rodó reconoce que de una y otra forma de memoria puede surgir el arte, afirma que solamente la memoria lírica posee la potencia de reproducir la vida pasada en la nueva vida que abre el olvido de las experiencias anteriores. Si la memoria épica, por así decirlo, puede seguir recordando las Independencias[5], la memoria lírica habrá de gestar el nuevo arte moderno que pueda conducir el desarrollo al abrir, en la distorsión del recuerdo de la guerra reciente, la posibilidad de la obra que invente otros recuerdos. En su capacidad de evocar, puede recordar un recuerdo antiguo y olvidar un recuerdo reciente. Más allá de la *vigilante luz de la memoria* que mantiene nuestra identidad, el olvido del presente permite que el artista traslade al lector hacia otro tiempo. El arte olvidadizo permite entonces una memoria que no sea la de la guerra y sus pasiones.

Según Rodó, en consecuencia, es con el olvido que el artista puede colocar al hombre en otra experiencia, capaz de encaminar los nuevos caminos a través del olvido en común. Situado en una economía del dolor distinta –explicita Rodó–, el artista es quien, además de sufrir

---

[5] Es obvio que esto no impide una reelaboración lírica de las Independencias. El punto es que para Rodó la escritura premodernista ya ha brindado una memoria adecuada de ellas. Pese a no contar con la apertura de la literatura moderna, o quizás precisamente porque la falta de esa apertura facilitó una escritura menos pretenciosa, lo escrito por Gutiérrez y sus contemporáneos sigue sirviendo como recuerdo del pasado de la nación, sin perjuicio de que puedan surgir nuevas formas de recordarlo.

como todos los hombres, puede transmutar ese sufrimiento en la nueva obra que edifica el nuevo mundo. Desde la empatía con los vencedores que, como bien nota Benjamin (1996b: 42), genera todo discurso que aplaude los avances del progreso y que pretende relevar el dolor en una memoria que justifica sus olvidos y catástrofes, para Rodó la muerte ha de transfigurarse en el olvido que constituye la creación literaria, lo que deniega el conflicto circundante para retomar el progreso del espíritu. Ganando al perder, recordando al olvidar, el espíritu traza su propia amnistía, crece, y el trauma, con al arte, quizás se olvida:

> Tal vez, prevalecerá la barbarie para siempre; tal vez acabará la misma sociedad, y el desierto vendrá a extenderse sobre donde fue un imperio famoso. Pero quizá también, libre de miasmas pestilentes la civilización que había; repuestos, con la sangre nueva, la fuerza y el candor gastados, y combinándose para lo futuro los elementos de una dichosa originalidad, un orden mejor y más enérgico resurgirá, como una floresta, del polvo de las ruinas. Esta es la imagen del período de anonadamiento que dejan tras sí los grandes dolores. Todo parece trastornado en el alma; todo desquiciado e incapaz de volver a su término habitual; la existencia, sin objeto ni rumbo; la voluntad, sin normas; pero, por bajo de esto, si la conciencia alcanzara a las misteriosas profundidades del abismo interior, percibiría el sordo fermentar con que se prepara una vida renovada y fecunda, por obra del mismo impulso que mueve, como operación preliminar, aquel desorden y que restablecerá, mediante asociaciones nuevas, la unidad y finalidad de la vida, dejándola acaso más firme y mejor concertada que antes. (Rodó 1967: 914)

Los milagros de la literatura.
El feminismo de la compensación de Carlos Vaz Ferreira ante la poesía de Delmira Agustini

> Si después de todo esto vuelve V. a acusarme de engañadora y sutil, yo lo acusaré simplemente de mal intérprete sentimental. Nunca le acusaría de nada peor. Ni esperaría a que la brisa de primavera me trajera perfumes de allá para escribirle sin saber por qué. Y conste que me siento íntimamente herida.
>
> Delmira Agustini (1969: 38)

Las artes de las partes[1]

Parte de las artes de la deconstrucción que instala Derrida (1998: 307) en la historia familiar de la filosofía se juega en su lectura de la ausencia de la hermana en la escena fratrocéntrica de la familia metafísica. Parte esquiva, ni más ni menos que una, la familia parece

---

[1] Como es predecible desde el primero de estos subtítulos, en la noción de las partes de la política, y de los artes de los repartos y los repartos del arte, resuena la obra de Rancière. Con más espacio para explicitar estas cuestiones, por cierto, habría que remarcar cómo la sugerencia derrideana con la que comenzamos no es del todo compatible con la filosofía de Rancière, justamente por la necesidad de pensar, a partir de Derrida, en la indeterminación que atraviesa la unidad de la parte que emerge cuestionando al todo. Es sobre esto último que nos interesa insistir en la lectura que presentamos acerca de la imposibilidad de una literatura «de» mujeres, dada la importancia de asumirla como una parte –como toda parte– ya partida y repartida.

alterarse con la hermana. Al respecto, Marchant (2012: 344) sostiene que la hermana se da siempre en plural, trastocando las categorías metafísicas de contingencia y necesidad. Y es que resulta imposible pensar, en el deseo de transmisión lineal de la herencia del sentido, la parte que ella, o ellas, podrían o no poseer. Si alguna hermana escribe, deja entrever Marchant, se trastocan las formas de pensar la política, incluso –quizás especialmente– las que han de insistir en su inclusión.

No pudo desconocer esto un pensador que sí tuvo una hermana dedicada a la escritura[2], cuya obra póstuma él mismo editó. Puede que lo que siga no sea más ni menos que un intento por explicar las dificultades de Vaz Ferreira para pensar a su hermana deseando pensar sin ella, sin ellas.

Rodó y la parte de la mujer

En la decisiva carta que José Enrique Rodó escribe a Alcides Arguedas a propósito del libro de este último titulado *Pueblo enfermo*, el ensayista uruguayo celebra el diagnóstico de la realidad americana que Arguedas ya inscribe en el título del volumen. Rodó sugiere añadir, sin embargo, una breve precisión. Más que por una enfermedad, las tensiones de las naciones latinoamericanas de principios del siglo xx se deberían a su niñez:

---

[2] Resulta relevante, en este punto, recordar con Fraisse (1996: 66) la diferencia sexual como impensada noticia desde la cual se piensa. En particular, al notar que la preocupación por estas cuestiones es aún muy larvaria en los debates sobre pensamiento latinoamericano. Si la compilación o narración de la historia de las pensadoras en el continente recién se realiza, la lectura de los pensadores con una perspectiva de género es aún más escasa. Señalamos esto menos como excusa por los límites de nuestro trabajo que para indicar la necesidad de que la historia de las ideas en el continente asuma, entre otras tantas tareas, la de tales lecturas.

Yo lo titularía Pueblo niño. Es concepto más amplio y justo, quizás, y no excluye, sino que, en cierto modo, incluye al otro, porque la primera infancia tiene enfermedades propias y peculiares, cuyo más eficaz remedio radica en la propia fuerza de la vida, nueva y pujante, para saltar sobre los obstáculos que se le oponen. (Rodó 1967: 1426)

Es claro que esta situación abre, según Rodó, ricas alternativas para el futuro de la juventud americana. El éxito de esas oportunidades, sin embargo, no es tan seguro, ya que el joven pueblo podría enfermarse si no supera sus debilidades. Desde las transformaciones finiseculares de la noción de la enfermedad en Uruguay, explicadas por José Pedro Barrán como el paso de una imagen de la enfermedad explicada por factores externos a una concepción de la enfermedad ligada a causas internas como al vicio o el desorden, Rodó busca inmunizar al cuerpo social de sus propios riesgos. En particular, de la tentación de que altere su correcta composición y relación entre los géneros. El cuerpo social no debe olvidar que la parte masculina debe cuidar a la femenina. En efecto, Barrán (1995: 82-101) describe en ese marco la construcción médica de una imagen naturalizada de la mujer, caracterizada por su carácter pasivo y subordinado al hombre. Es la acción médica de este último la que puede salvarla de la enfermedad individual, y así permitirle reproducir un cuerpo social sano.

Para proteger al niño que deviene joven y a la mujer, para proteger a uno de la otra y viceversa, el continente requiere saberes que aseguren que él y ella no se confundan. Por ello, Rodó destaca reflexiones como la de Arguedas, la que considera mucho más seria y escasa que la obra de «poetillas decadentes» (1967: 1456) e imitadores de imitadores que abundan, según sostiene, en el continente. Saberes como los de Arguedas permiten que la escritura no enferme al cuerpo que debe conducir. Hay que lograr, por tanto, que el joven modernismo no se desvirtúe en una corriente frívola, que la viril escritura rodoniana no se convierta en la polimorfa sensualidad, de inestable edad, que exhiben textos como los de Delmira Agustini[3].

En esa línea, el proyecto modernista de Rodó debe preocuparse por el lugar de la mujer, en tanto objeto del saber, e impedir que ocupe otro lugar que el que le corresponde. Puesto que el encanto de lo femenino posee algo *eternamente infantil*, siguiendo su descripción, pide que quienes encabezan el crecimiento se preocupen por ella. Demasiado pura, Rodó (1967: 1192) no le niega los «afanes de la inteligencia y la voluntad», pero cree que su valor no se determina por lo que hace en el mundo, sino por lo que sugiere.

En su presente, lo que parece inspirar la mujer es la necesidad de que los hombres defiendan la pureza maternal, protegiendo a las mujeres ante su irrefrenable ingreso al mundo laboral. En efecto, Rodó interviene directamente en el debate parlamentario sobre las políticas sociales de protección de la mujer. Ya que opina que es imposible prohibir que trabajen quienes sostienen a muchas familias, propone que se haga efectivo el posnatal obligatorio de un mes, en el marco de procesos de transformación que requieren reafirmar las partes de la infancia, la mujer y el hogar:

> Al movimiento en pro de la intervención legal en el trabajo del niño ha sucedido muy luego, en todas partes, el que propende a lo que es, en cierto modo, un complemento lógico y necesario de la mujer. Las leyes de esta naturaleza suelen designar a las mujeres y a los niños con la denominación común de personas protegidas. Por lo que se refiere a la mujer, la fórmula ideal, que ha sido preconizada muchas veces en la propaganda de los filantrópicos y la doctrina de los higienistas, consistiría, sin duda, en que ella sólo trabajase dentro de su casa y no participase del trabajo de la fábrica y taller; por lo menos, después de su matrimonio. Desgraciadamente, esta aspiración generosa, fundada en el más cabal concepto del cometido que la naturaleza y la sociedad

---

[3] Véase Bosteels 2000: 86.

confían a la esposa y a la madre, parece muy lejana de su realización. La concurrencia de la mujer a los talleres y a las fábricas representa hoy, universalmente, una proporción mayor que nunca. En la industria del tejido y de confección de ropa, el personal de mujeres suelen alcanzar al doble número de hombres. (1967: 678)

El batllismo y la parte de la mujer

Con esta posición, Rodó responde a los debates que emergen con el movimiento feminista de principios de siglo. En Uruguay, al alero del gobierno de Batlle y Ordóñez, se aprueba en 1907 la primera ley de divorcio para casos graves, en 1912 la sección femenina de Enseñanza Secundaria y en 1932 el derecho a voto femenino (Aguirre 2008: 164). Se trata de un Estado que busca ampliar ciertos derechos a quienes, en el previo orden oligárquico, carecían de ellos.

Más que discutir si el Estado batllista fue o no un tipo de Estado de bienestar, nos interesa recalcar que, al menos en lo relativo a las políticas sobre la mujer, parece haber seguido el principio de compensación que ese tipo de Estados establece (Luhmann 1993: 32). Justamente porque percibe a la mujer como un sujeto desprotegido e incapaz de solucionar la desigualdad que padece es que el Estado batllista interviene, combatiendo una desigualdad que no deja de naturalizar con su intervención compensatoria.

El feminismo cercano al batllismo, en ese sentido, instala una crítica ambivalente al orden conservador. Objeta la subordinación de las mujeres a un orden administrado por hombres, pero mantiene el límite que esos hombres han construido entre mujeres y hombres, así como buena parte de las características que ese límite les adjudica. Como bien explica Castillo (2005: 41) a propósito de las feministas chilenas de la época, busca incorporar a la mujer al espacio social exacerbando su afectividad protectora, lo que desactiva su eventual accionar político. La mujer ingresa entonces a la esfera política como un sujeto familiar que protege en la casa y pide ser protegida en la ciudad, y no como un sujeto igualitario en la casa y la ciudad.

Antes que discutir si con esa lógica conservadora las reformas batllistas pueden ser catalogadas o no como progresistas, quizás habría que comprender que configuran un nuevo progresismo basado en una antigua concepción conservadora de la mujer que, en Uruguay, sigue siendo pensada desde la primacía del espacio doméstico (Lissidini 1996). Pese a ello, en una sociedad conservadora, la élite se espanta del arribo del discurso feminista. Una memorialista montevideana de la época narra con gracia las reacciones que suscitaron los primeros discursos feministas: «El Novecientos se escandalizó. Se pensó que nadie tendría hijos o que habría que encerrarlos en asilos, los que deberían ser creados en gran cantidad. Se temió la dispersión de las familias. Era todo esto como una gran amenaza, como una gran tormenta en ciernes» (Acevedo de Blixen 1968: 100).

Parte de la tormenta que genera el feminismo se explica porque las corrientes feministas no sólo promueven el ingreso de la mujer al mundo laboral. Algunas de ellas se vinculan con quienes buscan remecer el orden social, incluyendo su dimensión sexual, en nombre de formas de vida más libres para hombres y mujeres. Barrán y Nahum (1990: 75-101), de hecho, han notado la intersección uruguaya de algunos grupos feministas con movimientos anarquistas y grupos modernistas. Estos vínculos permiten que la mujer aspire a ingresar también al placer de las letras. Con ello, se opone a la imagen conservadora de la madre que posee una voz dulce, pero no palabra, de acuerdo a la inteligente descripción de Cavarero (1995: 163).

La voz dulce de la madre, por así decirlo, se limita a recordar poesías escritas por otros. Cuanto más, podría ser la *poetisa* que, como señala Blixen (2002: 39-40), se espera que sea la mujer que escribe. Frente a esas expectativas conservadoras, las letras modernas abren el espacio de una mujer que no sea ni niña ni madre, sino una escritora sin más fines que los de la literatura. Por lo mismo, no es casual que en Uruguay sean simultáneos el despliegue del feminismo y el de la escritura moderna y literaria de mujeres. Ángel Rama (1969: 157-158), en efecto, remarca la aparición de una nueva mujer en la literatura de la época, la cual debe bregar contra la imagen femenina que subsiste también en espacios letrados de avanzada modernista.

El modernismo y la parte de la mujer

En tanto depositaria de la olvidada belleza, en el nuevo reparto modernista de los saberes la mujer tiende a tener la misma parte que en el orden conservador, pero con valor renovado. Incluso cuando existe mayor preocupación por sus derechos políticos, su entrada en la actividad política o literaria[4] sigue leyéndose como un atentado a su función natural. A lo dicho sobre Martí en un capítulo anterior añadamos, para no repetirnos, no más que otra cita del cubano: «El hombre es rudo e impaciente, y se ama más a sí que a los demás. Y la mujer es tierna, y goza en darse, y es madre desde que nace y vive de amar a otros» (1991i: 288).

---

[4] Es obvio que estas tensiones no son exclusivas de la historia latinoamericana. Bien describe Fraisse (1991: 53), a propósito de las letras francesas, el reparto decimonónico entre el genio masculino y la musa inspiradora. En esa distribución, argumenta con lucidez, la mujer creadora sería una excepción. Por lo mismo, únicamente restando la determinación de género a la excepción creadora podría pensarse en un reparto igualitario, en la diferencia, de las letras: «en democracia el genio femenino puede ser la regla de la igualdad de los sexos. La mujer puede pasar de ser dependiente a ser independiente; de ser musa a ser genio; de ser minoría excepcional puede convertirse en mayoría ordinaria, en totalidad propia de una sociedad de mixidad de los sexos» (Fraisse 2003: 131-132). Es evidente que en Europa, al menos en la época que estudiamos, esta igualdad está lejos de ser lograda. El clásico estudio de Gilbert y Gubar (1984: 1-12) es claro al respecto.

Algunas escrituras modernistas, sin embargo, aspiran a otra relación entre la mujer y la letra. En esa dirección, Zavala (2000: 110) ha destacado la existencia de escrituras femeninas en el modernismo, a lo que habría que sumar algunas críticas de hombres modernistas a la situación de la mujer. Al menos en Uruguay, las críticas del poeta Julio Herrera y Reissig (2006: 393) a las pudorosas costumbres montevideanas pasan por el cuestionamiento de los límites de una mujer que únicamente se preocupa de buscar marido. La mujer uruguaya se mantiene, critica Herrera y Reissig, en una posición conservadora que se contradice con las alternativas del arte y la crítica que abren la vida moderna. Sometida a un hombre igual o más conservador que ella, queda sujeta a un trabajo doméstico de pobre experiencia y nula creatividad: «La realidad no tiene para ellas otro golpe, otro sacudimiento, otra fuerza vital extrema, que la del verdulero a la puerta de la casa, a la mañana siguiente, en el instante que le pregunta al marido: "¿qué almuerzo quieres que te haga?"» (2006: 144).

Es claro que la crítica de Herrera y Reissig resulta limitada en términos teóricos para comprender la situación que critica, pero también que augura la opción de otro tipo de mujer distinta a la del catolicismo conservador, como la mujer escritora. En Uruguay destacan con esa estampa, en particular, Delmira Agustini y María Eugenia Vaz Ferreira, cuyas obras siguen siendo las más renombradas dentro de la escritura de mujeres modernista (por ejemplo, Bellini 1997: 282-284). En sus obras, la escritura modernista parece abrirse a la constitución de otra subjetividad, ligada a una distinta relación entre el cuerpo y la escritura que se prolonga en la posterior poesía escrita por mujeres. Así, Sarlo señala que Agustini, junto con Storni, instala un nuevo repertorio temático en el Río de la Plata, a través de una poesía que reivindica la diferencia sexual. Ya no es tanto poesía sentimental, argumenta la crítica literaria argentina, como poesía erótica (Sarlo 1994: 90).

Es predecible, dado lo anterior, que tales escrituras no pueden instalarse de manera cómoda. En el poema que Agustini dedica a la

Vaz Ferreira, titulado «Artistas!», la poeta tematiza cierta incomodidad hacia su figura, refiriéndose a la envidia y la calumnia como las inclementes y orgullosas sombras que persiguen sin desmayos ni fatiga. Ante ello, Agustini sugiere la desconsideración de quienes, a través del misterio, buscan oscurecer la creatividad del espíritu: «Alevosas y siniestras cuando tratan de atacaros; / Temerosas de la lumbre, siempre buscan el misterio. / Mas, burlaos de sus iras: ¡nada pueden! y el artista / Tiene un arma irresistible para ellas: ¡el desprecio!» (1948: xxx).

Rubén Darío y la parte de la mujer

Las tensiones que se asoman en el texto recién citado no se limitan a la época en que emerge Agustini, pues la institución literaria la prolonga en el siglo xx. Bien sostiene Tina Escaja, a propósito del modernismo, que la literatura de mujeres ha tendido a ser leída como excepción o marginalidad, y explicada con metáforas naturalistas algo ajenas al mundo de la cultura al que sí se asume que pertenecen los hombres. Mientras se rescata el erotismo de Rubén Darío como búsqueda de valores trascendentes, se cuestiona el de Agustini como un exceso, como ilustra la caracterización de «obsesa sexual» que da Rodríguez Monegal a la obra de Agustini (Escaja 2001: 6). Con ello, la posibilidad de leer la escritura de la mujer como una escritura adulta, capaz de escribir literatura moderna, es una y otra vez denegada.

Es por ese carácter sentimental que Rubén Darío parece otorgar espacio a la mujer casi exclusivamente en el mundo del arte, mas no en el de la política. Es sorprendente, en esa línea, el contraste que puede hallarse, en una misma crónica, entre su aprobación a la creciente presencia de mujeres pintoras y escritoras y su absoluto desprecio por las feministas. Afirma que «son feas […] más que jamonas» (Darío

1950: 549). Poca inspiración ofrecerían a quien buscase cantar su bella alma[5]. Anulando la distancia política con el hombre, las feministas tienden a llevar a la mujer por equivocadas sendas: «Pero estos marivarones —suavicemos la palabra— que se hallan propias para las farsas públicas en que los hombres se distinguen y que, como la Durand, se adelantan a tomar papel en el sainete electoral, merecen el escarmiento» (Darío 1950: 549-550).

El poeta, por tanto, se autoriza a permitir y denegar unos u otros espacios para la mujer. Una breve lectura del también breve epistolario entre el nicaragüense y Agustini puede ser elocuente al respecto. La escritora, en su primera misiva, clama por su ayuda frente a la desazón de su espíritu hermético, débil en la lucha por las profundidades de

---

[5] La posición del nicaragüense, por tanto, parece ser la aceptar la modernización de la mujer en la medida en que no pierda su carácter femenino. Esta pérdida pasa antes, en su mirada, por la política que por el trabajo. De hecho, en otro texto Darío saluda el ingreso de la mujer al mundo laboral español. Destaca, al respecto, su posible autonomía, en contraposición al carácter dependiente de la mujer que no trabaja. Extendiendo la discusión al caso norteamericano, incluso incurre en un registro estadístico que no deja, considerando otros de sus textos, de sorprender: «En cuanto a los Estados Unidos, desde 1870 a la fecha, las arquitectas han subido de 1 a 53; las pintoras y escultoras de 412 a 15.340; las escritoras, de 159 a 3.174; las dentistas, de 24 a 417; las ingenieras, de 0 a 201; las periodistas, de 35 a 1.536; las músicas, de 5.753 a 47.300; las empleadas públicas, de 414 a 6.712; las médicas y cirujanas, de 527 a 6.882; las contables, de 0 a 43.071; las copistas —a mano y máquina— y secretarias, de 8.016 a 92.834; las taquígrafas y tipógrafas, de 7 a 58.635. Y esto sin contar las actrices, que de 692 han llegado a 2.862; las *clergy-ladies*, de 67 a 1.522, y las directoras de teatro, de 100 a 943. Aquí, con la escasez de trabajo y con las preocupaciones existentes, ¿qué hace una joven que no tiene fortuna? Además de los trabajos que he señalado, no le queda otro recurso que los coros del teatro, que ya sabe para dónde van; los puestos de horchateras y camareras de café, limitados y peligrosos para la galería, pues para ejercerlos hay que ser guapa; y el baile nacional, para el país, o para la exportación» (1917-1919: 328).

la existencia. El consolidado poeta, pide Agustini, debe colaborar con la joven cuyas letras son denegadas por el medio:

> Piense usted que ni aun me queda la esperanza que la muerte, porque la imagino llena de horribles vidas. Y el derecho del sueño se me ha negado casi desde el nacimiento. Y la primera vez que desborda mi locura es ante usted. ¿Por qué? Nadie debió resultar más imponente a mi timidez. ¿Cómo hacerle creer en ella a usted, que sólo conoce la valentía de mi inconsciencia? Tal vez porque le reconocí más esencia divina que a todos los humanos tratados hasta ahora. (1969: 43)

Ante la solicitud de la joven poeta de que confirme que no la desprecia, el experimentado poeta asume el tono de la tranquilidad. En Buenos Aires, firmando como *el confeso*, le aconseja asumir el destino y, contra toda muerte, la vida, con la alegría del gozo bueno. Además de destacar su poesía, Rubén Darío recomienda a Agustini, en tanto mujer, el abandono del dolor y la apertura a la salvación. Para ello sugiere un revestimiento que cubra su cuerpo sin ser parte de la condición de mujer, afectándola en una exterioridad con la cual la mujer podría también, gracias a la natural gracia, salvarse: «Si el genio es una montaña de dolor sobre el hombre, el don genial tiene que ser en la mujer una túnica ardiente. Pero hay una gracia que salva y ella viene a los señalados» (en Agustini 1969: 46).

En su respuesta final al epistolario, Agustini modifica el tono para aceptar la experimentada recomendación de quien trata como *maestro*. Reconociendo aparentemente su carácter de discípula, pide al nicaragüense uno que otro verso. En su sugerente lectura, Molloy (1984: 69) arguye que esta infantilización puede leerse como una estrategia de protección y comodidad que contrasta con la polémica posición que Agustini adopta ante el mismo Rubén Darío en sus poemas.

Sin embargo, el poeta parece leer su devenir niña de forma menos ambigua. En el breve «Pórtico» inserto al comienzo de *Los cálices vacíos*, Rubén Darío destaca su corazón de flor, rosa por lo sonrosado y lirio por lo blanco. Resalta además la sinceridad, encanto y fantasía de la *deliciosa musa* que, por ser mujer, dice exquisiteces nunca antes dichas. En la medida en que mantenga su carácter infantil y femenino, augura Darío, podrá crecer:

> Y es la primera vez en que en lengua castellana aparece un alma femenina en el orgullo de la verdad de su inocencia y de su amor, a no ser Santa Teresa en su exaltación divina. Si esta niña bella continúa en la lírica revelación de su espíritu como hasta ahora, va a asombrar a nuestro mundo de lengua española. (1922: 4)

Agustini y la parte de la niña

De acuerdo a la lectura de Colombi, en la correspondencia citada Agustini se aprovecha de los mimos del poeta nicaragüense, y también de otros hombres ilustres, para construir su autoría femenina. Agustini imprime en las primeras ediciones de sus obras, de hecho, aprobaciones como la recién citada, en las que es habitual la infantilización de su figura. Siguiendo la interesante interpretación de Bruña (2005: 34), se hiperfeminiza su persona a partir del supuesto imperante de una relación excluyente entre la feminidad y las letras modernas. Puesto que se supone que la mujer adulta es la madre que no escribe, se imagina que es una niña en éxtasis la que sí lo hace.

Varios críticos han explicado cómo los contemporáneos de Agustini, en efecto, descreen de la capacidad de la poeta de escribir como un hombre adulto, frente a lo que optan por disociar su personalidad real de la escrituraria[6]. Esa estrategia de lectura permite restarle la dimensión sexual a su obra, junto con suponer que quien escribe

---

[6] Véase Larre Borges 1997: 21, Cortazzo 2000: 196, Fangmann 2000: 157 y Baeza 2012: 146.

no podría saber lo que logra. Es notable, en ese sentido, el mito que circula en la época acerca de que Agustini escribe en un estado de trance nocturno los versos que luego su padre copia (Kirkpatrick 2000: 189).

Sería erróneo minimizar el peso de tales prejuicios[7], pues los más importantes críticos literarios uruguayos de su tiempo leen a Agustini como un dato inexplicable. Pueden recordarse estrategias de infantilización tan insólitas como la de Samuel Blixen, quien, tras la temprana publicación de sus primeros textos, le atribuye doce años de edad a su autora, cuando realmente cuenta con dieciséis[8]. Tal gesto es acompañado por otros lectores que apuntan a su obra desde

---

[7] La visión de Agustini como una escritora que no podría ser adulta trasciende, por cierto, el espacio uruguayo. Así, Unamuno se refiere a lo intrafemenino en su obra, para luego ratificar su curiosa relación con el saber: «¿No está también muerta? Acaso su cabeza sí; pero su corazón no, Dios discurre con el corazón» (1996: 347). También el tiempo de la autora es trascendido por esta imagen. Rodríguez Monegal, décadas después, retoma la imagen de quien no sabe lo que hace: «Al margen de la cortesía de este tipo de textos, Darío tenía razón. La intensidad, la obsesiva imaginería erótica, la pasión de los versos, vienen de áreas del inconsciente que la poesía femenina hasta ella no se había atrevido a explorar» (s.f.: párr. 5***). Contra tales lecturas, evidentemente, no se trata de intentar restituir una identidad simple entre el sujeto dentro y fuera del texto, sino de repensarlas más allá de la dicotomía entre la razón masculina y la pasión femenina, para lo cual resulta necesario imaginar otras estrategias de escritura a partir de otro tipo de escritura del cuerpo que no suponga propiedad, o correspondencia, en la escritura. En ese sentido, Agustini ha sido releída por la crítica feminista reciente (por ejemplo, Varas 1997 y Jrade 2004). Una muy completa y lúcida panorámica de las transformaciones de su lectura puede hallarse en Bruña (2008: 13-58). Sin embargo, pese al aumento en la cantidad y calidad de la investigación sobre su obra, esta parece seguir careciendo de la atención que otras escritoras han ganado, acaso por el hecho de que es previa a la generación de Storni y Mistral, más estudiada por la crítica feminista, y porque en el estudio de los contemporáneos de Agustini, como bien muestra García (1993: 24-29), el lugar de la mujer ha sido algo soslayado.

[8] Véase Rodríguez Monegal 1969: 35.

el mito de su personalidad. Así, otro influyente crítico de la época, Raúl Montero Bustamante, arranca la reseña de la obra de Agustini recordando que su signo zodiacal es Escorpión, la llama *pequeña Ofelia* para destacar el desequilibrio entre su vida y su creación, y recalca que no todo su arte nace del subconsciente, puesto que también recibe influencias del medio. Ya en el primer párrafo de su comentario Montero Bustamante destaca el singular carácter irracional de sus textos, para deducir que lo que pudiese haber de consciencia en ellos solo puede provenir del exterior:

> Desde que empezó a vivir, la niña tuvo algo de pitonisa, y cuando fue capaz de pensar, la poseyó el furor sagrado, el trance poético, y comenzó a decir y escribir terribles cosas, misteriosas cosas cuyo sentido acaso ella no alcanzaba. Se realizó así aquello que afirma Platón en la Apología de Sócrates al referirse al don de adivinación de los poetas, que éstos dicen cosas que ellos mismos no entienden. No de otra manera se explican los arrebatos líricos de esta jovencita criada y educada en el santuario del hogar. (1955: 75)

Ese doblez entre la apacible joven y la temible escritora motiva también la concepción del *misterio* de su obra que tematiza Zum Felde. Esto puede notarse ya en los primeros textos del crítico, marcados por un deseo anarquista, en los que rescata a la mujer consciente como un milagro (Cortazzo 1996b: 53). Si bien allí Zum Felde (1996: 185) muestra mayor apertura a la posibilidad de la mujer escritora, no deja de imaginarla cohabitando con formas previas y tradicionales de la mujer. De esta manera, sostiene que Agustini integra las figuras de la hermana, la amante y la madre.

En textos posteriores, carentes de radicalidad política, esa hibridez ya no puede explicarse por los saberes de la mujer. Zum Felde recalca que su obra sólo resulta comprensible una vez que entra en crisis el antiguo modelo determinista, gracias a la difusión del bergsonismo y su psicología de la intuición: recién entonces deviene pensable su *rara madurez espiritual*, producida en la conjunción de la recia mentalidad varonil con la profunda y delicada sensibilidad femenina. Justamente en ese carácter arcano, algo indeterminable, reside, para el crítico, lo sorprendente de Agustini:

> Eso que pudiéramos llamar la encarnación del espíritu de Delmira en la sustancia candente y oscura de su propia feminidad, su caída en la realidad trascendental del Sexo, es lo que hace, empero, la genialidad original de su poesía. Al principio era sólo el pensamiento abstracto, cerniéndose libremente en su vuelo teologal sobre la vida; después fue el pensamiento dentro de la sustancia, animando la carne sensual, agitándose y sufriendo con ella, pugnando desde su ciega oscuridad para florecer en magníficos sueños; después fue la poesía con raíces en la realidad trágica de Dionysos, la voz que asciende de la enorme inconsciencia metafísica, el grito más profundo de la Vida. (1930: 221)[9]

Vaz Ferreira y la parte del genio

Para sostener su aprobación de Agustini, Zum Felde recuerda que su obra ha sido también aprobada por Carlos Vaz Ferreira, pensador de gran reputación pública en Uruguay por aquellos años, y hermano y editor póstumo de los escritos de María Eugenia Vaz Ferreira, como ya señalamos. Según Cortazzo (1996a: 6), es Carlos Vaz Ferreira

---

[9] No está de más recordar que, en la correspondencia entre Agustini y Zum Felde, la jerarquía de cuerpos y saberes tiende a ratificarse. Así, mientras la poeta señala que, a diferencia del resto del mundo, el crítico *milagrosamente* la comprende, este le responde enviándole poemas que asegura que ella será incapaz de comprender (Agustini 1969: 49). De ese modo, el hombre parece ser capaz de comprender lo incomprensible, toda vez que la mujer ni siquiera podría comprender lo comprensible. Agustini celebra lo primero, desde su soledad; Zum Felde impone lo segundo, con su seguridad.

quien inaugura, con una carta pública a Agustini, la tesis de su doble personalidad.

Esta celebración de Agustini no es menor, considerando que este reconocimiento marca cierta distancia ante la obra de Rubén Darío por parte de Vaz Ferreira. En su misiva a la autora, Vaz Ferreira contrasta su originalidad con el carácter imitador de la obra del nicaragüense, quien, prediciblemente, habría sido también imitado, al punto que el texto ironiza acerca de los tiempos *nietzscheanos y dariescos* en los que abundan quienes posan como originales. A la inversa de esos indistinguibles copiadores que componen una escuela literaria de obras predecibles, Vaz Ferreira destaca que la poesía de Agustini combina, con gran originalidad, elementos de todas las escuelas, hasta sobrepasarlas para alcanzar una escritura irreductible a cualquier categoría. Insustituible, escribe Vaz Ferreira con un ademán francófono, su *cela* marca una presencia que nadie más podría haber logrado, ni ella haber entendido:

> Teniendo en cuenta su edad, su sexo, los paralelos que puede haber oído entre los Pocitos y la Playa de Ramírez y, en las grandes ocasiones, entre la Mann de Puccini y la de Massenet, entonces diría que su libro es simplemente un milagro. Si usted tuviera algún respeto por las leyes de la psicología, ciencia muy seria que yo enseño, no debería ser capaz, no precisamente de escribir, sino de entender su libro. (1963k: 62)

En acto, el talento de Agustini no es entonces el de una niña que no sabe lo que hace y que podrá madurar a futuro, sino el de un tipo de adultez distinta a la de los criterios de racionalidad imperante[10]. Esto es, una creación instintiva e inanticipable, tan original

---

[10] Puede recordarse, al respecto, que Vaz Ferreira cuestiona las tesis que ligan la incapacidad del niño de hablar en primera persona a la supuesta falta de conciencia infantil. Contra ello, sostiene que esto se debe a un uso imitativo del lenguaje, y no a la incapacidad de situarse en primera persona antes del len-

que ni siquiera su creadora podría haberla planeado. Por esta razón, también para Vaz Ferreira la obra de Agustini resulta inexplicable. Sin destacar de forma explícita la obra de Agustini como genial, la descripción que da a su inesperable obra es la que mejor se ajusta, dentro de sus lecturas de la literatura latinoamericana, a lo que Vaz Ferreira entiende como genio. A saber, quien es capaz de crear una inimitable imitación que excede todo tipo de determinación.

La figura del genio es central en la estética de Vaz Ferreira, pues le permite explicar la creación artística surgida del desequilibrio que explica por una directa comunicación del yo consciente con el yo inconsciente y subliminal. Esto dota a la creación genial de un carácter instintivo, lo que la distingue del saber racional que comparten quienes no son genios. Mientras el hombre común se asemeja a los demás por su instinto, contrapuesto al conocimiento que distingue a unos de otros, el genio se distingue de los hombres normales por un instinto singular que no se deja delimitar por conocimiento alguno. Su obra es tan inesperada que ni siquiera él —o en este caso, acaso sólo en este caso, *ella*— la conoce antes de realizarla.

La genialidad no depende así de la voluntad consciente que aplica su saber a variados objetos en función de capacidades calculables. Su origen, más preciso y difícil de hallar, reside para Vaz Ferreira en un instinto innato. Con algún grado de animalidad, el genio utiliza su energía sin orden alguno. Lo cual, impredeciblemente, abre algunas posibilidades y cierra otras tantas:

---

guaje: «El niño da a cada cosa el nombre que oye darle. Expone cada idea con la palabra con la que oye expresar… Si a él le llaman Carlitos, se llamará Carlitos; si le llaman él, se llamará él» (1963a: 107). En ese sentido, para Vaz Ferreira la infancia se vincula a la ausencia de creatividad, de modo tal que resultaría un contrasentido explicar la poesía por el carácter infantil de quien escribe. El desorden del lenguaje que instala la literatura, por ello, no se vincula, para Vaz Ferreira, con la falta de adultez.

Se parecen en cierta particularidad a los animales, por ejemplo, a esos insectos que resuelven casos dificilísimos y no otros mucho más fáciles; y así como una abeja construye celdas según ángulos matemáticos, perfectos, y es incapaz de salir de una botella invertida a la luz, los geniales en este sentido, realizan a veces lo difícil, lo superior y suelen ser incapaces de algo que, apreciado como un acto puramente racional, sería infinitamente más fácil y quizá esté al alcance de mentalidades vulgares. (1963f: 124)

Mientras el saber racional puede adquirirse de modo gradual por su carácter homogéneo y transmisible, la siempre singular fuerza del genio se vuelca, sin grados ni certeza, en lo creado. La obra del genio, por ello, simplemente sale, sin que su creación pueda derivarse de la realidad existente. La genialidad que piensa Vaz Ferreira explica una distancia ante la adultez común que no se piensa desde la falta de adultez, como sucede en la estampa de la niña que se impone a Agustini, sino por otra forma de creación.

El género, la clase, la raza, la edad o el lugar de procedencia no bastan, siguiendo a Vaz Ferreira, para explicar la inanticipable creación individual del genio. Sin embargo, en su comentario sobre Agustini, Vaz Ferreira afirma que el hecho de que sea mujer redobla su carácter milagroso. Como si el genio no tuviese carácter sexual, pero se esperase siempre que fuese hombre. He ahí, quizás, el motivo de que explique su obra como la de los genios pero que no la nombre genial, optando por esa apelación al milagro, al menos curiosa en un pensador laico como Vaz Ferreira.

Un milagro, explica Schmitt con su siempre inquietante lucidez, es análogo en la semántica de la teología al estatuto jurídico de un Estado de excepción (2009: 37). No se deja predecir ni encajar en las normas previas. Para un pensador laico que busca integrar a la mujer desde el derecho, como Vaz Ferreira, la excepción que sobresale en el plano artístico deviene problemática en el espacio político, cuyos criterios de igualdad la genialidad suspende. Y es que esa excepción presenta, de manera inexplicable, una mujer que no calza con la agenda maternalista que, más acá de todo milagro, Vaz Ferreira piensa frente a la emergencia del feminismo.

Vaz Ferreira y la parte de la mujer

Son varios los textos en que Vaz Ferreira se refiere a las discusiones feministas, y varios, también, quienes sostienen que Vaz Ferreira sintetiza las posiciones teóricas del batllismo sobre la mujer en particular[11] y sobre la sociedad en general[12]. Si bien esta posición es sensata, huelga moderarla, vista la insistencia de Vaz Ferreira en no apresurar los rótulos que vinculan las obras a unas u otras escuelas. Como bien muestra Núñez (2004: 228-238), sus argumentos acerca del feminismo buscan un juicio que no se apresure unilateralmente, y que así pueda ver lo que hay de bueno y lo que debe mejorarse en cada postura. No es con cualquier feminismo o batllismo, por ende, que Vaz Ferreira se siente cómodo.

El autor acepta, en principio, la crítica feminista a la sociedad conservadora. En efecto, para Vaz Ferreira (1963e: 227), el feminismo es un dato del progreso moral de la humanidad, uno de tantos otros logros con que la vida moderna ha de corregir los antiguos vicios. De hecho, piensa que es plausible que en el futuro se perciba como injusta la situación que en su presente es valorada como justa. Que la mujer deba escoger entre trabajar para alimentar a su hijo o dejarlo morir, y que los reproches ante esa situación caigan sobre la mujer y no sobre el hombre, es algo que acaso la posteridad ha de mirar, augura el autor (1963b: 179), con horror.

---

[11] Véase Rodríguez Villamil & Saprisa 1984: 49, Lavrin 2005: 61 y Buscarons 2008: 146.

[12] Véase Raninchenski 2009: 446-450, Acosta 2010 y Andreoli 2010: 94.

Por esta razón, quienes busquen defender las buenas costumbres no debieran mantener la familia de su presente, pues debieran asumir que se requiere más igualdad de la que ella brinda. Con gracia, Vaz Ferreira se opone a quienes, en su limitada mirada de clase, no son capaces de notar esta necesidad:

> Ciertos conservadores se indignan porque se permite a las mujeres ser funcionarias, seguir carreras, votar, etc., porque eso «desorganiza el hogar». Nunca se los ve indignarse porque las mujeres sean sirvientas o costureras, a pesar de que eso desorganiza más todavía el hogar. (Se entiende: el de las sirvientas y costureras; no el de los conservadores). (1963e: 184)

De lo que se trata, entonces, es de construir un nuevo hogar en el que la mujer pueda estudiar y votar sin dejar de ser mujer. En esa línea, Vaz Ferreira saluda la existencia de proyectos que pretenden cambiar lo que antes parecía inmodificable, buscando que eso no implique la pérdida de lo que considera como valioso de la antigua historia de la dominación. Así, señala que las instituciones que mantienen la opresión descrita no han dejado de proteger, en algún punto, a la mujer. Sostiene, de modo explícito, que el establecimiento de la familia monógama tiene como razón de ser evitarle un mal mayor (1963j: 254).

Con una crítica problemáticamente mesurada, Vaz Ferreira no aspira a un cambio radical en la familia biparental; antes bien, opta por avanzar y reformular los roles de la familia monógama[13]. De ahí la necesidad de moderar aquellas tendencias que, en su crítica al

---

[13] De hecho, Vaz Ferreira descree de las propuestas de amor libre que circulan por las versiones más radicales del feminismo, el modernismo y el anarquismo, que contraponen a la rutina monógama una experiencia más pura e intensa. Contra ello, Vaz Ferreira sostiene que la familia no sólo es superior desde el punto de vista moral, sino también si se considera una dimensión estética. En lugar de confrontar lo cotidiano a lo poético, es en el matrimonio donde se daría poesía

antiguo régimen, le hagan perder lo que cree que tiene de positivo la familia tradicional. Por lo mismo, critica las propuestas de disolución de la familia (1963i: 370) y rechaza el aborto (1963h: 57).

Es por esto que, dentro de las posiciones existentes en el Uruguay de principios de siglo xx, Gerardo Caetano (2011: 204) destaca la cercanía de Vaz Ferreira con la línea feminista moderada de María Abella de Ramírez. Un ejemplo de su posición es la de la importante participación de Vaz Ferreira en la discusión sobre la segunda ley de divorcio que se aprueba en 1913 (Caetano 2013: 101-104). En su gestación, Vaz Ferreira juega un rol crucial, al punto que quizás no es arrogante que la llame *su* ley[14]. Más allá de las coyunturas parlamentarias en cuestión, interesa destacar que ella resulta útil para introducir las ideas de Vaz Ferreira acerca de la posición de la mujer en el hogar, ya que esa ley pone en práctica sus propuestas sobre la reorganización de la familia (Gros 2008: 98).

En su propuesta, el filósofo uruguayo cuestiona el carácter indiscriminado que comparten tanto el rechazo conservador al divorcio como la aprobación liberal del divorcio. Ambas posiciones son incapaces de notar los matices en las dinámicas de familias en las que el hombre domina a la mujer. Según argumenta, un divorcio unilateral por parte del hombre puede dejar a la mujer en una situación de

---

a lo cotidiano y vulgar (1963e: 190). La familia biparental le parece, por tanto, además de mejor, más bella.

[14] Otra reforma que Vaz Ferreira (1963g: 152) propone, aunque sin mucho éxito ni insistencia, remite a los apellidos de las parejas. En lugar de mantener el posesivo que transforma a Antonia Pérez, por ejemplo, en Antonia Pérez de López, propone que pase a llamarse Antonia Pérez con López, y que López también pase a apellidarse «con Pérez». Reconociendo el carácter secundario de la medida, señala que tendría valor psicológico, pues con el posesivo la mujer pasa a llamarse como una propiedad del hombre. Así podría surgir una relación más horizontal, dada la imposibilidad de invertir la anterior verticalidad. Es necesario este ejemplo para mostrar que la desigualdad que el autor describe no lleva, desde su punto de vista, a la dominación.

desprotección, lo que no ocurre a la inversa, de lo que deduce que la decisión por parte de la mujer no podría ser arbitraria. Por este motivo, de forma coherente con su posición flexible y reformista ante los distintos problemas sociales, plantea una solución intermedia: que el hombre requiera el consenso de la mujer para divorciarse y que la mujer sí pueda divorciarse sin el consenso del hombre. Y es por lo mismo que sugiere que, transcurridos dos años de matrimonio, la ley permita el divorcio por mutuo acuerdo o por voluntad exclusiva de la mujer. Años más tarde, escribe (1963g: 68) que ese plazo de dos años ha costado el cerebro de Agustini, tras el feminicidio que pone fin al vínculo matrimonial de la poeta con Enrique Job Reyes (de cuya ceremonia Carlos Vaz Ferreira, dicho sea de paso, fue uno de los testigos).

Es evidente que la posición del autor ante el divorcio supone una situación desigual entre el hombre y la mujer, que despliega con más claridad algunos años después en las conferencias sobre feminismo en las que expone lo que llama *feminismo de compensación*[15]. Desde el reconocimiento de una supuesta desigualdad natural, ligada al hecho de que la mujer puede parir y el hombre no puede hacerlo, Vaz Ferreira concluye que una buena política no es la que iguale sexos que concibe como desiguales por naturaleza. Al contrario, es la que se preocupa por compensar aquello que, por naturaleza, se

---

[15] No está de más recordar aquí, con Odo Marquard (1989: 45), la importancia que adquiere tal concepto en la justificación teórica de reformas sociales en las sociedades modernas. Dada la imposibilidad de superar el mal marcado por el drama de la teodicea, argumenta Marquard, la compensación es lo que permite la acción que mitiga la injusticia que no podría acabar. Es de interés, a este respecto, que Vaz Ferreira llegue al concepto de compensación sin una filosofía sistemática de la historia, al modo de las reflexiones sobre la teodicea, sino con un pensamiento que se opone a una sistematización de esa índole. Y es por esa ausencia de cualquier sistema cerrado de la justicia, en efecto, que el autor propone medidas compensatorias.

halla descompensado debido a la mayor carga que posee la mujer en la especie humana:

> Cuando un hombre y una mujer se unen, a la mujer se le forma un hijo; al hombre no le sucede nada. Encontrar ese hecho muy satisfactorio es ser «antifeminista». Ignorarlo es ser «feminista» (de los comunes: de los de igualdad). Tener presente ese hecho; sentir lo doloroso e injusto de algunos de sus efectos, y procurar su compensación –que podrá ser igualando o desigualando, según los casos–, sería el verdadero y buen feminismo. (1963d: 33)

De esta diferencia, que considera natural, el autor deriva la defensa de excepciones sociales que concibe favorables para la mujer. Lo correcto sería entonces combatir la desigualdad natural con una nueva desigualdad que ya no esté en contra de la mujer, sino a favor de ella (Vaz Ferreira 1963e: 116). De este modo, propone que la discusión política no se limite al derecho a voto, para que así puedan construirse políticas sociales especiales para la mujer. Por ejemplo, su exención del servicio militar obligatorio (1963g: 25). En ese sentido, Vaz Ferreira busca ampliar el mínimo social que la sociedad ha de garantizarle a la mujer[16], dada la desigualdad natural que padece por la condición de madre sin la cual su condición de mujer parece impensable.

---

[16] Con la idea de *mínimo social* nos referimos a la propuesta del autor para mediar en el debate entre liberalismo y socialismo, en la que, en sintonía con posteriores posiciones socialdemócratas, Vaz Ferreira (1963c: 34) sostiene que la sociedad debe entregar a cada individuo un mínimo de garantías igualitarias, a lo que cada uno debiera poder sumar las riquezas obtenidas por logros individuales. Evidentemente, la propuesta compensatoria de Vaz Ferreira no es la de dar más a la mujer, sino de pedirle menos en la producción social de lo que se ha de repartir en la vida social. Vaz Ferreira aspira entonces a una distinta forma de inclusión en la universalidad de los derechos sociales. Sin espacio para referir a la teoría del derecho de Vaz Ferreira, sobre la cual pueden leerse los comentarios de Andreoli (1993) y Sarlo (2011), es importante señalar, para entender los rendimientos y límites que puede poseer la inclusión jurídica en Vaz Ferreira, que, de modo

En sintonía con lo expuesto, Vaz Ferreira explica que la buena familia es aquella en la que el hombre posee más responsabilidades económicas, pues lo contrario implica una sobrecarga de responsabilidad a la mujer, a quien la naturaleza ya ha responsabilizado en tanto madre. De ahí que su ingreso al mundo moderno del trabajo haya de compatibilizarse con su posición conservadora en la familia, de modo tal que le permita seguir siendo madre: Vaz Ferreira aprueba su capacidad de estudiar y trabajar, pero asumiendo que tales roles han de añadirse a las labores domésticas; defiende la igualdad de derechos políticos en el espacio público de la producción, pero no cuestiona la desigualdad de roles en el espacio privado vinculada al rol maternal en la reproducción.

La posición de Vaz Ferreira, por esos motivos, no sobrepasa los límites de la imaginación masculina hegemónica de la época. Reproduce la imagen maternal de la mujer, buscando añadir, con su singular lógica de la adición parcial de lo que se suele pensar como excluyente, las prácticas modernas a las tradicionales. De forma acertada,

---

coherente con su distancia para con el deseo de un pensamiento sistemático, el autor no establece de antemano el valor de ese mínimo. Al contrario, asume que cada situación exige repensar el máximo de un mínimo que supera el derecho a la vida y un lugar para vivir, asumiendo que cada vez son más los ideales que piden manifestarse jurídicamente, y que el derecho resulta siempre una concreción incompleta de los ideales, incluyendo los del feminismo. Por ese motivo, es difícil suscribir la opinión de Atienza (s.f.: 14) de cierto objetivismo moral en su fundamentación del derecho. Antes bien, Vaz Ferreira cuestiona toda pretensión de certeza sistemática, partiendo por la de quienes ejercen la necesaria pero limitada abogacía. Su respectiva descripción no sólo es graciosa, sino que además resulta quizás vigente: «Los abogados se acostumbran a veces, o son acostumbrados por sus libros o por sus profesores, a repetir con demasiada facilidad que la profesión de abogado es un ministerio augusto, una misión nobilísima y elevadísima: defender al derecho, asistir al que no tiene defensa…; y se hacen declaraciones, que son muy hermosas, pero que dan por resultado, y esto es lo importante, ocultar al mismo que las repite o que las admira demasiado, todas las grandes dificultades de orden moral que existen en el ejercicio de la profesión» (1963b: 64).

variadas lecturas de sus conferencias[17] han mostrado que no deja de naturalizar la desigualdad que combate[18].

Ahora bien, creemos necesario suplementar esta caracterización volviendo a la lectura que hace Vaz Ferreira de Agustini. En la juntura entre uno y otro debate se puede asomar, a partir de algunas tensiones contemporáneas de la teoría de género, una posición que no sea ni la del particularismo maternalista de Vaz Ferreira ni la del universalismo liberal del que se le reprocha haberse desviado.

Vaz Ferreira y la parte de la escritora

El énfasis en la moderación que obliga a Vaz Ferreira a rechazar las posturas feministas más radicales le permite, a su vez, mantener abierta la opción de que no todas las mujeres sean incluidas en la familia monógama que defiende. Ya que el carácter subordinado de la mujer se debe a su función reproductiva, si una mujer no tiene hijos se abre la oportunidad, que explicita, de que se dedique a otro ideal sexual, o al arte o a la ciencia (Vaz Ferreira 1963d: 80). Si bien

---

[17] Véase Schutte 1993: 208, Oliver 2002: 45 y 2012: 67, Andreoli 2005: 128-132, Fornet-Betancourt 2009: 31 y Ruiz 2013: 284.

[18] Pueden aquí recordarse también los testimonios de las hijas del autor acerca de su vida doméstica. No, ciertamente, para intentar derivar desde allí sus argumentos, sino para ilustrar con una imagen la problemática vida familiar que defiende. Una de sus hijas, Matilde (Vaz Ferreira 1981: 12), cuenta que en una ocasión su madre sale de casa y, al volver, ve a sus hijos llorando en el brazo y el pantalón de su marido. Tras ello, habría prometido no salir por preferencia propia, posponiendo sus intereses y amistades para preocuparse por el hogar. La exitosa vida pública del esposo, por tanto, no deja de reposar en la vida privada de la mujer que se sacrifica. Otro testimonio de su hija Sara, con respecto a la vida de su madre, bien describe ese sometimiento doméstico de la mujer: «Se olvidó de sí misma: su esposo le decía, un poco en broma y un poco en serio, que era especialista en abnegación» (Vaz Ferreira 1963: 279).

considera que la mujer, en cuanto madre y maestra, tiende al alma tutorial (comprendida como un tipo de personalidad que se caracteriza por desear tutelar o ser tutelado), afirma que otros hechos podrían mostrar que otras mujeres pueden ser independientes. Es decir, lo que Vaz Ferreira llama sintomáticamente, en contraste al alma tutorial, un alma liberal (1963e: 67).

En este punto, la pregunta obligada es si los logros de la mujer liberal pueden ser los mismos que los del hombre. En las prácticas comunes de la vida, precisa Vaz Ferreira (1963d: 48), no existe gran diferencia entre lo que uno y otro sexo logra, pero no pasa lo mismo frente a las grandes creaciones, puesto que no ha habido una mujer con un nivel como el de los varones Platón, Esquilo, Bach o Newton. La ausencia de mujeres en esa lista no es explicada de forma histórica, pues se supone un límite que la biología pareciera imponerle a la mujer ante las más grandes obras. Ni siquiera la elaboración teórica acerca de la dominación de la mujer ha sido creada, según cree, por mujeres: «Las mujeres no inventan teorías, pero apostolizan muy bien las que inventan los hombres: p. ej., el Feminismo» (1963e: 184).

Dadas esas apreciaciones, la aprobación que hace el autor de Delmira Agustini resulta sorprendente. Bien recuerda Giaudrone (2005: 25) la ambivalencia de Vaz Ferreira entre su feminismo, su cuestionamiento de la creatividad femenina y su defensa de la poeta[19]. Una eventual estrategia de lectura al respecto, muy poco interesante para pensar las tensiones del género y la filosofía, es leer esa tensión como una incoherencia o un descuido de un autor poco sistemático y de obra extensa. Otra posibilidad es la de atender a las discusiones que se han dado al respecto, que lamentablemente no abundan. En una de

---

[19] No está de más afirmar, contra quien pudiera señalar que sus ideas sobre feminismos son transitorias a las conferencias que dicta, que en el prólogo escrito en 1933 a los mismos textos Vaz Ferreira (1963d: 16) sostiene que su propuesta compensatoria sigue siendo válida y desconocida. No rectifica, de hecho, nada de lo antes escrito.

ellas, escribe Rodríguez Monegal (1969: 38) que Vaz Ferreira remite allí al milagro en torno a la concepción de la vida que expresa, y no en términos sexuales. O sea, que lo milagroso sería lo escrito, y no quien lo escribe.

Puede ser más productivo, sin embargo, pensar de manera simultánea lo que Rodríguez Monegal desliga. Esto implica asumir que lo milagroso de Agustini, para Vaz Ferreira, es que la vitalidad que expresa proviene de quien, por su sexo, supuestamente no podría acceder a la expresión de esa vida. Las propias ideas de Vaz Ferreira sobre la mujer le impiden comprender esa manifestación, al punto que la determinación de género de la indeterminación genial lo obliga a no poder explicar lo que, sin esa determinación femenina, bien podría haber explicado como fruto de la genialidad que termina reservando a los varones. De este modo, la lectura de Agustini marca las tensiones y exclusiones del aparente universalismo de la estética de Vaz Ferreira. Al tiempo que abre la alternativa de la literatura de mujeres, la deniega al cerrar la posibilidad de la mujer genial.

Lo interesante es que Vaz Ferreira se mantiene en ese desliz y que, con todo su maternalismo, rehúye de la tentación de pensar en una genialidad específica de la mujer, o bien de endosarle un carácter intuitivo que pudiera acercarla a la genialidad, en contraposición a la racionalidad masculina. Al distanciarse de esa eventual compensación ligada a algún tipo de naturaleza femenina literaria, para Vaz Ferreira la única oportunidad de la literatura de mujeres pasa por la milagrosa interrupción de lo que interpreta como la naturaleza femenina. Con esto se abre, más allá de su norma, la posibilidad de lo imposible: que la mujer sí sea escritora, y no bajo una identidad ya delimitada de la mujer, pues se sitúa en el incierto espacio literario que podría quizás perder la referencia a toda identidad de género dibujada de antemano.

En ese sentido, se puede y se debe leer a Vaz Ferreira frente a sí mismo para pensar, más allá de la figura de la madre y de su eventual expresión literaria como mujer, el milagro de la literatura en tanto escritura que rechaza la determinación. Y, con ello, en un milagro que ya no sea el de la definitiva certeza religiosa, sino el de la inconclusa incerteza literaria que oblitere, entre otras certezas, las del género y sus naturalezas. Con ella la literatura abre la oportunidad de una excepción distinta, que ya no se pueda indicar en uno u otro individuo. En la desestabilización del reparto, abre la creación, sin filiación ni naturaleza, de inciertos hombres y mujeres, sea lo que sea que eso pueda significar.

iv. Políticas de la repetición en Borges y Mariátegui ante el liberalismo

Funes: civilización y barbarie

> Babilonia, Londres y Nueva York han abrumado con feroz esplendor la imaginación de los hombres; nadie, en sus torres populosas o en sus avenidas urgentes, ha sentido el calor y la presión de una realidad tan infatigable como la que día y noche convergía sobre el infeliz Ireneo, en su pobre arrabal sudamericano.
>
> Jorge Luis Borges (1994b: 490)

Soñar contra el archivo

En su tensa relación con el surrealismo, Walter Benjamin toma cierta distancia ante la política de una poética que no trasciende el tiempo del sueño. Para Benjamin, la onírica es una experiencia distinta a la pobre experiencia de la vigilia capitalista. Contra esa rutina, Benjamin (2007: 320) destaca que en el sueño nada se presenta como idéntico, de modo tal que la experiencia que abre debiese clamar por otra experiencia en la vigilia.

La distancia de Benjamin ante la defensa surrealista del sueño literario, por eso, radica en las tareas que debiera abrir la diferencia onírica: para Benjamin esta no sólo habilita la posibilidad de la literatura sino que, además, habilita la brega política. A partir de una dialéctica del despertar que no se despega ni del sueño ni del mundo, y de la rememoración sin síntesis que *relampaguea* interrumpiendo el presente de la vigilia moderna, el sueño permite la lucha, en el despertar, por otro mundo.

La promesa de la justicia, por tanto, es posible gracias a la rememoración de un dictado heterogéneo a todo realismo y su vigilia. A diferencia de nociones anticuarias del pasado o celebratorias del presente, tal promesa emerge en la opción de apropiarse del recuerdo de lo soñado sin constituirse en su propietario. Se trata, más bien, de devenir en quien vela por lo que promete el sueño y clama por la acción que le haga justicia; en quien despierta con la promesa de lo incalculable en el mundo donde se ha de calcular. Bien considera Derrida, en ese sentido, que el sueño no debe oponerse a la vigilia, sino que ha de acompañar el día con una lucidez distinta:

> La posibilidad de lo imposible no puede ser sino soñada, pero el pensamiento, un pensamiento totalmente otro de la relación entre lo posible y lo imposible, este otro pensamiento del que desde hace tiempo respiro y a veces me deja sin aliento en mis cursos o en mis carreras, tiene quizás más afinidad que la filosofía misma con este sueño. Se necesitaría al despertar de él, continuar vigilando al sueño. (2001b: 14)

Derrida, entonces, instala la alternativa de pensar la filosofía con el sueño, lo que exige una memoria disjunta, irreductible a alguna delimitación categorial clara entre lo soñado y lo vivido. Es con la reflexión benjaminiana sobre la soberanía, en efecto, que arranca la suya sobre el archivo (Derrida 1997: 15). Al describir el carácter instituyente y conservador del archivo, dada su irreductible *violencia archivadora*, Derrida explica que el archivo se instituye con el torpe deseo de no modificar lo que conserva. El archivo sueña con no soñar, su deseo conservador es resguardar lo pasado de cualquier retorno que difiera y altere todo deseo de autosuficiencia de ese mismo presente, toda certeza de la presencia como única realidad posible.

La reflexión de Derrida surge ante la tarea de pensar un siglo xx cuyo legado reúne genocidios que abren el imperativo de la memoria y las oportunidades técnicas de levantar archivos virtualmente interminables. No debe leerse como una paradoja, ciertamente, el desarrollo simultáneo de la barbarie y del saber que indican ambas noticias. Antes bien, resulta imprescindible pensar el desarrollo contemporáneo de la técnica que permite tanto la guerra como el archivo, así como la subsecuente necesidad de pensar el archivo sin someterlo a la pretensión de la identidad que es movilizada durante los genocidios que exigen ser recordados.

En ese marco, otros pensadores han establecido inquietantes (y muy discutibles) reflexiones acerca de los interminables tipos de archivación del pasado en el mundo contemporáneo. Los archivos contemporáneos pueden extenderse al punto que la demanda crítica del presente pareciera ser la de recordar el futuro, contra el culto al pasado que emerge con archivos que presentan la historicidad como un pasado ya demarcado[1]. Debido a la infinitud de archivos que amenazan con aplastar la emergencia de lo nuevo, cuestionan estos autores, la memoria pierde su capacidad de transformación del presente, limitándose al recuerdo de lo dado en cuanto ya dado, sin capacidad de soñar con otro futuro.

Esta situación ha permitido que en las reflexiones sobre la memoria asome con creciente insistencia la pregunta por el peligro del exceso, y ya no de la falta, de memoria. En algunas de esas reflexiones (Yerushalmi 1989: 102, Weinrich 1999: 179, Ricoeur 2004: 532), la figura del memorioso Funes, el personaje creado por Jorge Luis Borges, ha sido una y otra vez recordada como metáfora ejemplar de un presente paralizado en su imposibilidad de olvidar.

---

[1] Al respecto, véase, sin desconsiderar las diferentes estrategias de uno y otro texto: Augé 1998: 104; Huyssen 2002: 22 y ss.; Sarlo 2005: 11 y Todorov 2008: 88.

Los lugares de Borges

En esta y otras discusiones[2], el pensamiento metropolitano se ha valido de una ficción de Borges. Ese traslado se autoriza en una reiterada estrategia de lectura de las ficciones de Borges como textos universales, desvinculados de las condiciones latinoamericanas. Este supuesto sobre su obra suele ser refrendado incluso –si es que no especialmente– por lectores latinoamericanos. En esa línea, por ejemplo, Octavio Paz (1999: 311) señala que poco le importa a Borges la diversidad de costumbres y creencias. Latinoamericanos o no, sus personajes no tendrían particular vínculo con el lugar desde el que se escribe.

Incluso ciertos lectores que enfatizan que algunas de sus ficciones se sitúan en el mundo americano han pensado que el dato latinoamericano sólo existe en aquellas que refieren al continente[3]. Siguiendo su lógica, el lugar de Borges puede inscribirse o no en sus cuentos, lo que permite creer que varios de ellos alcancen una inédita universalidad en Latinoamérica, capaz de ser admirada por lectores de todo lugar. De ahí que Rodríguez Monegal (1983: 12) destaque que Borges haya creado una literatura sin determinación temporal o espacial alguna.

Es esa aparente desterritorialización absoluta lo que, de modo algo especular con celebraciones como la recién citada, ha cuestionado a Borges la crítica latinoamericana de izquierda que se preocupa por buscar el suelo en la literatura, en «su» literatura. En vez de buscar otra estrategia para pensar la relación entre Borges y los lugares, se asume que su obra, dado su carácter ideológico, bien puede no ser de

---

[2] Al respecto, véanse los textos –escritos en Estados Unidos y Europa– compilados por Jaime Alazraki (1976) y el comentario de Hidalgo (2015).

[3] Por ejemplo, Dorfman contrapone la violencia de los cuentos gauchescos a cuentos en los que el mundo americano de la violencia se disuelve en la nada de Schopenhauer, el ciclo nietzscheano, la cábala judía o los laberintos chinos (1970: 53).

un lugar. Incluso un lector lo bastante agudo como Rama (2002: 173) describe la supuesta frigidez creadora de su obra, fundada en un hipotético *desarraigo esencial*[4].

Frente a ello resulta plausible otro acercamiento que no piense la ideología como simple sustracción voluntaria, sino como denegación de condiciones materiales de escritura sin las cuales no podría darse la producción literaria, ni ningún tipo de producción. Esto permite abrir otra lectura de la literatura latinoamericana, que habría de comprender su historia como la de las disputas por distintas formas de desestabilización del suelo, antes que como el dictamen acerca de su arraigo o desarraigo. Otros textos de Rama, por cierto, resultan centrales para trazar esa historia.

Para la lectura de Borges, puede pensarse su posición recordando lo que le critica Fernández Retamar (2004: 52). A saber, que su escritura se asemeja a un acto de lectura. El gesto borgeano –que para el cubano parece problemático– puede leerse, objetando sus supuestos, como la hiperbolización de la extrañeza que abre toda literatura. Para pensar contra esa pretensión de una escritura que puede no parecerse a la lectura resulta interesante comenzar la lectura de Borges con una breve indicación de Derrida (1985: 100) sobre Pierre Menard: aunque el relato se escribe en español, transcurre en una «atmósfera francesa» que instala una ligera división en el español que Borges remarca[5].

---

[4] Agradezco la infinita gentileza del personal administrativo de la Biblioteca de la Facultad de Humanidades y Ciencias de la Educación de la Universidad de la República (en particular, a Analaura) por el envío digitalizado de este texto de Rama.

[5] Al recordar su lectura del relato de Borges, Derrida cuenta haber discutido con un hispanista sobre Funes (1985: 99). Poco después, Rodríguez Monegal (1985: 7) afirma haber discutido con Derrida al respecto. No es poco probable que sea a él mismo a quien se refiere Derrida, si se considera, por ejemplo, que un par de años más tarde el argelino participará de un coloquio en Montevideo, organizado por el uruguayo. La falta de reconocimiento mutuo, cifrada en la anonimia de este último, no sólo parece sintomática de la jerarquía entre las tradiciones, sino

Así, la impropiedad borgeana es la de pensar, en su lengua, en otra lengua. Abierta su lengua más allá de los límites que le permitieran identificarse y recordarse, Borges instala una confusión de memorias que permite narrar la historia sin poder delimitar, en base a alguna propiedad del suelo o la lengua, entre arraigo y desarraigo o entre lectura y escritura.

Desde ese dato nos interesa la alternativa de considerar de otra forma la situación latinoamericana, sopesando precisamente –imprecisamente, para ser más precisos– que el Borges rescatado por la intelectualidad francesa no deja de aludir a la historia rioplatense, pues aquella «atmósfera francesa» y su torsión pueden interpretarse en torno a sus particulares condiciones de enunciación. Bien cuestiona Silviano Santiago (2004), en ese sentido, la famosa lectura que dedica Foucault (1968: 1-5) al argentino al inicio de *Las palabras y las cosas*, en la que lee como una invención de Borges lo que Borges escribe como comentario a un texto británico. Esa elusión resulta sintomática, puesto que Foucault soslaya el espacio de enunciación en virtud del cual Borges, tan productivamente, nunca deja de ser un lector de textos europeos.

De acuerdo a Santiago, si la escritura de Borges puede tematizar la arbitrariedad de toda clasificación, tal como busca mostrar Foucault, es porque la historia condicionada por la colonización es la de la violenta imposición de categorías que se experimentan como arbitrariedades que conviven con un interior que no podría ser regular[6]. El desorden de los encuentros, la monstruosidad de los cuerpos, indica Santiago, es un dato de los *escombros catastróficos* de la modernidad. Al caracterizar la lectura foucaultiana del exterior chino como un

---

también de los límites de la lectura de Rodríguez Monegal sobre Borges, cauta ante las jerarquías de un cosmopolitismo que no logra notar, incluso al padecerlas.

[6] Quizá el texto de Borges sobre el cual más se ha especulado en torno a esta cuestión sea el de Tlön y sus otros. Al respecto, véase Sosnowski 1979 y Ludmer 1999.

cuestionable deseo orientalista surgido al intenso calor del sesenta y ocho francés, Santiago enfatiza el lugar en que Borges imagina, antes que lo imaginado, para remarcar el carácter familiar de un interior desordenado para una cultura que, imaginándose una y otra vez, jamás podría tornarse del todo familiar:

> La risa europea de Foucault, que invierte la cartografía colonialista de Norte y Sur, es despertada por la realidad material latinoamericana. Nuestros autores siempre supieron integrar en un único suelo, a través del lenguaje literario y artístico, los dos feroces enemigos inventados por el etnocentrismo, el Mismo y el Otro… esos seres heteróclitos siempre convivieron familiarmente en el mismo espacio enciclopédico latinoamericano. (Santiago 2004: 216)

Un archivo de escombros

En esa dirección, el espacio de enunciación latinoamericano no aparece en los contenidos que la literatura de Borges expone, sino en la relación que ella inscribe entre el sujeto y el saber. Y más particularmente, entre el escritor argentino y la tradición occidental, parafraseando el título de su conocido ensayo. Es gracias a la inserción periférica de lo que concibe como la cultura, y no pese a ella, que Borges conoce el archivo metropolitano y luego lo parodia para exponer su arbitrariedad.

Todo lector de Borges nota rápidamente, de hecho, que su erudición destaca tanto por su vastedad como por su especial atención a autores que no son los centrales del canon occidental. Lo recorre de modo lateral, con particular amor por enciclopedias antiguas, algo anacrónicas, que yuxtaponen distintos registros y saberes de la historia europea. Mientras la linealidad moderna imagina que su progreso recuerda sólo lo verdadero que permanece en su historia, pudiendo dejar la lengua de John Wilkins fuera de la Enciclopedia Británica, quien recuerda que el mandato del saber ajeno desordena su saber porque no puede olvidar lo que ha debido memorizar. Acumula sin orden y escribe desde un espacio periférico de lectura que vuelve imposible que la memoria se delimite, ordene y avance.

En ese marco, la insistente rememoración de Borges de las bibliotecas dista mucho de la configuración de un orden estable del saber. En particular, si se lo lee a contraluz de las bibliotecas que habita laboralmente. Confiesa, en efecto, haber escrito *La biblioteca de Babel* como una versión pesadillesca de la pobre biblioteca municipal en la que trabaja por nueve años, de la que narra anécdotas que sintomatizan la falta de cultura que asume que padecen incluso los espacios librescos de la capital argentina. Así, cuenta que sus compañeros de trabajo habrían justificado una violación por la cercanía entre los baños de hombres y de mujeres, y que alguno de ellos se sorprende por la coincidencia de nombres con su colega cuando nota un libro escrito por Borges, a quien no reconoce como el autor de esos célebres relatos.

Sin embargo, la precariedad más elocuente, para Borges, parece haber sido la libresca. Son tan pocos los libros que administra que su categorización resulta ridícula ante la pobreza material imperante:

> Mi tarea, compartida con otros veinte compañeros, consistía en clasificar los libros de la biblioteca que hasta ese momento no habían sido catalogados. Sin embargo, la colección era tan reducida que podíamos encontrarlos sin necesidad de recurrir al catálogo, que elaborábamos con esfuerzo pero nunca usábamos porque no hacía falta. (1999a: 106)[7]

---

[7] Testimonios similares pueden hallarse, por cierto, en Irby (1968: 40) y Milleret (1970: 36). Más ilustrativo puede resultar el hecho de que incluso la Biblioteca Nacional se someta al desequilibrio categorial. Al menos si seguimos la noticia de Rodríguez Monegal (1987b: 357), quien indica que su edificio fue originalmente diseñado para la Lotería Nacional, como si la biblioteca de Babel no pudiese sino estar organizada con la lotería de Babilonia. Incluso la institución del canon, entonces, pareciera someterse al azar que, según Rodríguez Monegal, se reúne de modo armonioso con los libros. Lo que habría que pensar, a partir de

Ante este pobre desorden de las palabras y las cosas, Borges se desocupa temprano; en el tiempo que deja la falta de libros que administrar se dedica a leer la literatura europea y estadounidense y a forjar algunas de las más importantes piezas de la literatura latinoamericana, esas que desordenan toda administración de las bibliotecas de la literatura europea y estadounidense. Puesto que el archivo de la ficción es experimentado como una ficción, puede soñar otros archivos y otros mundos. La distancia entre la arbitraria imposición categorial y la precaria realidad material abre el espacio latinoamericano al tiempo de la literatura, que de acuerdo a Borges recién emerge en su país.

Esto no significa que debamos leer a Borges buscando un posicionamiento latinoamericano como una referencia clara y representada, de modo más o menos realista, en sus ficciones. Es tan radical el desorden del archivo y sus categorías que impide toda correspondencia entre la realidad histórica y su representación ficticia. De hecho, Borges, en una frase notable, recuerda que en *El Quijote* jamás llueve (1994e: 499). Con ello clausura toda búsqueda de una duplicación del mundo en la obra, y obliga a leer la marca de la localidad histórica sin un dato seguro que la corrobore en el texto. Exige entonces pensar que esa marca se cuela, de forma indirecta, en ficciones que parecieran desvinculadas de la realidad histórica de la que surgen.

Acaso sea en gestos involuntarios de la ficción donde asome la realidad material que Borges aspira a olvidar. La tarea crítica que se impone, por tanto, es la de insistir en esa tensión. En lo que sigue, nos interesa mostrar que las «desarraigadas» nociones literarias de Borges, que giran en torno a las temáticas del sueño y de la memoria, pueden releerse, en su ausencia de referencia directa, como un procesamiento

---

lo que documenta, es si puede considerarse armónico el encuentro allí descrito. O más hondamente, si es posible, ante esta situación, un encuentro que no se desencuentre.

de ciertas tensiones de la historia latinoamericana y sus memorias y olvidos. Con y contra Borges, pretendemos recordar sus olvidos para insistir en las pesadillas que asedian sus sueños y las violencias que exceden cualquier eventual tranquilidad de la letra. Justamente para eso hemos debido pasar, de modo algo errático, por variados temas que se anudan en la ficción de Funes.

Como un vano y anticipado esquema de este largo escrito, confesamos en este inicio que intentaremos exponer la concepción de la literatura como sueño en Borges, abierta por la connivencia con el olvido que para Borges es parte irreductible de la memoria. Explicamos esto desde la melancólica posición del autor acerca del carácter constitutivamente perdido de todo absoluto para la finitud humana, lo que obliga a asumir la invención de arquetipos como un vano intento humano de restituir una eternidad que no se ha conocido. La modernidad, para Borges, asume esa imposibilidad de subsumirse en alguna categoría exterior a los individuos que sueñan uno u otro arquetipo, lo que permite la emergencia tanto del liberalismo como de la literatura moderna.

Dentro de esta última, Borges piensa la gauchesca como la invención urbana del arquetipo de una vida rural perdida. La apertura que allí se abre a más de una narración del campo es la que permite también la sátira de la gauchesca, como la imaginada en la historia del semidiós Funes, la que muestra la distancia entre la vida humana y la eternidad inventada por la humanidad. Gracias a su capacidad de olvidar, Borges puede soñar la historia de quien no olvida. Sobre el final discutimos la defensa borgeana del olvido, una vez que los enigmáticos enunciados compendiados en este breve resumen hayan sido desplegados.

La pesadilla de la vigilia

Al pensar la literatura, Borges insiste en su capacidad de desrealizar el mundo conocido. Frente el realismo, afirma que lo que caracteriza a la literatura es la invención de otra realidad que la percibida, ya que lo que la literatura instala es la posibilidad de que la vigilia se viva en la forma del sueño (Borges 1994c: 48 y 1994d: 223). Esto, por cierto, no lo acerca a una eventual posición surrealista ni a su prurito de politizar el arte. De hecho, en una breve y lapidaria reseña del manifiesto de Breton y Rivera sobre el arte revolucionario, Borges (2002b: 285) ataca su posición señalando que el texto es aún más tartamudo que la mayoría de los manifiestos.

Para Borges el trabajo de la literatura no pasa por elaborar alguna pulsión vanguardista que instale el sueño en el mundo de la vigilia. Más bien, busca defender el sueño en cuanto tal, sin que intervenga en las estructuras de la vigilia, dado que su rendimiento crítico pasa por minar esas estructuras al reelaborar la experiencia de la vigilia. En el sueño, argumenta Borges, el sujeto puede encontrarse ante zonas desconocidas para su racionalidad, y así asumir que los significados imperantes se pueden alterar. La estructura de la lógica es enloquecida por un *álgebra singular y secreta* (1994c: 51) en cuyo ambiguo territorio una cosa siempre puede ser muchas otras.

Sobre el sueño no puede haber certeza, de modo tal que Borges rehúye de cualquier categorización externa que, con criterios epistemológicos, políticos o estéticos, buscase determinar y evaluar la incerteza onírica. A esfuerzos de ese tipo Borges no opone una verdad más profunda que corresponda al sueño. Antes bien, sospecha de que la vigilia sí pueda narrarse con certeza. El lenguaje ambiguo de los sueños marca los límites del lenguaje que se piensa al margen de la ambigüedad. Y es que el lenguaje de la lógica y el de la literatura, según indica, son igual de reales o falsos, y coexisten en distintos tiempos: el primero en el día y la vigilia, el segundo en la noche, la niñez y la iluminación de los sueños (Borges 1999b: 64)[8]. Entre la

---

[8] Por lo mismo, se equivoca de Toro (1999: 160) al señalar que, para Borges, en el sueño se presenta una verosimilitud sin falsedad, una máscara sin realidad

lengua de los sueños y la de la vigilia, emerge la literatura en la vigilia que se abre al sueño. Borges define la literatura, condensando tales posiciones, como un sueño voluntario y dirigido (Borges 1994b: 272 y 1994c: 58; Alifano 2007: 88)[9].

Por lo dicho, Borges sospecha frente al deseo de trazar, desde la vigilia, una clara frontera entre el sueño y la vigilia que asegure a esta última como única realidad. Es por esto que, como bien se ha comentado, el sueño posee una productiva ambivalencia para Borges: permite tanto la fantasía en la que el sujeto se pierde al dormir como también la capacidad, en quien ya ha despertado, de narrar lo soñado (Gertel 1984: 194).

Así, el hombre puede imaginar otra realidad, incluso después de la duración del sueño. De este modo, podría narrarse en la vigilia una historia de los sueños del hombre (Borges 2002d: 258). Las producciones literarias, por ende, no son pensadas como ajenas al mundo real, sino como el efecto de una vigilia que se desprende de sus previas certezas. Más que pensar que la vida es sueño, se trata de pensar que parte de la vida es soñar, y que parte de ese sueño es la

---

oculta. Si bien es cierto que la literatura aparece como parte viva de la vida que se evade, su singular modo de vida difícilmente se deja leer como cierta identificación, o de cualquier figura armónica, entre la vida y sus ficciones. Deben precisarse, en este sentido, también las opiniones de Nahson (2009: 26), Fernández (2009: 164) y García Ramos (1999) de que en Borges no hay separación entre literatura y vida, o entre sueño y vida, respectivamente. También ha de objetarse, por tanto, la más lúcida idea de que el sueño en Borges está menos contaminado de la irrealidad del mundo. Si bien es cierto que en esa experiencia, de acuerdo a lo descrito, el hombre puede abrir su imaginación, esto no significa que esta sea menos falsa. En el mejor de los casos, no busca ser verdadera, pero eso no la transforma, de suyo, en verdad (Arana 1999: 215).

[9] Si en este y en el siguiente artículo sobre Borges nos valemos reiteradamente de entrevistas al autor no es para más, ni menos, que refrendar posiciones que retornan, de forma casi obsesiva, en sus distintos tipos de escritos.

metáfora de la vida como sueño, para Borges una de las metáforas que se reiteran en la historia de los sueños literarios (2002a: 44)[10].

En ese sentido, las reiteradas críticas al supuesto carácter evasivo de la literatura de Borges[11] parecen algo ingenuas, cuando él mismo ha indicado que la literatura se escinde de la realidad. En tanto escritor, ha de ser quien comparta sueños. Hacia el final de su vida, se describe a sí mismo como quien no ha hecho más ni menos que tejer sueños (2002e: 379). Borges agradece esa oportunidad, ya que sin ese tiempo resultaría difícil soportar la vida y sus certezas:

> Schopenhauer dijo que felizmente para nosotros nuestra vida está dividida en días y en noches, nuestra vida está interrumpida por el sueño. Nos levantamos por la mañana, pasamos nuestra jornada, luego dormimos. Si no hubiera sueño, sería intolerable vivir, no seríamos dueños del placer. La totalidad del ser es imposible para nosotros. Así nos dan todo, pero gradualmente. (1994e: 200)[12]

Las pesadillas de la literatura

Si Borges cuestiona la manida estrategia de la narración de un sueño irreal tras el cual el personaje despierta y vuelve a la normalidad es por la *grosera facilidad* del recurso (1999b: 130), pero no porque lo soñado verse sobre un sueño. De hecho, una literatura que suele tematizar sus propias condiciones e imposibilidades, como la suya, abunda en menciones a los sueños, e incluso en narraciones que se establecen desde la historia de quien sueña[13]. A ello se suma la ince-

---

[10] Véase también Vásquez 1984: 149. La metáfora, por cierto, no parece limitarse a la poesía: Borges (2008: 24) la lee ya en su temprana lectura de Joyce.

[11] Al respecto, véase Cozarinsky 1999: 287 y Balderston 2006: 13-14.

[12] Véase también Carrizo 1986: 179 y Borges 1999b: 73.

[13] Si bien el cuento más conocido de este tipo es «Las ruinas circulares», historia en la que un hombre que sueña se descubre soñado por otro hombre,

sante lectura de otros textos que Borges caracteriza como sueños. En el fundamental *Poema de los dones* (1994c: 187) indica, en efecto, que la biblioteca que sus ojos leen es la de los sueños[14].

---

también podemos indicar esta temática en otras piezas narrativas. El narrador de otro de los cuentos de Borges ilustra, en efecto, la importancia de soñar y la imposibilidad de determinar el sueño: «Dormir, según se sabe, es el más secreto de nuestros actos. Le dedicamos una tercera parte de la vida y no lo comprendemos. Para algunos no es otra cosa que un eclipse de la vigilia; para otros, un estado más complejo, que abarca a un tiempo el ayer, el ahora y el mañana; para otros, una no interrumpida serie de sueños» (1994c: 428). El único consenso que pareciera haber sobre el sueño, por tanto, es su riqueza en la creación de imágenes. En uno de sus poemas Borges remarca que el hombre al que se despierta siente que le han robado una fortuna; también, la tristeza de madrugar por lo que tiene de despojo del *inconcebible don* del soñar, que deforma los espejos y reflejaría truncamente las sobras de la vigilia (1994c: 318). De hecho, en la presentación de su poética, Borges describe la necesidad del poeta de entregarse, durante el espacio de la vigilia, al sueño como si fuese realidad. Y es que, avisa en uno de sus primeros poemas, cesa el sueño cuando se sabe que se está soñando (1994b: 37). Frente a ello, el poeta habría de transformar no sólo la vida, sino también la muerte, en parte del sueño literario que la vigilia puede leer: «Sentir que la vigilia es otro sueño / Que sueña no soñar y que la muerte / Que teme nuestra carne es esa muerte / De cada noche, que se llama sueño» (1994c: 221). Esperamos mostrar más adelante por qué puede ser problemática esta estetización de la muerte.

[14] Entre esos sueños, Borges se interesa bastante por los que refieren a otros sueños. De hecho, destaca (1994e: 54) la preocupación por lo onírico en Macedonio Fernández, el hecho de que Doctor Jekyll y Mister Hyde haya surgido de una pesadilla de Stevenson (1994e: 506) y la temática del sueño de *Las mil y una noches* (1994d: 239), una de cuyas historias, a propósito de los soñadores, reescribe en *Historia universal de la infamia* (1994b: 338). Quizás podría ordenarse, en efecto, una historia de la literatura que Borges lee a partir de su ubicación de los autores y sus ficciones entre los sueños y las pesadillas. De este modo, concibe al Quijote como sueño de Cervantes (1994c: 177, 470), tal como Virgilio lo habría sido de Dante, pero también caracteriza la obra de este último, al igual que la de Poe (1994c: 290), Kafka (1994e: 454, 2002b: 199 y 2002d: 112), Melville (1994e: 470) y Wordsworth (1994d: 230), como pesadillas.

En su énfasis por la experiencia onírica, Borges remarca la particularidad de las pesadillas, pese al poco estudio que señala que ha existido al respecto. Mientras describe al sueño como «ceniza y olvido» de la memoria que deja el día (1994e: 498), sostiene que la pesadilla genera formas que parecen ajenas a lo vivido y abre historias que lindan con cierta experiencia del infierno. La pesadilla, en esa dirección, tiende a emerger en una operación inversa al sueño. Mientras que el sueño se vale de sensaciones conocidas para inventar una imagen desconocida, la pesadilla trabaja con imágenes conocidas para generar una sensación desconocida.

Es Coleridge, según Borges, quien mejor lo explica al afirmar que en la pesadilla las imágenes construyen sensaciones de las que emerge una experiencia irreductible a esas imágenes. De acuerdo a su ejemplo (Borges 1994c: 228), no es que sintamos horror por una esfinge, sino que soñamos una esfinge para explicarnos el horror[15]. Por este motivo, en la pesadilla la represión de una imagen no basta para terminar con

---

[15] Véase también Borges & Ferrari 2005b: 105. Un relato de Borges sobre una de sus pesadillas puede servir también de ejemplo: «La pesadilla más frecuente, en mi caso, es la pesadilla del laberinto. El laberinto tiene escenarios distintos: puede ser esta habitación en la que conversamos, puede ser —y lo es muchas veces— el edificio de la Biblioteca Nacional en la calle México; un lugar que quiero mucho, yo dirigí la biblioteca durante mucho tiempo. Y, en cualquier parte del mundo en que esté, suelo estar en el barrio de Montserrat, de noche, cuando sueño, cuando sueño específicamente con la Biblioteca, en la calle México, entre Perú y Bolívar. Mis sueños suelen situarse allí. Entonces, yo sueño que estoy en un lugar cualquiera y luego, por algún motivo, quiero salir de ese lugar. Logro escaparme y me encuentro otra vez en un lugar exactamente igual, o en el mismo lugar. Ahora, eso se repite un par de veces, y entonces ya sé que es el sueño del laberinto. Sé que eso va a seguir repitiéndose indefinidamente; que esa habitación siempre será la misma, y la habitación contigua la misma, y la contigua a la contigua también. Entonces digo: bueno, es la pesadilla del laberinto; lo que tengo que hacer es tratar de tocar la pared, y trato de tocarla y no puedo. Lo que pasa es que realmente no muevo el brazo, sino que sueño que lo muevo. Y al cabo de un tiempo me despierto, haciendo un esfuerzo. O si no —esta aparición es, también, frecuente— sueño que

su efecto, pues otra imagen también puede encarnar el horror padecido. Mientras el sueño podría continuar con otra sensación una vez que cambia la imagen soñada, la sensación de la pesadilla es capaz de subsistir sin necesidad de una u otra imagen, pues son varias las que pueden remitir a la sensación que genera. De la pesadilla, por así decir, no se puede salir sin despertar, ya que en ella la ceniza de la vigilia construye una sensación irreconocible en la vigilia.

Las sensaciones del sueño, por el contrario, abren la posibilidad de que alguien imagine estar despierto al soñar o seguir soñando al despertar. Ya en un temprano texto, «La flor de Coleridge», Borges recuerda esta opción en un fragmento del escritor inglés que considera *perfecto* (1994c: 17). Se trata del conocido relato en el que un hombre sueña con el Paraíso, recibiendo como prueba una flor, y despierta luego con ella para preguntarse, sin respuesta, por lo acontecido. La distinción entre el sueño y la vigilia está ahí minada por la imagen de la belleza, ausente en la imagen monstruosa forjada por la pesadilla. Es justamente esa belleza la que, instalada entre sensaciones similares en la vigilia y en el sueño, puede desdibujar, en una ficción que sueña una imagen bella, la siempre incierta distinción entre la vida del soñador y sus sueños.

El mismo Coleridge, sin embargo, ilustra también la dificultad de pensar, fuera del sueño literario, cualquier pasaje seguro del sueño a la vigilia. Ningún objeto puede retrotraer lo soñado a la vigilia ni transmitirlo con precisión a otros hombres despiertos. De hecho, quien despierta ni siquiera podría asegurar que el sueño ha sido suyo. Los regímenes de propiedad de la vigilia resultan impotentes para asegurar los esquivos recursos del sueño. De este modo, Borges destaca que Coleridge sueñe haber soñado el palacio que otro hombre antes soñó. Sólo en el mundo de los soñadores se puede soñar con

---

me he despertado, pero me he despertado en otro lugar, que es un lugar onírico también, un lugar del sueño» (Borges & Ferrari 2005a: 110-111).

compartir los sueños. La vigilia, frente a ello, puede tal vez definirse como la triste interrupción de ese sueño.

Mientras Coleridge transcribe su sueño, un tercer hombre lo habría interrumpido para hablarle de asuntos rurales, tras lo cual no puede recuperar el palacio soñado. De vuelta a la vigilia, se interrumpe un sueño tan puro que, conjetura sin certeza Borges, puede pensarse como un objeto eterno del sueño. Ya despierto e interrumpido, la única forma de aspirar a recuperar lo soñado pasa por la literatura, a través de un recuerdo siempre limitado. Del poema completo de su sueño, escribe Borges (1994c: 20), Coleridge apenas rescata cincuenta versos.

Las memorias del olvido

Esa desconfianza de Borges ante la capacidad de la memoria de recordar lo soñado se replica en torno a los recuerdos de lo experimentado en la vigilia. En un poema describe bellamente que «memoria» es el «nombre que damos a las grietas del obstinado olvido» (1994c: 514). A quien creyera que puede asegurar la identidad de sí mismo gracias a una memoria que restituyera lo pasado, Borges objeta que quien se recuerda no puede asegurar una eventual continuidad con su pasado, dada la connivencia constitutiva, en la memoria, de recuerdo y olvido.

En la vida pensada con el desorden del archivo de los nombres y las cosas, ni la lengua puede asegurar lo nombrado ni la memoria su recuerdo. En ese sentido, Borges insiste en que todo recuerdo del pasado lo altera. Quien se recuerda puede recordarse recordando, mas en ese gesto la supuesta certeza de su identidad se torna más tenue allí donde debiera confirmarse, puesto que cada recuerdo se media y se modifica a sí.

Ya en uno de sus tempranos argumentos contra la personalidad, de hecho, Borges señala que basta «caminar por los espejos del pasado» para sentirse forastero en la propia experiencia (2008: 96). Y si el sujeto no puede recordarse en ese esquiva posición, mucho menos podría recordar los objetos que experimenta. Graficada en otros pasajes como *forma del olvido* (1994c: 476), la memoria guarda poco y altera lo recordado, en la infidelidad que guarda perdiendo: «no hay en la tierra una sola cosa que el olvido no borre o que la memoria no altere y cuando nadie sabe en qué imágenes lo traducirá el porvenir» (Borges 1994c: 176).

Esa incapacidad de recordar lo vivido y lo soñado sin alteraciones permite la reelaboración de experiencias pasadas a través del sueño literario, cuya afirmación de la lengua asume que las palabras no son las cosas presentes ni las recordadas. Porque lo recordado se olvida de manera involuntaria es que puede inventarse, a través del sueño voluntario, la literatura como narración de lo que no se ha tenido en cuenta en la vigila. Contar sueños es entonces establecer otra cuenta, que no se deja predecir, de lo perdido.

En efecto, Borges (1994e: 155) recuerda, en todos los idiomas que conoce, la utilización del mismo verbo, o de uno de la misma raíz, para referir a los actos de narrar y de enumerar. El carácter temporal y sucesivo de uno y otro acto, indica lúcidamente, expone ahí su afinidad. De ella se deriva, sin embargo, una irreductible diferencia entre la medida matemática y la desmedida literaria, dada la falta de un código capaz de determinar, con algún recuerdo o sistema, la narración. A diferencia de la intemporalidad numérica, la narración debe proceder con algún tipo de saltos, con una cuenta discontinua cuyos tiempos e intervalos no podrían programarse.

Melancolías de la finitud

Ateniéndose a lo anterior, resulta difícil suscribir la reiterada mirada a la literatura de Borges como un juego textualista de irrealidades en la que se muestra, según indica de modo ejemplar Macherey en un gran libro (1974: 259), que nada se ha perdido. Antes bien, creemos necesario –y no faltan notables antecedentes para ello[16]– enfatizar una lectura melancólica de Borges que asuma que la literatura ha de pensarse considerando que la pérdida de la experiencia en el olvido es lo que abre el sueño literario.

Que la letra no pueda dar con la realidad, y que tematice esta imposibilidad a lo largo de su despliegue, no implica que esa realidad perdida deje de ser relevante, ni que la literatura sea entonces un juego sin seriedad. Todo lo contrario, su ausencia de seriedad se torna muy seria cuando resulta la única opción para lidiar con la exigencia de rememorar lo que ya no se podría recordar, ni mucho menos tener: «La memoria no acuña su moneda / Y sin embargo hay algo que se queda / y sin embargo hay algo que se queja» (Borges 1994d: 459)[17].

La posición de Borges (1994b: 395), por tanto, cuestiona la que él mismo cita de Marco Aurelio. Mientras que para este último no se puede perder el pasado y el porvenir, puesto que no se puede perder lo que no se tiene, para Borges sólo se puede perder lo que no se ha tenido. Sólo se cuenta con una memoria que no se puede dirigir y que muestra que ya no se recuerda. En uno u otro centelleo puede retornar algún fragmento de lo perdido para ratificar su insistente distancia, y así, la imposibilidad de una memoria o de un olvido absolutos. Antes de la cuenta ya se ha comenzado a perder, y ninguna cuenta puede ganar siquiera su propia memoria de la pérdida de lo que, como divergente traducción de lo perdido, puede retornar siempre de otra

---

[16] Pensamos, en particular, en las inspiradoras lecturas de Borges realizadas por Sergio Cueto (1959), Alberto Moreiras (1999) o Pablo Oyarzún (2009).

[17] Evidentemente, con esto no buscamos sostener que todos los textos de Borges surjan de este prurito ni nada similar, sino mucho menos y mucho más que eso. A saber, como intentaremos mostrar, que la consideración borgeana de la literatura como sueño se ubica entre tensiones que impiden pensar ese sueño como una ficción prescindible ante la realidad.

forma: «Nadie pierde (repites vanamente) /sino lo que no tiene y no ha tenido /nunca, pero no basta ser valiente / para aprender el arte del olvido. / Un símbolo, una rosa, te desgarra /y te puede matar una guitarra» (Borges 1994c: 298).

Si nadie da con sus recuerdos es porque el tiempo humano no aguanta la sustracción del tiempo de objetos que pudiesen ser recordados al modo de la intemporalidad. Sólo serían inolvidables los objetos de la eternidad, que Borges comprende como elementos de un presente absoluto que no se ha desdoblado en pasado y porvenir, sino que concentra todo el tiempo dentro de sí (Borges 1994c: 26): un presente puro que, por no separarse de sí, no requiere ser recordado ni nombrado, de modo tal que no podría olvidarse ni confundirse. Sin el desdoblamiento del tiempo, el nombre sería la cosa.

De ahí que la eternidad resulte imposible en la vida del hombre y su connivencia con el olvido. Únicamente fuera de la memoria temporal lo eterno puede subsistir. Ningún hombre, explicita Borges (1994e: 204), podría aguantar, en su finitud, la infinitud del tiempo de la eternidad que el hombre puede figurarse a partir de arquetipos inalcanzables. Es por esto que toda criatura temporal, sostiene en singular teología, busca volver al eterno e intemporal manantial del que ha surgido, pero que jamás ha conocido ni podría conocer.

Lo interesante de Borges es que ni da por real ese tiempo ni cree que se lo puede dejar de desear. Esa búsqueda jamás podría más –ni menos– que intentarse. Esto permite que pueda narrarse la historia de esos deslices y emerja una *Historia de la eternidad*, comprendida como el relato de la siempre mutable búsqueda de lo inmutable[18].

---

[18] La historia del deseo finito por lo eterno parte, quizás, por la construcción misma de la idea de lo inmutable. De hecho, en un texto temprano (1965: 16), Borges especula que la palabra *infinito* fue acaso alguna vez una «insípida equivalencia de inacabado», pero que luego alcanzó la noción de ser una *perfección de Dios* en la teología, entre otras acepciones. Recién en ese entonces el lenguaje parece darse la opción de aspirar a un objeto ilimitado, aun cuando las limita-

Por ello, la historia de esa búsqueda es la de sus bellos fracasos. Sólo perduran en el tiempo, escribe Borges en un poema, las cosas que no han sido del tiempo (1994e: 471).

Únicamente Dios puede vivir en la coincidencia capaz de nombrar la singularidad de cada cosa. En la vida de los hombres, sólo el amor acerca a esa sensación. Cuando se está enamorado, apunta Borges en un par de entrevistas, se ve como ve Dios: a cada hormiga como una hormiga distinta (Carrizo 1986: 107 y Borges & Ferrari 2005a: 98). Ese instante de plenitud se promete a sí la memoria un instante cuyo paso no pasa, hasta llevar al amante a una desindividualización que incluso amenaza la promesa misma del amor entre individuos. En un poema, en efecto, escribe que verá a la amada como Dios ha de verla: «desbaratada la ficción del Tiempo, sin el amor, sin mí» (Borges 1994b: 59).

Tragedias de la letra, historias del olvido

Cuando Borges tematiza la falta de eternidad de las ficciones temporales del yo pone de relieve la constitutiva simultaneidad de la experiencia y de la pérdida de la experiencia. Se trata de un presente que no ha ganado el fortuito instante del encuentro pleno, puesto que en el acontecimiento ya sabe de su futura pérdida, restando la poesía como testimonio de esa pérdida El amor, pese a la promesa del momento divino, revela ahí su irreductible humanidad.

En uno de sus primeros poemas, Borges (1994b: 47) narra el oscurecimiento de la dicha de quien nota que su recuerdo durará poco; como si el instante por nombrar, por lo tanto, ya estuviese escindido de sí ante la imposibilidad de una memoria que le pueda hacer justicia. Ya el presente, según otra pieza poética, es porvenir

---

ciones de quien lo aspira le impidan dar con ese objeto mediante una búsqueda inacabada, pero nada insípida.

y olvido (1994c: 304). Todo lo que ha acontecido, desde esa lógica cruel, ha de someterse al olvido. Así, por ejemplo, escribe Borges que la sonrisa fue lo primero y último que vio de cierta mujer (1994c: 194).

Probablemente sea en la poesía donde Borges ensaye de forma más reiterada el temple melancólico de esa fracasada búsqueda de la eternidad, mientras que en sus textos narrativos tiende a exponer los motivos de esa imposibilidad[19]. El deseo del poema de restituir lo involuntariamente perdido puede abrir la posibilidad de la narración como escritura que se sabe impotente en su reescritura voluntaria del sueño de los ya perdidos objetos de la eternidad.

Otra historia palaciega resulta aquí notable. A saber, la notable «Parábola del palacio», en la que Borges expone el carácter imprescindible de la narración. Como es sabido, se trata de la breve historia en la que un poeta da con una obra que habría contenido –quizás en una palabra, dice el narrador sin saberlo, sin poder saberlo– todo el palacio, tras lo cual el rey lo asesina (Borges 1994b: 215). El monarca no habría resistido la presencia de quien logra hacer coincidir la palabra y la cosa, acaso asumiendo que ni siquiera él podría ser narrado, con seguridad, con sus palabras o con las de otro.

De hecho, el narrador acaba el relato señalando la existencia de otra versión de la historia. Esta cuenta que, dada la imposibilidad de que existan dos cosas iguales en el mundo, cuando el poeta pronuncia la última sílaba del poema el palacio desaparece. De modo astuto, la narración no logra fijar una versión final que asegure si lo perdido fue el palacio o el poeta. Al tematizar la inalcanzable coexistencia del nombre y la cosa, la prosa que cuenta el poema debe narrarse sin cierre, mostrando que la ausencia de rastro del instante de la simultaneidad entre palabras y cosas obliga a seguir narrando ese instante con palabras que no dan con las cosas, y así a desdoblar las palabras en múltiples versiones que no podrían asegurar ninguna cosa.

---

[19] Es imprescindible, al respecto, el notable texto de De Olaso (1999: 64 y ss).

Es por esto que Borges debe tematizar el poder político como un siempre vano deseo de administrar las relaciones entre palabras y cosas, de suprimir la desestabilización radical que significaría el logro del nombre intemporal del siempre temporal palacio. El narrador, en efecto, cierra el texto escribiendo que ambas versiones son «ficciones literarias», ya que el poeta ha sido esclavo del emperador. Su obra ha caído en el olvido y sus descendientes siguen buscando, pero jamás encontrarán, la palabra del universo.

A diferencia de Block de Behar (1999: 20), creemos que allí no se tematiza la perfección de la letra. Antes bien, se expresa la imperfección de la letra literaria como alternativa que las letras del poder y de la historia deben dar por insensata, ya que su vana búsqueda excede cualquier dato que pudiera confirmar lo que no podría sino haberse perdido. El rey no puede contar con el descuento literario. La administración de lo que puede saberse que ha sido y no ha sido deja caer entonces la incómoda poesía en el olvido, la obliga a hacerse esclava del emperador en la inutilidad de la ficción literaria. De hecho, en otra historia borgeana en la que un poeta da con lo ido, «El espejo y la máscara», al vate se le da la muerte, mientras que el rey que lo escucha pasa a ser un mendigo que jamás repite la belleza que ha oído (Borges 1994d: 47). En el tiempo de los hombres, cuestión sobre la que versa el poema épico que el rey ha encargado al victorioso poeta, el nombre y el objeto no podrían coincidir sin aniquilar el orden de las certezas que administra el poder. El imposible triunfo del poema resulta, así, el fracaso de toda reproducción de la vida humana.

El destino de los finitos

En la vida de los hombres que se reproducen en ese fracaso el escritor es quien asume el trágico destino de inscribir una y otra vez la falla de esas ficciones. A esa pasión Borges la describe como su *destino literario*. Temprana y sinceramente, supo que le habrían de suceder muchas cosas malas y otras pocas buenas, pero que todas se transformarían en palabras. En particular, destaca, las malas, puesto que la felicidad, por ser su propio fin, no necesita transmutarse en algo más (1994d: 282). El destino de la literatura, sin embargo, parece ser el de transmutar incluso las experiencias felices en inscripciones de la imposibilidad de recuperar esa experiencia, el de mostrar la vanidad y los límites de la siempre finita felicidad de los hombres.

No sorprende, siguiendo lo argumentado, que Borges cuestione a quienes validan la tragedia real en nombre de la limitada compensación que les podría entregar la tragedia literaria. La «fundamentación estética de los males», argumenta (1994c: 91)[20], ya podría leerse en la noción homérica de que los dioses tejen desdichas para tener algo que cantar en el futuro, o en la imagen mallarmeana del mundo como un libro. Contra ello, dada la imposibilidad de resguardar la experiencia en una letra feliz, para Borges la literatura no compensa las tristezas. No puede más que soñar, asumiendo que sólo restan la historia o la poesía, inscripciones que no son, escribe (1994d: 210), del todo distintas.

Esta doble alternativa de la historia y de la poesía como recuerdos voluntarios se divide entre el intemporal objeto de la temporal poesía y el temporal objeto de la igualmente temporal historia. Mientras la literatura recuerda un sueño con lo que no se presenta en la vigilia, la vigilia que la historia recuerda permite pensar que, más allá del sueño, existimos: que podremos ser recordados, en la precariedad de la memoria, por otros. Y de esa forma, con la fragilidad que no tiene un arquetipo, subsistir:

> Seguiremos siendo inmortales; más allá de nuestra muerte corporal queda nuestra memoria, y más allá de nuestra memoria quedan nuestros

---

[20] Véase también Carrizo 1986: 261 y Borges & Ferrari 2005b: 242.

actos, nuestros hechos, nuestras actitudes, toda esa maravillosa parte de la historia universal, aunque no lo sepamos y es mejor que no lo sepamos. (Borges 1994e: 179)

Tal promesa del finito recuerdo de una finita existencia humana permite, a diferencia de lo que padecen tantos personajes de sus ficciones, no saberse escrito y olvidado de antemano. La creencia de que todo ya está escrito, afirma Borges, nos *afantasma* (Borges 1994b: 470). Tan curiosa palabra reaparece en su obra a propósito de Almafuerte (1994e: 15), y también de la eventual creencia de que nuestra historia personal se pierde en la universal (1994b: 364). Si Borges descree de ello es, de acuerdo a lo argumentado, porque la ficción del «yo» impide que un arquetipo determine las nuevas acciones y recuerdos. A falta de un arquetipo que pueda regir la vida, los limitados individuos son libres[21] en un cuasianarquismo ético de individuos cuya realidad limitada termina siendo, dado que no logra asegurar su recuerdo en memoria alguna, el único dato real de la vida finita.

Ética del ruiseñor

Es de interés, en esta dirección, considerar otra de las breves narraciones en las que Borges tematiza el estatuto del saber en la era nominalista. A saber, la conocida pieza «Del rigor en la ciencia» (1994c: 225), en la que se narra la progresiva creación de un mapa del tamaño de la realidad y su posterior olvido en un desierto habitado

---

[21] Al respecto, véase el notable libro de Diego Tatián (2009: 61). Como bien deja entrever allí el autor, tal refutación de la individualidad es propia de las ficciones de Borges. Trasladarlo a su concepción del mundo histórico, sin embargo, resulta erróneo. De hecho, Borges critica la doctrina del método regresivo hacia la infinitud de causas como una forma de argumentación propia del peronismo, particularmente en su polémica contra Martínez Estrada (1999b: 174).

por mendigos y animales. La tensión de la historia es evidente: un mapa del tamaño de la realidad oculta la realidad que habría que representar, ya que un mapa ha de ser, como toda representación, una representación no del todo real de la realidad.

Al respecto, bien recuerda Kohan (2013: 190) la analogía que elabora el texto entre una memoria sin olvido y una representación sin diferencia. Un saber que transforma la singularidad representada en su representación no permite la vida moderna, la que supone tanto la cartografía como el hecho de que los signos cartográficos no son el mundo, que la realidad no se deja apresar en ningún símbolo que se realice de ella.

El carácter irrepresentable del mundo obliga a desconfiar de cualquier esquema representativo. En particular, cuando se intenta representar a individuos que ni siquiera pueden representarse, sin pérdida, a sí mismos. En ese sentido, las suposiciones mencionadas sobre la memoria y el infinito derivan, gracias a su crítica a toda certeza en el arquetipo del individuo, hacia una ética individualista que ha de habitar esta incertidumbre. El profano mundo moderno ha de mantener el límite entre la verdad del individuo y toda subsunción de su finitud en alguna categoría que pudiese creer que su nominación artificial corresponde con la realidad de los individuos, que estos pueden ser recordados fielmente por algo más que otros individuos finitos y su finita lengua. La poesía, desde lo ya descrito, puede fabular los arquetipos porque ningún hombre moderno cree, fuera del sueño literario, en la verdadera existencia universal de lo fabulado.

En un texto crucial, Bosteels (2008) explica que con esa posición Borges retoma una discusión escolástica –a saber, el debate acerca de la eventual primacía ontológica de los particulares o los universales– para llegar a conclusiones políticas. Borges se suma a la posición que designa como aristotélica, y sostiene que esta se impone sobre el platonismo en el mundo moderno. Con supuestos harto problemáticos, Borges argumenta que la primacía del individuo por sobre el género humano es el principal logro de la modernidad, comprendida como la era de la imposición del nominalismo por sobre el realismo (1994c: 124). Es tal el triunfo contemporáneo de la negación del universal, afirma (1999b: 49), que ni siquiera es posible plantearse hoy la querella nominalista ante los universales.

Contra cualquier intento de subsumir al individuo en alguna colectividad política, Borges aspira a una problemática ética que delimite la política a espacios de representación formales y asegure el espacio del individuo, respetando los logros del mundo moderno. Prediciblemente, Borges sostiene que el liberalismo inglés es el que ha desplegado con mayor profundidad el credo moderno en un nominalismo individualista, rebelde a toda creencia en una totalidad que lo trascienda y unifique a los individuos en alguna colectividad que opere como un nuevo universal. Ni siquiera respecto al animal, argumenta Borges en sorprendentes páginas, aquel empirismo logra pensar la primacía de la especie sobre los individuos (1994a: 357).

Y es que toda subsunción pierde vigencia en una ética en la que cada caso difiere del otro, incluso cuando no se refiere a individuos. Pueblo de saludables individualidades aisladas, los ingleses rehúyen toda categorización, escribe Borges, y aseguran así el despliegue de la libertad que constituye el mundo moderno:

> El inglés rechaza lo genérico porque siente que lo individual es irreductible, inasimilable e impar. Un escrúpulo ético, no una incapacidad especulativa, le impide traficar en abstracciones, como los alemanes. No entiende la «Oda a un ruiseñor»; esa valiosa incomprensión le permite ser Locke, ser Berkeley, ser Hume y redactar, hará setenta años, las no escuchadas y proféticas advertencias del Individuo contra el Estado. (1994c: 97)[22]

---

[22] Véase también Borges 2002e: 86.

Que los nominalistas no logren comprender los nuevos arquetipos literarios es el mejor dato de que la literatura moderna sólo puede subsistir en un mundo nominalista, donde ya no puede aspirar a representar la colectividad ni ninguna otra realidad que se precie de sobrepasar al individuo. Dado el recelo ante el «sabor de lo heroico» que se vive en el mundo contemporáneo (1994c: 133), la obra ya no podría ser la de quien encarne la colectividad en la guerra sin titubeos. Si bien se lamenta de la pérdida de esa épica (la cual, para Borges, es relevada en su tiempo por el *western* cinematográfico), asume que ese desplazamiento abre la opción de nuevos modos de narración.

Borges retoma –como tantos otros– el vínculo entre novela y modernidad. Si la época nominalista produce mejores novelas que ninguna otra, es porque ya no puede gestar una obra arquetípica (1994e: 26). En lugar de presentar al héroe genérico de la colectividad, cree que la novela narra, individualmente, la historia del individuo. Es por ello que, con una afirmación clave, señala que la alegoría deviene anacrónica en la modernidad (1994c: 122)[23]. Son las ambigüedades de los nuevos personajes las que pueden ser narradas. En la novela contemporánea el héroe no se corona con el éxito, como en la literatura antigua. El final feliz, en ese marco, deviene una interesada mentira o un artificio comercial objetado por la buena literatura: «En las ficciones de Henry James y de Kafka, la derrota está descontada y es casi el argumento. Como en las aporías de Zenón la flecha nunca da en el blanco. Somos menos valientes que nuestros padres» (Borges 2002e: 210)[24].

---

[23] Por cierto, *anacrónico* no podría ser, desde las ideas ya expuestas, un adjetivo que aportase algún rendimiento crítico. Si bien, contra Borges, esa palabra podría usarse con otros objetivos –pensar, por ejemplo, en la concepción benjaminiana de lo anacrónico, vinculada a la pregunta por la alegoría–, para el autor argentino ese destiempo refiere a un retraso poco provechoso para abordar éticamente el presente.

[24] Véase también Ocampo 1969: 21, Vásquez 1984: 99, Carrizo 1986: 17 y Borges 2002a: 67.

Las juventudes del arrabal

Al defender el mundo del que proviene esa literatura, Borges es explícito en postular la primacía de las culturas nominalistas por sobre las que el nominalismo ha colonizado de manera incompleta[25]. Tras el fin de la Segunda Guerra Mundial, celebra el triunfo inglés como el de la cultura occidental. Que haya sido derrotado el nazismo, sostiene (1999b: 133), significa que ha vencido Roma frente a la barbarie[26] y sus nuevos arquetipos de la nación.

Tan liberal filosofía de la historia supone la necesidad de que Argentina se inserte en el mundo romano; que pueda escribir individualmente las historias de su pasado que no alcanza la vida individualista. No es tan claro que ese espacio esté logrado, pese a la existencia de obras que celebra, como las de Bioy Casares o Bianco. A mitad de camino entre civilización y barbarie, oscila entre la cartografía nominalista y la subsistencia de animales y mendigos que pululan por el desierto.

Se puede sostener que, para Borges, civilización y barbarie se yuxtaponen fuera de Occidente, particularmente en zonas que, a diferencia de Argentina, no heredan el mundo romano. Así lo muestra

---

[25] Si Borges sostiene que un argentino sí puede escribir literatura es por su consideración de Argentina como un país de tradición, por indeterminada, más occidental que cualquier otra nación occidental. En el siguiente ensayo volveremos sobre esa idea y algunas de sus consecuencias

[26] En particular, en sus entrevistas más tardías, Borges pierde toda mesura política y se queja de que Europa haya perdido la hegemonía mundial (Vásquez 1984: 314 y Cavada & Cornejo & Tokos 1986: 14), y afirma que los gitanos se niegan a la civilización (Cavada & Cornejo & Tokos 1986: 32) o que habría sido un error educar a los negros, dado su carácter infantil (Vásquez 1984: 255). Su distanciamiento final ante Videla, por cierto, no se separa de una muy torpe versión eurocéntrica del discurso de la civilización. Antes bien, se debe a que descubre el carácter bárbaro de la dictadura, sin cuestionar la dicotomía entre civilizados y bárbaros desde la que se establece el discurso dictatorial.

su reflexión sobre el rey chino que manda a erigir la Muralla China y a quemar una biblioteca (1994c: 12). Cuando narra esa historia en un ensayo, dice carecer de una respuesta definitiva acerca del real vínculo entre una y otra práctica. Décadas después, cree haber comprendido la importancia de lo que se juega en esa imagen. Esto es, la exposición de una historia en la que el saber se interrumpe, ya que busca fundar un nuevo orden junto con la violencia que prescinde de la civilización ya existente: «Dos actos, que parecen tan distintos –quemar todos los libros y construir una muralla alrededor de la China– corresponden a la misma idea, anular el pasado y anular lo que está fuera del país. Es decir, iniciar un mundo nuevo» (en Carrizo 1986: 252).

Surge entonces la impresión de que todo mapa chino termina deshilachado entre los animales y los mendigos, para que luego otro rey vuelva a encargar otro mapa sin retomar el mapa anterior, acaso porque cree que puede haber alguno que asegure el recuerdo de su realidad. El problema de las periferias de Europa, por ello, no reside en su falta de saber, sino en su incapacidad de acumularlo de modo ordenado. En lugar de desordenar el archivo desde la ficción, destruye y construye archivos que no dan paso a la ficción. La violenta fundación china edifica una doble separación con el pasado chino y con el presente mundial, perdiendo el contacto con el mundo nominalista[27]. Donde los individuos de Europa, asumiendo su finitud, recuerdan, los gobernantes chinos, creyendo ser dioses, prefieren olvidar[28].

---

[27] En otro ensayo (1999b: 136), Borges señala que la quema de la biblioteca se habría discutido en Inglaterra a mediados del siglo XVII, y la habrían soñado los futuristas a principios del XX. De acuerdo a su narración, sin embargo, sólo se habría realizado en China, dos siglos antes de la era cristiana. De más está decir que en el siglo en el que vive Borges no es necesario buscar tan lejos, en el tiempo y en el espacio, para pensar quemas similares en países donde la civilización parecía haberse impuesto.

[28] Esto no impide, por cierto, que Borges pueda admirar algunas obras orientales. El punto es que estas, más allá de algunas obras en particular, parecen quedar fuera de la tradición moderna de las literaturas que Borges rescata.

El mundo latinoamericano parece hallarse entre uno y otro modelo. Está aún lejos de la «despiadada pasión por la legalidad» del inglés liberal, de modo tal que Borges sostiene que en Argentina resulta inverosímil, incluso en la literatura, la historia de un hombre que denuncia al otro en nombre de la ley, valorando las normas liberales por sobre los lazos personales (2002d: 63). La cultura argentina, por tanto, sigue cerca de un pasado renuente a la modernidad, aún demasiado apegado a un pasado rural que Borges busca reescribir como ficción moderna, pero que sus compatriotas tienden a sentir como real.

Este peso de la tradición es tematizado en el temprano comentario de la pintura del uruguayo Pedro Figari que escribe Borges, en el que opina que en su obra circula el deseo de la inmemorialidad criolla. Su retrato de los interiores rioplatenses muestra que únicamente los países jóvenes, por su cercanía con la historia, poseen una fuerte memoria colectiva. A su pesar, los jóvenes padecen la *imprudente circulación* de un pasado que los hermana, acaso como un hermano mayor que interrumpe el crecimiento del menor. De ahí que sea necesario resarcirse del tiempo del antiguo arquetipo criollo, dar espacio a un nuevo tiempo en el que surja el individuo y su literatura:

> El criollo es de los conjurados. El criollo que formó la entera nación, ha preferido ser uno de muchos, ahora. Para que honras mayores sean en esta tierra, tienen que olvidar honras. Su recuerdo es casi un remordimiento, un reproche de cosas abandonadas sin la intercesión del adiós. Es recuerdo que se recata, pues el destino criollo así lo requiere, para la cortesía y perfección de su sacrificio. (2002c: 363)[29]

La fama que gana con el tiempo la obra de Figari se debe, en efecto, a su capacidad de despedir antiguas formas de pintar el mundo rural que Borges asocia a la vida pasada. Sacrificando el pasado a la

---

[29] Véase también Borges & Ferrari 2005b: 78.

pintura, y ya no a la inversa, retrata de forma más moderna historias no modernas. En particular, historias de negros que pueden ingresar a la pintura moderna gracias a otros hombres modernos.

En uno de los relatos recogidos en *Historia universal de la infamia*, casi al pasar, Borges recuerda el éxito de las pinturas de Figari en París como uno de los tantos efectos de la «curiosa variación de un filántropo», refiriéndose nada menos que a Bartolomé de las Casas (1994b: 295), cuya renuencia a la esclavitud indígena explica la llegada de los esclavos negros que, más tarde, Figari retrata. Si Borges puede celebrar la conversión del negro de esclavo en objeto pictórico es porque considera que la vida de los retratados no es capaz de construir la cultura que gesta, por ejemplo, la pintura: los negros sólo pueden ser modificados por la libertad de la que goza otra cultura que despliega la libertad que ellos desconocen.

Borges sí cree haber alcanzado esa libertad y ficciona la dificultad de alcanzarla en Argentina a través de relatos que insisten en que, con mayor fuerza que en el mundo europeo que ha derrotado al nazismo, en Argentina la barbarie siempre acecha a la civilización. Nos referimos, de modo predecible, a «El cautivo» e «Historia del guerrero y la cautiva». En ambos relatos, un civilizado que ha sido secuestrado por la barbarie no puede regresar a la civilización. La barbarie retorna fatídicamente, como lo expone la imagen, presente en el segundo relato, de la mujer rubia que deviene india y bebe la sangre caliente del animal. Se trata de alguien que no es capaz de cocer la carne del animal, ya que carece de un saber que pudiera internalizar para desplegar, progresivamente, la cultura.

Entre la civilización y la barbarie, en Argentina sigue habiendo hombres que sólo pueden ser pintados, como los negros que pinta Figari, pero comienza a consolidarse una tradición que los pinte o escriba. La tarea de la intelectualidad argentina, para Borges, es la de gestar esa cultura asumiendo la cercanía de viejas y nuevas barbaries, y la necesidad de alejarse de ambas sin titubeos.

La seducción de la gauchesca

Como cree –se verá en detalle en el capítulo siguiente– que los sujetos y saberes indígenas ya no existen en Argentina, Borges asume que son los gauchos quienes heredan la amenaza de la barbarie. En una de sus entrevistas, por ejemplo, opina que la guerra contra los gauchos ha sido una guerra frente a los bárbaros (Milleret 1970: 117). Con su triunfo, la civilización puede avanzar hacia el interior y continuar con la formación de Argentina. Ante potenciales críticas de ese proceso que identificaran al argentino con el gaucho y cuestionaran la expansión del Estado liberal como una amenaza a la identidad argentina, Borges puntualiza que el gaucho, por ser incapaz de abstracción, carece de la noción de patria (1994e: 127). Argentinos son, entonces, quienes superan al gaucho y logran ir gestando la cultura que Borges desea.

El problema, dentro de la agenda liberal de Borges, es que esa cultura nominalista inventa, gracias a sus propios recursos nominalistas, un nuevo platonismo que ensalza la barbarie gaucha. Al retomar la imagen *patética* del hombre peleador a caballo, vinculada por Borges (1994b: 154)[30] a Atila, Hernández se vale en *Martín Fierro* de la tradicional identificación argentina con el jinete. Esa imagen se prolonga hacia un siglo xx que, de modo problemático, cree que es real. En el fondo de toda conciencia argentina, explicita Borges (1994b: 120), se siguen hallando las imágenes del campo y del hombre a caballo que deben superarse.

Si ese sueño se abre paso en la letra es porque la vida ya no se vive a través de los violentos códigos del gaucho, propios de una vida de pocos valores y nulos saberes. Su figura se ha convertido en un prototipo (1994b: 180)[31]. La literatura gauchesca no presenta al mundo rural contrario a la modernidad urbana, ya que para Borges emerge

---

[30] Véase también Borges 1999b: 284.

[31] En otro texto, por cierto, de modo tanto o más sorprendente, describe a *Don Segundo Sombra* como una idea platónica del gaucho (Borges 1999b: 47).

gracias a la distancia entre el narrador y lo narrado, como producto de la civilización moderna que inventa un arquetipo sin asidero en el presente. En varias ocasiones Borges insiste en que la gauchesca es inventada en la ciudad (1994c: 266)[32], y que atribuir al gaucho la gauchesca sería tan absurdo como agradecer al retratado en un cuadro por su retrato, o a Alonso Quijano por el Quijote (Borges 1994e: 85).

Esa distancia permite que la imagen literaria pase a ser, según describe Borges, *función de la nostalgia* (2002e: 32). Se lo extraña por ser parte de un pasado que han superado incluso quienes descienden de él. Más que un tipo étnico, escribe, resulta un *destino* (2002e: 128): a saber, la última existencia bárbara en las pampas argentinas que debe ser relevada, de modo decisivo, por la civilización.

La lectura correcta de la gauchesca en clave política, en particular del *Martín Fierro*, no es para Borges la que celebra el sustento cultural del Estado en base a una vida rural. Antes bien, lee una crítica al Estado nacional y su política de militarización del gaucho. Al desprenderse del Estado, Hernández abre una narración no estatal que luego han de recorrer otros soñadores que ya no viven el mundo de Hernández.

Es notable, a ese respecto, que mientras Hernández (2005: 20) sincera en el prólogo del *Martín Fierro* que quienes conozcan con propiedad al gaucho habrán de dirimir si lo que presenta es original o copia, Borges afirme que el valor de la obra radica en su diferencia respecto al original. Para Borges la obra de aquel es literatura, y entonces su valor no se juega en representar o no el mundo que Hernández cree representar. Si Borges valora el *Martín Fierro*, al igual que otras obras de la gauchesca, no es porque brinde un mapa de la realidad del país, sino por legarle a Argentina un bello sueño literario del que antes, en la forma del verso, carecía. Por eso precisa

---

[32] Véase también Borges 1994d: 129; 1994e: 126; 1999b: 65, 288; 2002b: 115; 2002c; Borges & Ferrari 2005b: 206 y Sorrentino 2006: 41.

que no habría que leer *Martín Fierro* como una épica (1994b: 197). Antes bien, lo cataloga como novela, contemporáneo al siglo de Zola, Flaubert, Twain o Dostoyevski; dicho de otro modo, como una historia literaria más[33], tal como las que Borges espera elaborar sin estar obligado a referir a argentinidad alguna. Tanto así que ni siquiera es necesario ser argentino para escribir una historia de ese tipo. Con toda su ironía, Borges argumenta que probablemente la mejor obra gauchesca sea la del inglés Hudson (1994c: 112).

Facundo contra el peronismo

En más de una ocasión, frente a *Martín Fierro*, Borges instala a Sarmiento para pensar otra clave posible de la argentinidad. Aunque lo trata de «norteamericanizado indio bravo, gran odiador y desentendedor de lo criollo» en uno de sus primeros ensayos (1994a: 12), luego se desapega del deseo criollista y rescata su obra en distintos registros de escritura (Contreras 2000, Cervera 2014). Lo que valora después Borges es que, parafraseando su primer dictamen, haya logrado desentenderse de lo criollo y alcanzado una perspectiva norteamericanizada desde la cual defender la civilización, y con ello entender la historia argentina como la lucha por la emergencia de la

---

[33] Es así como Borges interpreta, por cierto, su inscripción en una familia que ha luchado, heroicamente, frente a la falta de heroicidad del gaucho. La Conquista del Desierto, en la que participan sus antepasados, habría sido épica (Borges 1994e: 192); su vida, por el contrario, carece de todo heroísmo. Ya tempranamente, compara su emplazamiento urbano a la *sabiduría del campo* de sus antepasados a caballo (1994b: 68). En la ciudad, pareciera no existir la posibilidad de una nueva gloria ni la de su relato glorioso. Lo que su herencia le exige, entonces, es el imposible testimonio de un pasado perdido. Si Borges no puede continuar la estirpe militar de sus antecesores, al menos le queda el gozoso consuelo de un poema sin gloria: «No haber caído, / como otros de mi sangre, / en la batalla. / Ser en la vana noche / el que cuenta las sílabas» (Borges 1994c: 535).

civilización contra la barbarie. De ahí que sostenga que Sarmiento es el hombre más alto de la historia argentina, o que es *Facundo*, y no *Martín Fierro*, la mejor clave de interpretación de la historia nacional (1994e: 93, 2002e: 69)[34].

La importancia de *Facundo* reside menos, para Borges, en su capacidad de reflejar al personaje histórico que en su capacidad de inventar otro personaje que explica de mejor modo la historia de ese y otros personajes. De hecho, imagina (Borges 1994c: 169) un diálogo póstumo entre Rosas y Quiroga donde este último destaca el *Facundo* escrito por Sarmiento. Es sólo a través del sueño de Sarmiento que Quiroga, piensa Borges, podría trascender el bárbaro presente que ha vivido. Según su argumento, Facundo Quiroga ha dejado de ser el hombre que fue y se ha convertido en el que escribe Sarmiento (Borges 2002e: 219)[35].

En efecto, lo que Borges destaca de Sarmiento es esa capacidad de imaginar un orden más allá de lo existente, la que le permite, entre otras cuestiones, fabular la figura histórica de Quiroga. Mientras Sarmiento, según leemos en el poema que le dedica (1994c: 276), es un soñador, sus enemigos no pueden evolucionar más allá del mundo gaucho que comparten. Si *Facundo* abre la oportunidad de la literatura moderna en Argentina no es porque trate sobre la Argentina existente: lo es por su capacidad de olvidarla para imaginar otra realidad, instalando al país en el Occidente nominalista del que Borges desea ser parte.

Por lo mismo, Borges (1994e: 122) objeta las críticas que reprochan a Sarmiento que también él haya sido un gaucho. Este último dato ratifica el carácter de proyecto de la obra sarmientina, al mostrar que un gaucho –y en esto parece radicar la decisiva diferencia, para

---

[34] Véase también Vásquez 1984: 69, Carrizo 1986: 165 y Borges & Ferrari 2005a: 149.

[35] Véase también Vásquez 1984: 268 y Borges & Ferrari 2005a: 177.

Borges, entre el indígena y el gaucho– puede no serlo. Lo que importa no es, para Borges, entre qué límites se escriba. Su valor se juega, antes bien, en cuánto logra trascender esos límites. Así como Sarmiento destaca por eso, los posteriores antisarmientinos se caracterizan por soñar nuevos arquetipos, con sus respectivos límites.

Tal como la procedencia rural del ensayista no habría impedido su carácter civilizado, el presente urbano de las masas no impide que vuelvan a ser seducidas por la barbarie. En lugar de notar que es la civilización abierta por *Facundo* la que hace posible que existan obras como *Martín Fierro*, optan por el segundo como si pudiese existir sin el primero. Durante los convulsos años previos al Golpe de Estado, en 1974, Borges (1994e: 93) es clarísimo al defender la vigencia del *Facundo* por sobre la del *Martín Fierro*: considera la errada preferencia por este último como una de las causas de un presente que celebra, pese a los deseos de Borges, la nación popular como un arquetipo[36]. La nueva irrupción de la barbarie en el espacio de la civilización obliga a los herederos de Sarmiento a seguir afirmando su sueño ante las nuevas amenazas al individuo:

---

[36] En esa línea, para Borges la ilusión platónica reaparece cuando se enuncia en nombre de la defensa colectiva de individuos que pierden su individualidad. El error del siglo XX es tomar por reales las ficciones políticas que comienzan a dirigir a los hombres que sí son reales. En particular, para su presente, así interpreta el peronismo; volveremos sobre esto en el siguiente capítulo. Nos limitamos aquí a señalar que la farsa de la verdad, como bien muestra Ludmer (1992: 478), es el lugar en el que política y ficción se unen en Borges, y también donde desea separarlas para defender el orden de los individuos de discursos nacionalistas y populistas que desean subsumir al individuo en algún pueblo. La hiperpolitización lleva a una existencia cifrada por un falso combate entre sueños que ponen en escena en la vigilia la lucha entre falsos universales, lo que forja un espectáculo donde deviene imprescindible la defensa de la finita verdad de los individuos: «De un mundo de individuos hemos pasado a un mundo de símbolos aún más apasionado que aquél; ya la discordia no es entre partidarios y opositores del dictador, sino entre partidarios y opositores de una efigie o un nombre» (Borges 1999b: 55).

Para Sarmiento, la barbarie era la llanura de las tribus aborígenes y del gaucho; la civilización, las ciudades. El gaucho ha sido reemplazado por colonos y obreros; la barbarie no sólo está en el campo sino en la plebe de las grandes ciudades y el demagogo cumple la función del antiguo caudillo, que era también un demagogo. La disyuntiva no ha cambiado. *Sub specie aeternitatis*, el *Facundo* es aún la mejor historia argentina. (1994e: 125)

Historias de la barbarie uruguaya

Podría suponerse que esta problemática defensa de un liberalismo eurocéntrico también debiera valer para Uruguay, dado que la historia uruguaya no es del todo distinta a la de Argentina en lo que a la aniquilación de grupos indígenas y a la construcción de la literatura gauchesca se refiere. Más si recordamos el amor de Borges por Uruguay y en particular por Montevideo, a la que recuerda, junto a Buenos Aires y Ginebra, como una de sus ciudades más queridas (2002e: 172). Sin embargo, a diferencia de lo que ocurre en las otras dos ciudades, las figuras contemporáneas de la capital uruguaya no alcanzan la altura de la política y de la literatura del mundo moderno: fuera del limitado mundo uruguayo no podrían ser tan valoradas. Sin dejar de reconocer a algunos escritores que le resultan cercanos, Borges (2002e: 42) menciona en distintas ocasiones[37] a personajes como Artigas, Juana de Ibarborou, Horacio Quiroga y, en especial, Julio Herrera y Reissig, como supersticiones uruguayas.

Los logros del mundo moderno, en esa línea, resultan algo ajenos a Uruguay, incluso en sus espacios más civilizados. El encanto de su capital radica en que no ha alcanzado aún el estatuto de una gran ciudad que pueda imponer la civilización por el país: «calles con luz

---

[37] Véase también Carrizo 1986: 212, Vásquez 1986: 224 y Sorrentino 2006: 125.

de patio», escribe en un verso que le dedica (2002c: 99) y que bien podría contrastarse con la imagen que posee de Buenos Aires –ciudad cuyos patios no alumbran la ciudad, acaso porque sus luces provienen de las ciudades europeas.

El mundo pasado que en Buenos Aires es reinventado por la literatura gauchesca sigue siendo en Uruguay, para Borges, real. Sobre todo, más allá de Montevideo. Tanto así que sostiene (1999b: 118) que un criollo real, que no se haya inventado ante la concurrencia forastera, sólo se encuentra en el norte uruguayo. El sujeto popular (que en textos previos, más cercanos a un singular criollismo, Borges reformula en Argentina como un habitante urbano del arrabal) subsiste allí en su variante rural. En diferentes textos y entrevistas ratifica esa creencia con variados motivos: en Uruguay habría una entonación criollista más marcada (1994b: 114), más cabalgatas (Milleret 1970: 136) y mayor culto al gaucho (en Guibert 1976: 334), personaje que él mismo dice haber visto por primera vez en esa zona (Carrizo 1986: 152).

En particular, las imágenes a las que refiere Borges tienden a provenir del límite septentrional de Uruguay. Conforme se aleja de la frontera argentina el interior uruguayo se adentra en un espacio del pasado. En varias de sus obras, Borges se vale de esa frontera para reescribir escenas bárbaras de la virilidad. De hecho, ahí recuerda haber situado parte de su obra, sus «caballos y mañanas» (1994c: 252)[38]. Más allá de cualquier esteticismo, esa forma de vida amenaza

---

[38] La relación entre Borges y Uruguay ha sido documentada de manera clara en textos que abren la posibilidad de avanzar hacia lecturas más precisas. Al respecto, véase Larre Borges 2001, Balderston 2003 y Villanueva 2013. De diferentes formas, Uruguay aparece, en Borges, como un interior en el que el despliegue de la cultura no es del todo posible. En «Tlön, Uqbar, Orbis Tertius» se narra la aparición en Uruguay de reliquias de los planetas inventados, que los locales habrían propuesto tirar al río. Sólo la existencia del personaje, pese a su sueño producido por la borrachera de un vecino, parece haber podido salvarlas (Borges 1994b: 442). Así, dentro de cuestiones que desean remitir a la totalidad de Occidente, Uruguay se presenta como una especie de refugio de la barbarie.

a la civilización que la estetiza. Incluso ha observado un asesinato en esa anacrónica vida del pasado: «Todo lo que vi en ese viaje era primitivo: los gauchos con sus barbas desprolijas, los aperos de los caballos, las cercas de piedra, los recados, el ganado de cuernos largos. Fue como un viaje al pasado» (en Alifano 1988: 104).

Funes, semidiós

Es en otra zona del interior uruguayo donde se sitúa la historia de Ireneo Funes, quien cae de su caballo para dar paso al excepcional personaje del memorioso Funes. Como es sabido, en esa historia Borges imagina una memoria que, a diferencia de la memoria humana, no olvida. Debido a esta característica, el personaje pierde la posibilidad de actuar. Se recluye en una oscura pieza en la que recuerda todo lo que ha percibido. Por su incapacidad de olvidar, Borges recuerda en una entrevista tardía que el personaje es un «mero erudito», un estúpido dotado de memoria y nada más (Carrizo 1986: 229).

En «La forma de la espada», de hecho, un irlandés escapa hacia allá tras haber traicionado su causa nacional. Las cicatrices y espadas descritas reaparecen en otros cuentos que no transcurren en la ciudad. En «La otra muerte» se lee que el gaucho temería a la ciudad; de ahí el escenario preferentemente rural de «El otro duelo» (1994c) y «El muerto» (1994b), violentas historias de disputas que ni siquiera la ciudad interrumpe. En «La señora mayor» (1994c), el prócer se refugia y muere en Uruguay, pero la invención de su figura histórica acontece en Buenos Aires. En la tranquilidad de Montevideo, por el contrario, poco pareciera pasar. Y es que quizás la tranquilidad que imagina tampoco logra escindirse, tajantemente, de la barbarie. En efecto, la historia de Avelino Arredondo (1994c), asesino del presidente, es la de quien estudia Derecho en Montevideo. Tras retirarse de la ciudad vuelve a ella para perpetrar el crimen político, como si la ciudad y el campo no lograsen separarse del todo. Como bien ha demostrado Rocca (2001), Borges reescribe en ese texto el final del siglo xix montevideano y, con ello, la dificultad de gestar, incluso en un ámbito urbano, un espacio de consolidada civilización.

La incapacidad de olvido, siguiendo esa caracterización, no hace a Funes un hombre más culto, puesto que presenta un nuevo tipo de barbarie, la de quien es incapaz de pensar algo nuevo a lo que ha experimentado. Al perder la «educación del olvido» que Borges (1994b: 218) considera necesaria en la adaptación humana, Funes ya no puede vivir entre los hombres. Semidiós, posee la infinita memoria divina en un finito cuerpo humano. Al final de la narración se narra su muerte, tan impotente como resulta su vida una vez que ya no puede perder recuerdos.

Como bien recuerda Shapiro (1985: 261), el nombre del personaje recuerda a San Ireneo, gnóstico del siglo II que Borges (1994b: 354, 360) menciona como el padre de la doctrina cristiana de la eternidad. Mientras el Ireneo profano, de apellido Funes, antes del accidente cuenta un tiempo sin acontecimientos —el «cronométrico» Funes, lo apodaban—, el Ireneo religioso cuenta lo que no podría haber acontecido en el tiempo. Tras el accidente, Ireneo Funes queda en una incierta posición entre uno y otro: cuenta lo que sucede como si dejara de suceder, troca las experiencias en arquetipos, sustrae las olvidables experiencias del tiempo para transformarlas en inolvidables acontecimientos intemporales. Atento a todo detalle, hace de cada caso un género. Por eso Wacquez (1989: 64) bien contrapone al Ireneo fundador de la eternidad a Ireneo Funes, miembro de un mundo particular y aristotélico del que nada olvida, pero desde el cual tampoco alcanza una eternidad platónica que sobrepase su vida finita.

Si Funes rechaza el sistema de Locke, por ende, es porque no resulta lo suficientemente empirista: en su generalización, el sistema pierde experiencia. Sabe en la medida que pierde la singularidad de lo que sabe. El nominalismo moderno, al imponer el nombre, pierde la cosa que solo la memoria sin olvido puede recordar con una riqueza tal que transforma cada caso singular en un arquetipo inolvidable. Funes no da nombres que desdoblen sus recuerdos hacia otros casos en los que su particularidad se pierda.

Esa falta de la capacidad de olvido, que permite actuar sin el peso del pasado sobre el presente, impide además que Funes se narre, ya que la narración de Funes sobre la experiencia rememorada le tomaría el mismo tiempo que la experiencia vivida, si es que no más. El narrador del relato, en contraste, arranca señalando que escribe el texto para un volumen sobre Funes. Ese libro puede escribirse porque sus olvidadizos escritores no son el hombre sobre quien escriben, incapaz de sustraerse de su experiencia y escribir.

En un sugerente texto, Jean Franco (1981: 65) explica que es por la falta de intensidad que Funes no puede narrar. Pareciera, sin embargo, que ello se debe más bien a su incapacidad de distender en la memoria la intensidad de lo que percibe. Padece una memoria que intensifica la percepción al punto que su vida deriva en una pasividad absoluta, agotada por las pocas experiencias que tiene.

Esta incapacidad de narrar es también, de modo ya predecible, la de soñar. Funes no puede resarcirse de la vigilia e ingresar en el singular tiempo del sueño. Esto no se explica porque Funes rechace dormir, como afirma Barrenechea (2002: 932); antes bien, puede explicarse porque el personaje ha perdido la capacidad de sumergirse en el tiempo en el que memorias y olvidos se confunden, imaginando algo nuevo. Incluso su escaso sueño, indica el narrador, se asemeja a la vigilia de los hombres normales: «Le era muy difícil dormir. Dormir es distraerse del mundo; Funes, de espaldas en el catre, en la sombra, se figuraba cada grieta y cada moldura de las casas precisas que lo rodeaban» (Borges 1994b: 490).

Funes no puede, entonces, escribir literatura. De ahí que sea muy discutible la reiterada identificación que Rodríguez Monegal[39] traza

---

[39] La idea se repite en Rodríguez Monegal 1983: 93, 1987b: 344 y en Cañeque 1999: 39. La interesante lectura de Lucero (2009: 16) permitiría, con más espacio, profundizar en que la diferencia con respecto a quién recuerda y quién narra se criba, también, en términos de la escena familiar de Borges. Evidentemente, la relación entre memoria y familia, y la singular figura de la madre, exigiría acá

entre Funes y Borges. Si este puede narrar es precisamente porque, a diferencia de aquel, puede entrar al mundo del sueño[40]. De hecho, Borges confiesa haber escrito el cuento de Funes durante un periodo de insomnio (en Charbonnier 2000: 83). Para superarlo, sueña el insomnio ajeno. Funes, por el contrario, padece un insomnio sin salida. No descansa, pero necesita el descanso que no puede tener. Entre la vigilia y el sueño, Borges describe su historia como una «larga metáfora del insomnio» (1994b: 483), es decir, de un tiempo del recuerdo en el que, sin sueño ni vigilia, nada puede pasar[41].

Ante esta impotencia, se ha dicho que el olvido liberaría a Funes de la parálisis, problema que Borges solucionaría, según Sarlo (2007: 51), con la disímil historia de Pierre Menard. Sin embargo, es discutible que pueda considerarse como pura ganancia una apertura posibilitada

---

una lectura mucho más extensa, y no sólo respecto a la curiosa historia de Borges y su madre. Bástenos con recordar, con Lucero, que se desconoce el padre de Funes, mientras que la ida y vuelta del narrador a Buenos Aires se explica por la muerte del suyo.

[40] También yerra Rodríguez Monegal, por cierto, al anotar en otra ocasión (1987b: 358) que Borges sea como un hombre que está soñando. Borges escribe ficciones como la de Funes porque, como se ha dicho, es capaz de transitar entre el sueño y la vigilia, sin detenerse de forma definitiva en el insomnio.

[41] En uno de sus poemas (1994c: 241), Borges grafica el insomnio como una repetición infinita; en otro (2002c: 58), como reducción al absurdo del problema de la inmortalidad del espíritu. El insomnio vendría a mostrar así que una subjetividad inalterada e inalterable no es la garantía de la vida, sino su detención. Quien lo padece nota la prolongación de su mismidad como una eternidad impotente. En ese tenso tiempo ni se vive ni se muere, sólo se mantiene en un recuerdo que no puede alejar. Según Borges, Nietzsche identifica la inmortalidad como «lucidez atroz de un insomnio» (1994b: 389). No hay que recordar tanto, por cierto, para vincular a Funes con la intempestiva nietzscheana ante el exceso de la memoria (véase, por ejemplo, Kreimer 2000). El vínculo es crucial, puesto que Nietzsche puede ser considerado el primer gran pensador contrario a la imposición inmovilizadora del archivo, mediante la crítica a la eterna vigilia que acompaña la visión monumentalista de la historia anticuaria.

por la pérdida de lo que Funes no logra perder, esto es, cierto trauma inolvidable que parece asediar su incapacidad de olvidar. Un rodeo por el lugar donde habita puede recordar alguna que otra cuestión olvidada.

La sátira del gaucho

Si nos atenemos a lo suscrito en apartados previos, la historia del *compadrito* Funes puede leerse como una sátira de la literatura gauchesca, dada la concepción de Borges de la tradición satírica como «la inversión incondicional de los términos» (1994b: 420)[42]. La historia de Funes reescribe un interior en el que sobra saber y falta violencia, al punto de que el exceso de saber termina violentando al personaje. Asumiendo la gauchesca como un invento urbano, Borges la reinventa en oposición a la tradición nacionalista: cuenta la historia de un gaucho sin amigos ni hazañas que no puede más que rememorar, acaso sin cantar, las historias que ha leído, porque la intensidad de sus percepciones cotidianas le impide involucrarse en hazaña alguna. El antihéroe que es Funes cae del caballo como jamás lo habría hecho un gaucho modélico, y se transforma en quien no puede luchar debido a que le sobra lo que, para Borges, falta al gaucho: la memoria y la introspección (1994c: 136).

En lugar de pelear, Funes inventa un sistema numérico para contar cómo los héroes de la nación han peleado. De hecho, genera un nuevo sistema de contabilidad distinto por el desagrado que le genera la nominación de los treinta y tres orientales, historia de batalla

---

[42] En otro de sus textos, Borges refiere una grosera tentación intelectual, que sería la de pronunciar que una cosa es lo contrario de lo que parece. Por ejemplo, escribe que hacer reír a un payaso cosquillea de algún modo las almas (1999b: 14). Es posible que la figura del gaucho que recuerda todo pueda leerse dentro de esta sutil sugerencia borgeana.

en el interior uruguayo. El personaje, ciertamente, no percibe esa gesta. Habiéndola leído, aspira a archivarla sin que se pierda en la contabilidad generalizante que linda con el olvido. Ya que concibe la contabilidad matemática muy cerca de la cuenta narrativa, dada su incapacidad de guardar el saber de lo singular, inventa otra cuenta para poder seguir narrando esa batalla que no habría podido contar con su presencia.

A diferencia del hombre del interior, que de acuerdo a la imaginación del nacionalismo forja la República, Funes es imaginado como un gaucho que se acerca hacia el pasado indígena, del que no queda siquiera un arquetipo inventado por la literatura moderna. En un texto previo, donde escribe sobre el cuento de Funes como un texto que no va a escribir, Borges indica que el personaje tendría «sangre y silencio de indio» (1999b: 167)[43]. En la combinación uruguaya de la barbarie gaucha e indígena[44], Funes retrata la historia muda de una

---

[43] No está de más recordar, por cierto, que la versión que Borges anuncia trata de una historia en la que Funes, hijo de rastreador normalmente infeliz, habría sido expulsado de la escuela primaria por haber calcado, *servilmente*, unos capítulos –con sus ilustraciones, mapas, viñetas, letras de molde y hasta una errata–. El personaje previsto, muy distinto al Funes del cuento que termina escribiendo, no sólo se sitúa en la sugerente tradición de copistas como Bartleby, Bouvard o Pécuchet, sino que además Borges introduce allí la posibilidad de la copia errada que Funes, en su versión final, pierde. Y con ello, acaso la posibilidad de narrar en la memoria.

[44] Con más espacio, podríamos contrastar la historia de Funes con la única donde Borges narra desde la perspectiva de un indígena, en el contexto de la colonización. Nos referimos, como es de prever, a «La escritura del Dios». Balderston (1992) ha entregado los elementos para situar, quizás con excesiva delimitación temporal y territorial, el relato. El cuento narra la historia de un sacerdote encerrado, una vez que sus divinidades son destrozadas: «Urgido por la fatalidad de hacer algo, de poblar de algún modo el tiempo, quise recordar, en mi sombra, todo lo que sabía. Noches enteras malgasté en recordar el orden y el número de unas sierpes de piedra o la forma de un árbol medicinal. Así fui revelando los años, así fui entrando en posesión de lo que ya era mío. Una noche sentí que me acercaba

rememoración tan intensa que termina casi perdiendo la posibilidad, además de actuar y de soñar, de hablar.

Taciturno, aindiado y remoto, Funes no cuenta ni su historia individual ni la colectiva. Lo que memoriza poco se relaciona con el pasado indígena que Borges desdeña. Más que saberes o historias, lo que hereda del mundo indígena es cierta tristeza. Por eso, al destacar un dibujo de Funes que ilustraría su carácter indígena, Borges enfatiza que se trata de un hombre viejo en su juventud: «un hombre con un poco de sangre indígena, con un aire de infinita tristeza y que no tiene aspecto inteligente. Un hombre joven, envejecido, agobiado» (en Charbonnier 2000: 93).

Los sueños de Fray Bentos

En ese sentido, conviene recordar el espacio donde transcurre el cuento: Fray Bentos, la pequeña localidad uruguaya en la que vive Funes. Por figurar como trasfondo, el lugar deja leer lo que el sueño voluntario olvida. A saber, un resto en el que insiste la historia, que –podría pensarse con Borges– nunca aparece de manera plena en lo narrado. Con el énfasis en Fray Bentos no buscamos una referencia realista de toda la historia, sino algún indicio para especular en torno

---

a un recuerdo preciso» (1994c: 596). De esta manera, el personaje comienza a recordar el mundo con tantos detalles que logra soñar con y unirse a Dios. Su dinámica, entonces, es la inversa de Funes: mientras este sigue siendo un hombre que no alcanza lo intemporal, el indígena deviene lo intemporal al dejar de ser un hombre. El indígena, por tanto, no puede ingresar al mundo moderno. Su todopoderosa situación deviene igualmente impotente. Interrumpida su historia, pareciera no quedar lugar más que para la melancolía: «Qué le importa la suerte de aquel otro, qué le importa la nación de aquel otro, si él, ahora, es nadie. Por eso no pronuncio la fórmula, por eso dejo que me olviden los días, acostado en la oscuridad» (1994c: 599).

a lo que el propio Borges puede haber olvidado en su elaboración literaria[45].

Fray Bentos retorna en otras ficciones de Borges, asociado al recuerdo de unas baldosas antiguas en *El Aleph* (1994b: 625) y al lugar desde donde llegan baratijas en la historia de Avelino Arredondo (1994d: 64). Se trata, por lo tanto, de un espacio vinculado con la producción de mercancías antiguas que no alcanza el nivel de desarrollo de la ciudad. Fray Bentos surte con algunos productos modernos a la ciudad, pero vive al modo del campo: en una entrevista, Borges dice notar en ese lugar un «olor a mate» (en Charbonnier 2000: 87).

La crítica literaria que hemos podido rastrear casi no se ha interrogado por el detalle de la ubicación de la historia. Por ejemplo, Molloy (1999: 173) señala que el personaje se encuentra en un ambiente perdido, nostálgico y lateral, mientras que Pauls (2004: 150), poco después de enfatizar la importancia de los implícitos criterios de centros y periferias en Borges, apenas menciona el poblado. Fray Bentos puede resultar, es esas lecturas, un prototipo geográfico indeterminado de alguna zona rural latinoamericana.

Algo más de atención le brinda a este detalle Sábato (1976: 72), quien apunta que la historia podría haber transcurrido en Calcuta o Dinamarca, pero que se sitúa en Fray Bentos. Entre Dinamarca y Calcuta no es poco lo que se juega, y Borges no lo olvida al soñar un personaje que habita un lugar dizque intermedio entre la civilizada Europa y la bárbara India. Si bien Borges confiesa que no conoce con claridad los motivos por los que ha situado allí a Funes (siguiendo

---

[45] Si quisiéramos leer la localización de manera realista, deberíamos recordar que este lugar es importante dentro de la vida de Borges, y no sólo en su literatura, ya que señala que ha sido concebido en ese poblado (Rodríguez Monegal 1987b: 57-58). La estancia en la que transcurre la historia, a su vez, ha sido vinculada con la casa de verano donde comparte su infancia con sus primos (Woodall 1998: 178). Véase también Carrizo 1986: 226, particularmente por la sugerente relación entre el tiempo de los niños y el de los adultos que desliza allí.

lo antes dicho, no podría tener claridad al respecto), confiesa una sospecha que podría explicar su decisión: ahí puede imaginar un «criollo más puro», sin aleación (en Irby 1968: 33).

Al desplazar el personaje al borde uruguayo, Borges invierte la versión inicial que dice haber imaginado, esto es, la historia de un personaje abrumado por las bibliotecas y por el pasado histórico. O sea, la de alguien que padece la civilización en la civilización. Frente a ese potencial relato, opta por la historia de un hombre que padece la civilización en su borde. De hecho, también apunta (1999b: 256) que habría pensado otro posible sujeto de la historia de una memoria sin pérdida, que debiera haber sido una mujer china o japonesa[46]: alguien aún más lejos de la civilización europea que Borges imagina, ante la cual Funes, más que sustraerse, se posiciona de forma esquiva y problemática. El Funes que finalmente aparece en el relato memoriza, en desorden, percepciones propias y archivos ajenos. A diferencia del potencial personaje que habría de padecer todo el peso de la biblioteca europea, Funes no es capaz de acceder a sus libros más preciados. No lee a los autores clásicos del canon europeo, sino los libros en los que Occidente sueña con su archivo absoluto: un «volumen impar» de Plinio y un inventario que el destacado latinista francés Quicherat escribe a finales del siglo XVIII[47].

Mientras el sueño de la civilización europea edifica archivos que superan los que lee Funes, Funes archiva en su memoria documentos olvidados. En vez de leer a alguno de los autores predilectos de Borges, quien en el desordenado archivo puede seleccionar y crear, Funes recuerda lo que Europa olvida a través de un préstamo que

---

[46] Es obvio que esta posible feminización del personaje, en un autor que no abunda en protagonistas femeninos, particularmente cuando se trata de historias rurales, merecería un análisis mucho más extenso. Nos limitamos entonces a anotar tan poco como la necesidad de una lectura desde la cuestión de género en este y otros cuentos de Borges.

[47] Véase Zonana 2006.

le permite interiorizar lo ajeno incluso cuando lo devuelve[48]. En el borde de la civilización, no crea sino que es creado por ella, contra sus pasadas historias. Se apropia del saber ajeno sin una propiedad con la cual hacerlo, guarda un saber que no puede seleccionar ni modificar. Podría especularse que si su impropiedad no le permite pensar, a diferencia de lo que sucede con otros personajes borgeanos, no es sólo porque no puede olvidar nada de su experiencia. También se debe a que, a diferencia de los nominalistas, tampoco puede olvidar la ajena.

No es casual, entonces, que el narrador del cuento describa la memoria de Funes como un *vaciadero de basuras*. Un pequeño pero significativo dato podría ayudarnos a pensar, en esa dirección, en lo que resta de la memoria de Funes.

La pesadilla de Fray Bentos

Es útil recordar con Monder (2010: 105) que, antes de su caída, Funes era trenzador: alguien que corta y trenza lonjas de cuero, del modo más delgado posible, para hacer lazos, boleadoras y riendas. Esta fina capacidad de recortar la carne en partes es la que, según Monder, el personaje pierde para con su propia lengua. Las cosas se imponen ante ella sin dejarse trocear. Deja de particularizar con las manos y no logra hacerlo con su lengua.

Ese trabajo manual con la carne quizás no sólo lo ha perdido Funes una vez que se moderniza en Fray Bentos, en la época narrada por Borges, la producción de carne, en particular mediante la producción de un tipo de «extracto de carne» que enlata las grandes cantidades de ganado en Uruguay (Fernández 2009: 225). Realizada gracias a

---

[48] Es gracias a mi amigo Javier Pavez que he reparado en la importancia que posee allí la figura del préstamo. Agradezco esa fundamental idea, y también otras noticias suyas acerca de Fray Bentos.

un invento de la química alemana que capitaliza la empresa alemana Liebig's, esta producción de carne permite tanto la alimentación de los soldados en las guerras europeas como el cuidado de enfermos en hospitales. El poblado adquiere tal renombre que un tanque de la Primera Guerra Mundial lleva el nombre de Fray Bentos en el combate contra los soldados alemanes, cuya lengua, como bien recalca Johnson (2004: 25), no aprende Funes, a diferencia de otras tantas de Occidente, acaso resistiéndose a la lengua cuyo saber ha transformado animales en carne enlatada.

Así como Funes recuerda mejor el archivo europeo que Europa, Liebig's, al transformar la vida en mercancía, produce el sueño de la industria moderna en medio de una zona que no entra en la cultura moderna, que es olvidada para permitir el progreso. Es útil aquí recordar, con Benjamin (2010: 378), que el acero es un material en el que es difícil dejar huellas. A excepción, cabe añadir, de las inciertas huellas mnémicas de quienes hayan podido oír los bramidos del animal que se aniquila, los que Funes, como Europa, olvida. El personaje puede recordar todos los detalles de su percepción, pero tal vez debe olvidar lo que oye al otro lado de su estancia para construir otros objetos eternos que le permitan eludir tan traumática escena. *Manta de carne*, por cierto, es uno de los números que el personaje inventa para no caer en la abstracción de recuerdos particulares propia del nominalismo inglés, que gracias a la mezcla entre la carne uruguaya y el saber alemán puede imponer el discurso de la civilización a otros arrabales.

Mientras la memoria europea del saber más moderno promete la detención de la degeneración de la carne, la de Funes recuerda saberes que degeneran en su recuerdo. Por eso, mucho más precisa que la descripción de su memoria como el saber absoluto hegeliano (Pérez Villalobos 2007: 197), es la imagen que brinda Rowe (1999: 243) de esa memoria como una tienda de abarrotes: su caótica sobreproducción de recuerdos no puede guardar documentos de cultura sin los de la barbarie. Su memoria no nota el presente éxito de la fábrica, puesto que se detiene en la decadencia de un mundo gaucho que no podría, desde los supuestos de Borges, ingresar al mundo moderno que alimenta: «Discernía continuamente los tranquilos avances de la corrupción, de las caries, de la fatiga. Notaba los progresos de la muerte, de la humedad» (Borges 1994b: 490).

La memoria absoluta del personaje surge del olvido de quien, por tener tantas pérdidas que contar, debe eternizar otros objetos al punto que ya no puede narrar su pérdida; a la inversa de Borges, quien puede narrar gracias al progresista olvido de las barbaries erigidas en nombre de la civilización que trae el sueño literario que habita, con el que sueña a Funes y olvida su necesario olvido de la noticia que amenaza al archivo que interioriza absolutamente. A saber, la noticia de la connivencia entre la bárbara misión civilizatoria europea y la carne latinoamericana que alimenta la guerra y la paz.

El discurso de la civilización debe entonces olvidar dialécticamente los escombros que acumula el patio trasero de Funes. El traspaso de la naturaleza al espíritu es el del enfriamiento y enlatado de la carne que la india rubia comía sin enfriar; permite el calentamiento de los cuerpos rubios que combaten para conquistar nuevas colonias de indios. Si la modernidad capitalista europea surge con la aniquilación de las vidas en espacios periféricos, la prolongación de esa modernidad convierte luego en mercancías otras vidas de tales zonas gracias a la mediación civilizada de los recursos de la zona semibárbara que habita Funes.

Para Hegel, pensador por excelencia de la historia del colonialismo europeo como historia de su propia rememoración, los escombros que habita Funes no pueden ser recordados por la buena memoria del espíritu. Resultan tan prescindibles en su sistema que argumenta que América del Sur, en tanto geografía sin historia, nada puede aportar a este proceso. Ni siquiera sus animales podrían ser alimento de la historia. Pese al exceso de ganado de las tierras sudamericanas, escribe

Hegel, la carne europea sigue concibiéndose allí como un bocado exquisito (2004: 171).

Le faltaron a Hegel algunas décadas para notar que esa carne fue imprescindible —a través de la mediación de la espiritualización moderna en su máximo esplendor— en la prolongación de la guerra europea que ensalzó, y también en la gastronomía de las paces posteriores. Los reproches de Lezama Lima —Liebig's de por medio— son tan graciosos como justos:

> Han pasado cien años, que ya hacen irrefutables, y sí ridículas, esas afirmaciones hegelianas. Queden así en su grotesco sin añadidura alguna de comento o glosa. Y sonrían los sibaritas ingleses, casi todos lectores de Hegel, cuando se hundan en el argentino bife. *Bisteque*, vemos que llaman a los ingleses en los primeros poemas gauchescos por su voracidad para apegarse a la filetada, a la salazón o al tasajo de la Banda Oriental. Quede este gracioso problema para los números hegelianos londinenses en la escuela de Whitehead, que deben regalarnos el nuevo absoluto de esa problemática de la incorporación. (1969: 116)

Las pesadillas del progreso

Tanto las reflexiones de Borges sobre la memoria como la ficción que hemos comentado suponen que la imaginación de otro mundo posible sólo puede ser pensada con la borradura de lo pasado, de modo que se debe escoger entre el recuerdo y la diferencia como opciones excluyentes. Con tan progresista posición, Borges pierde la opción de reelaborar la pérdida. A diferencia de lo pensado por Benjamin y Derrida, para quienes la fragilidad de un recuerdo es lo que permite el diferimiento de lo heredado, Borges afirma el olvido porque asume que sin la desmemoria no podría emerger la diferencia.

En esa línea, nos interesa destacar un texto poco conocido y harto singular en el que Borges reescribe la trastienda de la historia de Caín y Abel. Muertos ambos, el asesino pide perdón y el asesinado pregunta quién habría matado a quién, dado su olvido de los acontecimientos. Frente a lo esperado, quien recuerda no es la víctima. El victimario, tras el olvido ajeno, aspira también al olvido de su crimen: «–Ahora sé que en verdad me has perdonado –dijo Caín–, porque olvidar es perdonar. Yo trataré también de olvidar» (1994c: 391).

Tras ello, Abel dice en voz baja que la culpa dura mientras exista el remordimiento. El texto no determina si el personaje ha olvidado o si bien simula el olvido. En uno u otro caso, Abel prefiere un silencio que no reclama justicia, una reconciliación legitimada por el olvido. Hace falta en esta escena la mirada de un tercero; es decir, la de quien pudiese haber sobrevivido sin asesinar o haber asesinado. Difícilmente, podría especularse, hubiese simulado en nombre del olvido que autoriza la literatura.

En el marco de los crímenes de la dictadura, que, con justicia, no son olvidados por los sobrevivientes, debe combatirse la confusión entre víctima y victimario que narra el autor argentino. Ante un Estado que opera como Caín y quiere olvidar con Abel, son los hombres singulares los que deben recordar. El cuerpo que desaparece sin poder haberse despedido anula la cercanía con la que, para Borges, sueñan los hombres en su irrecuperable singularidad, gracias a la siempre vana promesa de guardar la memoria ajena: «Decirse adiós es negar la separación, es decir: Hoy jugamos a separarnos pero nos veremos mañana. Los hombres inventaron el adiós porque se saben de algún modo inmortales, aunque se juzguen contingentes y efímeros» (1994c: 168).

Lo que falta en Borges es un pensamiento de la literatura como adiós. En lugar de pensar en alguna forma de sueño justo, para Borges es sólo el olvido, incluyendo el de la injusticia, el que puede dar espacio al sueño de la ficción. En otras de sus entrevistas (Burgin 1974: 47, Poniatowska 1999: 346, Borges & Ferrari 2005a: 203) sostiene, en efecto, que el olvido lleva también al perdón, y que incluso resulta mejor olvidar que perdonar, o que es mejor olvidar los males, a diferencia del «temperamento patético» que padecen quienes recuerdan las desdichas.

A falta de justicia política, se abre la libertad literaria de un recuerdo entre singulares. Puesto que la finitud del hombre no podría ser recordada de forma colectiva, salvo que se lo transformase en un arquetipo que poca singularidad podría guardar, para Borges son los amigos, al margen del Estado, quienes deben recordarse. En muy variadas ocasiones y textos Borges destaca la importancia de la amistad, sobre todo en la cultura de su país: la considera una particular pasión argentina, al punto que confiesa haber creído que el libro de Mallea titulado *Historia de una pasión argentina* versaba sobre la amistad (Vásquez 1984: 205, 281, 286)[49]. Y su obra y vida, en efecto, a ella pareciera dedicarse. Borges, en este punto, quiere ser argentino y aspira, según confiesa, a ser recordado como amigo antes que como poeta (1994c: 392).

En la dictadura, sin embargo, la amistad es amenazada por la subsunción de la singularidad en el arquetipo de la nación. Ante la Guerra de las Malvinas, Borges escribe una pequeña historia que lleva por título «Juan López y John Ward». Allí cuenta la historia de dos soldados enemigos que en otras circunstancias podrían haber sido amigos, pero que en la guerra fueron, ambos, tanto Caín como Abel. Muertos los dos, se los entierra sin que se los pueda recordar.

Si en su reelaboración de la historia bíblica los hermanos pueden confundirse ante el olvido de la violencia, en la nueva guerra ya están olvidados antes de la violencia. Cualquiera, deja entrever, podría asesinar o ser asesinado, olvidar o ser olvidado. Con ello, además de reiterar una posición ingenua acerca de las relaciones de colonialidad, Borges da cuenta de la imposibilidad de mantener el nombre

---

[49] Véase también Carrizo 1986: 242, Borges 2002d: 242, 2002e: 162, 339 y Borges & Ferrari 2005b: 227, 236.

del individuo en la barbarie. Sus nombres, a diferencia de los de la mayoría de sus personajes, pueden ser los de cualquier otro hombre[50].

En ese marco, la defensa del olvido que elabora en otros textos resulta cuestionable. Más aún si asumimos que la violencia en el continente no ha sido sólo la de las dictaduras que amenazan lo que Borges comprende como civilización, puesto que el proyecto civilizatorio que defiende se impone con violencia. Ello nos obliga a pensar en una memoria distinta, capaz de afirmar la literatura como inscripción de la finitud que ya no podría despedirse. En relación a la triste disyuntiva de escoger entre una memoria absoluta que no puede narrar y una pérdida que abre la literatura, impera pensar lo impensable para Borges: que sea la literatura, en su olvido, la que recuerde lo perdido.

Frente a Borges, y con su reconocimiento de la necesidad de no pensar el recuerdo colectivo en alguna forma de épica, pareciera ser la pesadilla, antes que el sueño, el modo que permite la elaboración literaria allí donde hay más sensaciones que imágenes. Para ello ha de inventarse una memoria que pueda imaginar otra historia que ya no se limite al sueño individual, que no narre gracias a la pérdida sino en ella. Únicamente de esta manera la memoria de la catástrofe puede no derivar, como en Funes, en la catástrofe de la memoria.

---

[50] Otro testimonio de Borges en los juicios a los militares muestra que la amenaza dictatorial a la amistad no sólo se da en la guerra –y también, por cierto, que sus tardíos reparos ante la dictadura son tan sinceros como políticamente limitados: «De las muchas cosas que oí esa tarde y que espero olvidar, referiré la que más me marcó, para librarme de ella. Ocurrió un 24 de diciembre. Llevaron a todos los presos a una sala donde no habían estado nunca. No sin algún asombro vieron una larga mesa tendida. Vieron manteles, platos de porcelana, cubiertos y botellas de vino. Después llegaron los manjares (repito las palabras del huésped). Era la cena de Nochebuena. Habían sido torturados y no ignoraban que los torturarían al día siguiente. Apareció el Señor de ese Infierno y les deseó Feliz Navidad. No era una burla, no era una manifestación de cinismo, no era un remordimiento. Era, como ya dije, una suerte de inocencia del mal» (Borges 2002e: 315)

Precisamente porque no se podría saber cómo narrar la catástrofe es que esta debe seguir narrándose, contra toda detención del duelo por su imposibilidad. Funes debe poder narrar para imaginar, desde sus escombros, otros desarrollos de la memoria, otras sensaciones renuentes de a una vigilia oscura que exige pensar contra cualquier identidad: «Somos nuestra memoria / somos ese quimérico museo de formas inconstantes, / ese montón de espejos rotos» (Borges 1994c: 359).

Ser leales con el cielo. Cosmopolitismo y traducción en Jorge Luis Borges

> ¡Volver la espalda a Europa! ¿Siente el infinito ridículo de esa frase? Claro está que nos vemos irremisiblemente obligados, en el sentido físico como en el intelectual, a dar la espalda a alguna cosa si queremos volver la cara hacia otra. Pero eso no implica forzosamente que nos demos vuelta en sentido figurado. Cuando me acuesto para dormir me acuesto boca abajo y vuelvo la espalda al cielo. Cuando solo descanso me extiendo de espaldas y las vuelvo a la tierra. Dios sabe, sin embargo, hasta qué punto adoro su cielo y su tierra.
>
> Victoria Ocampo (2009: 230)

Las aguas de una vida

Una de las escenas que Borges recuerda en su autobiografía remite a la admiración que, como nadador, ganara en España durante su juventud (Borges & Di Giovanni 1999: 51)[1]. Ahí instala un recuerdo curioso en su obra, puesto que refiere al cuerpo y al triunfo, cuestiones ambas de exigua presencia en la escritura borgeana.

El agua, sin embargo, puede haber jugado un lugar importante en los recuerdos de Borges. Emir Rodríguez Monegal culmina su biografía del escritor argentino señalando que su amigo le habría pedido no olvidar el pequeño arroyo de Paso Molino, donde nadaba

---

[1] Véase también Carrizo 1983: 88 y Sorrentino 2006: 67.

feliz. Con orgullo, el uruguayo afirma haber cumplido esa promesa (1987b: 44). Al escribirlo, cree ser fiel al fiel recuerdo del agua de Borges.

La lucidez de Borges sobre la imposibilidad de una memoria fiel, tematizada en el capítulo anterior, obliga a dudar de la certeza que Rodríguez Monegal cree tener. La inseguridad de todo recuerdo se explica por el tumultuoso paso del tiempo que Borges expone, de hecho, a partir de la borrosa imagen del agua en textos de la talla de «Arte poética» y «Nueva refutación del tiempo». El primero de ellos arranca describiendo el río como hecho de tiempo y de agua, para luego anotar que el tiempo es un río por el que los rostros «pasan como el agua» y culminar, en la estrofa final, con la metáfora heraclitana de un río interminable, en cuyo tiempo todos los rostros parecen producirse y desvanecerse (Borges 1994c: 221).

No hay reflejo, entonces, para verse en el agua. Narciso no sería tanto quien se ve en el agua sino quien cree que allí puede verse, eludiendo el fracaso de toda identidad. Por esta razón, el segundo de los textos mencionado se vale del tópico del agua para culminar con su conocida reflexión acerca del destino de la singular fragilidad de quien se sumerge en un río que derrota, de antemano, todo eventual triunfo: «El tiempo es la sustancia de que estoy hecho. El tiempo es un río que me arrebata, pero yo soy el río; es un tigre que me destroza, pero yo soy el tigre; es un fuego que me consume, pero yo soy el fuego. El mundo, desgraciadamente, es real; yo, desgraciadamente, soy Borges» (1994c: 149).

Con la melancolía que imprime la volátil realidad de la vida, y contra el textualismo que se le suele objetar a Borges, el agua marca el movimiento hacia el olvido que trasciende cada individuo, cada triunfo. De acuerdo a lo que rubrica otro verso, el sujeto no es más ni menos que «un río prefijado, rumbo a su mar» (1994d: 359). Ningún río, por cercano que se lo recordara, podría sustraerse a su póstumo flujo hacia la indiferenciada inmensidad de los océanos.

Esta pequeñez del sinuoso río se intensifica cuando la historia que transcurre alrededor se despliega en orden inverso, de la grandeza del Atlántico hacia riberas que devienen, en comparación, menores. Es desde el río que llegan a «fundarme la patria», escribe en un poema de la importancia de «Fundación mítica de Buenos Aires» (1994b: 81), donde Borges, en concordancia con sus primeras reflexiones acerca de Argentina, imagina la especificidad del país en su posicionamiento periférico en la historia de las aguas de Occidente.

Que la historia bonaerense no se deje pensar sin el Atlántico, y que no pueda haber continuidad simple entre ese océano y sus ríos, lo obliga a reescribir la figura del mar a la que había brindado su primer poema publicado, «Himno al mar». Si en España puede escribir que sí sabe por qué ama el mito del mar, en Argentina parece más esquivo su sentido. Lo describe, en efecto, como un «antiguo lenguaje que ya no alcanza a descifrar» (Borges 1994b: 65), que introduce «el azar del agua» (1994b: 73) en la tierra, a través de las orillas. Nada de lo pensado en las orillas logra entonces asegurar la estabilidad de una tierra que deviene inestable ante la indeterminación del mar, sus azares y enigmas.

Acuosas llanuras

Quizás por haber asumido esa incerteza, en sus primeros ensayos Borges prefiere pensarse más acá de la orilla. Destaca en ellos la imagen de la pampa, argumentando que mientras los ingleses se refieren a la pampa en plural, para el argentino la pampa es única: sabe que montes y llanos pueden diferir, pero que la pampa «tiene la omnipresencia fácil de Dios» (2002c: 294).

Por lo mismo, no es difícil imaginar que para el joven Borges *pampa* es palabra y tema crucial en la poesía argentina. Según escribe, el término no puede ser tan sentido por otra forma de la lengua española como en la argentina (1965: 32), y que es indudable, para el argentino, que la pampa existe y duele (1994a: 24). Cifra particular de una lengua y un hondo modo de habitar el mundo, parece instalar una frontera que el mundo marino no puede traspasar. Uno de sus posteriores personajes bonaerenses lo presenta así: «Lo mismo que los hombres de otras naciones veneran y presienten el mar, así nosotros (también el hombre que entreteje estos símbolos) ansiamos la llanura inagotable que resuena bajo los cascos» (1994b: 546).

Pronto la imaginación de Borges comienza, sin embargo, a padecer una constitutiva exposición al exterior que cancela la certeza de los límites a los que aspiraba, lo que lo lleva a desplazar el tópico de la pampa, tan caro a las ontologías del ser nacional argentino. Al desplazar la búsqueda de cierta argentinidad a la ciudad, ninguna omnipresencia resulta fácil. Ni siquiera los arrabales de Evaristo Carriego se dejan pensar de la orilla hacia dentro, sino en el espacio lateral en el que el barrio padece la sutura de la identidad. Situado en el límite ante la vacilante inmensidad del mar y sus vaivenes, su lugar se tambalea. Carriego, afirma Borges, habría escrito en la «sutil irrealidad de las orillas» (1994b: 141).

Si toda la escritura de Borges puede leerse con ese carácter orillero, como indica Sarlo (2007: 9), es por la dificultad de hallar en la orilla un lugar para marcar el límite entre el agua y la tierra, y también porque el imposible límite del río no deja de estar expuesto a un mar que trae siempre aguas nuevas que alteran lo que estaba en el continente. Así, incluso la tierra pierde su seguridad: «El término las orillas cuadra con sobrenatural precisión a esas puntas ralas, en que la tierra asume lo indeterminado del mar y parece digna de comentar la insinuación de Shakespeare: La tierra tiene burbujas, como las tiene el agua» (Borges 1994b: 109).

Al reconocer esa ambigüedad de la tierra, ya en los años treinta Borges (1999b: 137) señala que *pampa* es un invento de la ciudad para referir a la campiña y acaso inventarse una tierra para no padecer las incertidumbres que trae el mar. Todas las llanuras, dice en entrevistas, son iguales (Vásquez 1984: 108, Borges & Ferrari 2005a: 118 y 2005b: 87). Quien reduzca el ejercicio de la imaginación a la estabilidad de la tierra no puede imaginar mucho más que su prolongación de lo mismo, bajo la interminable figura de la pampa. Como bien muestra Andermann (2000: 81), en Borges el desierto aparece como un espacio cuya inmensidad se enfrenta al sujeto como pura exterioridad. Si Borges cree que puede imaginarlo con una lógica de la no identidad es porque lo ha reescrito tras haber asumido la posibilidad de la diferencia que trae el mar, inclemente en su variabilidad incluso ante la supuesta certeza del suelo desértico.

Un poema tardío de Borges (1994d: 96) vuelve, ante el infértil deseo de la certeza terrestre, a nombrar la indeterminación de Proteo: uno y muchos hombres. El mar no podría, jamás, conocerse de manera definitiva. Con ello se abre la alternativa de imaginar siempre con otra forma. El agua deviene central en su filosofía de la historia literaria. En *Historia universal de la infamia* (1994b: 301), por ejemplo, recuerda que los jóvenes sienten el llamado del mar cuando rehúyen la autoridad. Contra la disciplina de la tierra, al mar se huye para inventar otra vida. La cultura inglesa, que Borges tanto admira, insiste en esa pasión. De ahí que destaque (en Carrizo 1983: 110, en Vásquez 1984: 170) de la literatura inglesa la fascinación y horror simultáneos por el mar.

Borges, por el contrario, está menos decidido a ingresar en ese espacio. Cuenta en una entrevista (Borges & Ferrari 2005a: 53) que se alarma ante él, tan terrible como hermoso. Este temor a ser un marinero podría ser problemático para el despliegue de la literatura. Y es que Borges, en un poema sobre ese gran narrador del mar que es Melville, describe la escritura como otro mar, como si navegar fuese una forma de escribir (1994d: 136). En su inasible superficie, el mar asusta a quien perdió la costumbre de sumergirse en él, y acaso es por eso es que al argentino le acomoda observarlo desde la inestable orilla que sus aguas desdibujan. En lugar de escribir en el mar una obra nueva, lo lee en una sinuosa distancia para luego reescribirlo en una tierra que, tras la infinita observación del mar, deviene inestable.

Los sentimientos del interior

En ese sentido, Borges considera que la opción del desarrollo cultural argentino pasa por la inserción en el tiempo de otro espacio que el de la llanura. Para ello afirma la discontinuidad de la literatura con respecto al lugar que lo rodea, pero fantasea con su eventual continuidad con otro espacio, más difícil de delimitar, justamente por su capacidad de desdoblarse más allá de uno u otro lugar. Esto es, con Occidente, lo que comprende como una cultura que emerge con la doble herencia judía y griega (Borges 1999b: 59, 2002e: 75)[2].

Que el origen de Occidente aparezca ya redoblado resulta elocuente, pues muestra que Borges lo imagina como una tradición formada a través de mezclas con las que se amplía, reinventa y gana. Al sobrepasar sus límites, Occidente puede ser cualquier lugar que recoja su promesa y trascienda sus límites previos. De acuerdo a Borges, el mundo depositario de esta dinámica tradición es Europa, continente cuya historia es la del desdoblamiento de tales mixturas hacia otras partes, sin un inicio o destino que pudiese detener su fluidez expansiva.

Todo el mundo occidental, entonces, resulta una proyección de Europa, continente que Argentina debe asumir como su pasado y presente (Borges 2002e: 370-371). La invasión a América, en consecuencia, marcaría la irreversible inclusión en Occidente. Al ir más allá de sí, Europa confirma su carácter móvil y supera a las culturas

---

[2] Véase también Carrizo 1983: 55 y Vásquez 1984: 102.

que quedan fuera del mundo moderno. Exterior a Occidente y sus mezclas, para Borges cualquier indígena nota la irreductible diferencia que tiene con quienes han pasado por el proceso de mescolanzas que constituye a Occidente: «Es un absurdo que nosotros juguemos a ser indios, puesto que viene un indio y se da cuenta que no lo somos» (en Campra 1987: 126)[3].

El relato indigenista aspira para Borges a una identidad argentina que, por históricamente superada, resulta imaginaria. Desde ese supuesto, olvida la alternativa de que las lenguas y culturas indígenas puedan transformarse como lo han hecho las tradiciones que él mismo destaca. Asume que los indígenas están lejos del mar, sometidos a un pasado que sólo podrían superar si lograsen su imposible ingreso al mundo moderno proveniente de Europa.

También en esto Borges admira, retomando lo escrito en el capítulo anterior, la perspectiva de Sarmiento y su amor por el agua. El autor de *Facundo* muestra la que, para Borges, resulta la mejor tradición argentina: superar lo argentino (2002e: 87). Por eso quienes reducen la escritura a la nación ya existente no logran ver que toda nación puede ser otra, dependiendo de cómo se imagine. La virtud de Sarmiento habría sido la de asumir la necesidad de imaginarse como parte de Occidente. Frente a una eventual lectura que enfatizara lo francés o lo estadounidense en las distintas obras de Sarmiento, Borges (1994e: 123) resalta su apertura indiscriminada a todo Occidente. Según destaca, y a diferencia de los restantes argentinos de su época, Sarmiento lo fue sin exclusión alguna.

Con ese rescate cuestiona cualquier reducción de la nación a la realidad presente, como si esta fuese una realidad necesaria. Al cuestionar las ontologías nacionales que diversos ensayistas elaboran durante el siglo XX, concibe las naciones como «actos de fe»

---

[3] Véase también Milleret 1970: 165, Vásquez 1984: 282, Borges 1994e: 13 y 1999b: 65 y Borges & Ferrari 2005a: 114 y 2005b: 204.

(1994e: 82, 2002e: 372)⁴. Atento al peso de las ilusiones, para Borges la fe no mueve montañas, pero sí puede hacer que algunas se imaginen como elementos de alguna nación. A diferencia de quien creyera que la nación se siente porque existe antes del sentimiento, para Borges (1994d: 243) existe como nación en la medida en que se siente.

Harto antes de las contemporáneas reflexiones sobre el carácter imaginario de las naciones⁵, Borges nota que la realidad de la nación no se juega en una discusión acerca de su verdad o falsedad, puesto que existen en la medida en que se imaginan. Lo cual, claro está, no cierra la discusión acerca de la nación por venir. Al contrario, obliga a pensar que siempre hay más de una imaginación performativa, y a analizar qué naciones se inventan, con qué maneras.

Ser argentino, explicita, es *sentir* que somos argentinos, y proyectar ese sentimiento, por ejemplo, hacia la pampa y sus montañas. Tanto la fe del nacionalismo argentino como la del indigenista yerran al suponer que esos elementos constituyen límites claros que distinguen una y otra tierra, como si fuesen realidades previas a la fluidez del mar que caracterizaba al mundo europeo, con el cual podría aprenderse a construirse un sentimiento de la nación que asuma su fluidez y rehúya cualquier agresividad ante otra nación. En la Europa que resulta contemporánea, sin embargo, también comienza a prevalecer el que Borges concibe como el peor mal del siglo: el nacionalismo (en Carrizo 1983: 21). En todas sus versiones, tal credo supone que la nación es previa a su sentir, y que hay sentimientos individuales que se contravienen con las necesidades colectivas de la nación. El síntoma más evidente del peso de este error no es la emergencia del nazismo, sino el hecho de que quienes cuestionan al nazismo lo hagan argumentando con los mismos supuestos de los nacionalistas. Quienes rescatan los aportes judíos a

---

⁴ Véase también Carrizo 1983: 43 y Sorrentino 2006: 215.
⁵ Véase Anderson 1991.

la cultura alemana, critica Borges sin vacilaciones (1986: 241), caen en «simetría servil» con quienes rechazan a los judíos en Alemania, ya que reiteran la suposición de que existe una frontera clara entre el judío y el alemán.

Borges describe con preocupación que esa lógica abunda por la Europa moderna contemporánea, la que parece perder así la capacidad del desdoblamiento más allá de las fronteras que constituye su cultura. La promesa griega y judía de sobrepasar los límites deriva en la constitución de identidades limitadas, incluyendo las de griegos y judíos. Cerrada hacia dentro, cada nación se imagina independiente, si es que no enemiga, de otras naciones. En el tenso siglo XX, los europeos dejan de sentirse miembros de la civilización y comienzan a creerse miembros de una nación: «Desde 1925, no hay publicista que no opine que el hecho inevitable y trivial de haber nacido en un determinado país y de pertenecer a tal raza (o a tal buena mixtura de razas) no sea un privilegio singular y un talismán suficiente» (1994c: 102).

Con torpeza, los nacionalistas argentinos imitan al nacionalismo europeo para aspirar a la sustracción de esa cultura cuyo gesto nacionalista han imitado. Para Borges, más ridículo aun que el nacionalismo europeo es el nacionalismo argentino. Mientras los antisemitas alemanes recuperan un odio preexistente los argentinos imitan un sentimiento que no ha sido parte de la fe de sus antepasados. Casi todos los apellidos de la era de Rosas, indica el escritor (1994e: 74), son judío-portugueses.

Al remarcar el carácter ridículo del nacionalismo argentino, Borges no cree más válido el racismo alemán que el argentino. Antes bien, busca mostrar la imposibilidad de ser racista en países en los que la ficción presente de la raza ni siquiera puede explicarse en términos de las ficciones del pasado. El mismo Borges, en su ejercicio del humor contra el origen, ejemplifica la indeterminación que abre su lectura de la nación. Objetando el supuesto vínculo entre sangre y nación, señala, en ocasiones, no verse como argentino, pues carece de sangre italiana (en Carrizo 1983: 309)[6].

De esa dislocación, a diferencia de lo que pudiera suponer la lógica nacionalista, no se sigue la vinculación de su sangre con otra tierra. Ante cualquier estereotipación de lo nacional que adhiera sangre y lugar, el rol del intelectual es entonces el de imaginar otras alternativas de ser y del lugar. Más importante que la sangre del cuerpo, rubrica, es la del espíritu (Borges 1999b: 328). Rebelde a cualquier frontera, esta última permite imaginar otra vida distinta a la existente. Frente a una cultura argentina que critica todo lo diferente como monstruoso (Borges 1999b: 118, 1994b: 233), el ejercicio borgeano es el de afirmar una imaginación monstruosa. Esto es, la invención de seres sin un origen o destino o claro[7].

---

[6] Borges, de hecho, ironiza acerca del origen de su propia sangre. En algunos textos la dibuja como portuguesa e inglesa, y quizás normanda y judía. En otros refiere que sus antepasados no son exclusivamente argentinos, puesto que también cuenta con antecesores portugueses, uruguayos y españoles. Y es que, a fin de cuentas, poco podría importar esta delimitación en un espacio forjado desde la incesante migración europea, algo que Borges aprueba con su lúcido humor: «Soy el porteño típico. Mejor dicho: Sólo me falta sangre italiana para ser el porteño típico» (1994e: 255). Su cuestionamiento a tales localismos, evidentemente, va acompañado de una crítica a toda la estética que construyen, y no sólo en la literatura. Tal como un árabe no se sorprende con los camellos, según su conocido ejemplo en un texto que ya comentaremos, los estereotipos de sus ciudades tampoco parecen ser reales para quienes allí viven. Así, dice que la calle Corrientes es superstición peruana o colombiana: «Me ha asombrado encontrarme en Lima, por ejemplo, o en Quito, y que hablaran de la calle Corrientes… Es decir, que es una suerte de mito, que los porteños ignoramos. Y, sin embargo, hay ese mito de la calle Corrientes. Yo les digo: "Bueno, yo la confundo con Tucumán, o con Sarmiento". Pero parece que no, que ellos no la confunden» (Borges en Carrizo 1983: 259).

[7] Bien puede aquí recordarse la descripción de Molloy (1999: 240) de las creaciones de Borges como monstruos, y en particular la importancia que posee para Borges el Golem, cuya figura no sólo aparece en el poema que le dedica sino también en sus constantes referencias a la novela escrita por Gustav Meyrink. En particular, es de interés el vínculo que puede hallarse ahí entre judaísmo y

LAS ESCRITURAS DEL MONSTRUO

Muy tempranamente, Borges destaca este gesto literario de la apertura absoluta gracias al poeta Rafael Cansinos Assens, personaje de gran importancia en su juventud. En la obra del español, escribe Borges (1994e: 54), pueden hallarse todas las lenguas y todas las literaturas, como si él mismo fuera Europa y todos sus ayeres.

Justamente porque ese patrimonio es móvil, es capaz de trascender las fronteras europeas y llegar hasta Argentina. Por lo mismo, la literatura no podría ser allí un invento nacional o un reflejo de una realidad nacional previa a ese sobrepaso del límite europeo. La promesa de la literatura moderna llega a Argentina desde Europa,

---

monstruosidad en la imaginación borgeana, pues para Borges el judaísmo tiende a significar un origen que se desdobla hasta perder toda delimitación. El mismo Borges, sin embargo, se adhiere luego a la causa sionista –adhesión que, según sostiene de forma muy discutible, lo lleva por única vez en la vida a inmiscuirse en asuntos políticos. Ante la guerra de los seis días, la imaginación de Borges limita su carácter monstruoso para inventar cierta filiación que pareciera confirmarse, y no suspenderse, en la diseminación: «Podríamos decir que Israel no sólo es una entonación, un exilio, unos rasgos faciales; una ironía, una fatigada dulzura, una voluntad, un fuego y un canto; es también una humillación y una exaltación, un haber dialogado con Dios, un sentir de un modo patético la tierra, el agua, el pan, el tiempo, la soledad, la misteriosa culpa, las tardes y el hecho de ser padre o hijo» (1999b: 59). Al mostrar la confusión entre padre e hijo propia de Occidente, Israel marca una filiación singular: cuestiona cualquier lógica simple de la herencia, tal como hace Occidente, pero marca cierta herencia de la cual quedan excluidos quienes no podrían allí ser imaginados como padres o hijos, como lo serían quienes no son parte de Occidente. La afinidad con el imaginario sionista es allí clara. Es urgente señalar esto para mostrar que el eurocentrismo de Borges no se limita a inscribirse contra las culturas subalternas de Latinoamérica, y también para pensar, frente a recientes y no tan recientes coyunturas y apropiaciones del judaísmo, la necesidad de confrontar a Borges con Borges. Esto es, de cuestionar las derivas nacionalistas de lo que Borges podía creer que resistiría a cualquier nacionalización.

por lo que Borges cuestiona los intentos de canonización nacional de la literatura como un logro nacional.

Es por eso que Borges cuestiona la crítica nacional que valora los libros en la medida en que reflejan la nación a la que prestan su fe. De manera inversa, apunta, los libros que se leen como representativos, incluyendo el *Martín Fierro* en Argentina, no se asemejan a los países que habrían de representar (1994e: 169). Una obra que se precie de ser argentina no es la que replica una identidad simple, sino la que no se parece a lo que antes se ha imaginado como argentino[8].

Esta desidentificación se abre como la única opción, en la imprescindible exposición a Europa, de producir la literatura argentina. Quienes piensan que el escritor argentino debe limitarse a formas y contenidos relativos a Argentina limitan las chances de esa deseada literatura nacional. Los nacionalistas descreen la literatura argentina en sus versiones más libres y desconocen que la historia de la literatura argentina sería imposible sin el cruce de las fronteras, al punto que el nacionalismo es un efecto de ese movimiento internacional. Si ha existido literatura criollista, ironiza Borges a propósito del nacionalismo literario, es porque sus escritores han conocido las literaturas europeas. Frente a una eventual contraposición entre modernización literaria y literatura argentina, para Borges la moderna literatura argentina sólo ha podido nacer al trascender los límites identitarios, al imaginarla sin las estrecheces nacionalistas de los platonismos de la nación.

---

[8] Ese es también el gesto de otros escritores argentinos que Borges rescata. Así, por ejemplo, describe como *muy argentinos* poemas que, como los de Banchs, rehúyen del color local y no se proponen ser argentinos (2002d: 193). Antes que en su referencia a la localidad, sería en su relación con ella donde se jugaría la siempre esquiva pertenencia de la literatura. Por lo mismo, también señala que probablemente quienes capten mejor los barrios de Buenos Aires sean quienes escriban sin siquiera mencionar la palabra Buenos Aires (Borges 2002e: 129).

El escritor argentino carga con la promesa cosmopolita desde que existe algo así como Argentina. Recién asumiendo esa herencia pareciera dar con la tensa cifra de la argentinidad. Esto es, ser *europeo en el destierro*, acaso la única modalidad que queda de ser europeo ante la disgregación de Europa entre naciones que se dividen entre sí (Borges 1999b: 60, 2002d: 272)[9]. Si el futuro de la cultura europea debe superar las fronteras, el escritor argentino, por saber mejor que el escritor europeo que la literatura no respeta fronteras, ha de insistir con mayor fuerza en la indeterminación que permite la creación de lo nuevo, alcanzando una posición más universal que los actuales europeos y sus disputas nacionales.

La literatura argentina puede guardar y heredar la amenazada promesa europea. Afirmar su condición europea permite, entonces, valerse de todo el repertorio de Europa para ser argentino:

> Repito que no debemos temer y que debemos pensar que nuestro patrimonio es el universo; ensayar todos los temas, y no podemos concretarnos a lo argentino para ser argentinos: porque o ser argentino es una fatalidad, y en ese caso lo seremos de cualquier modo, o ser argentino es una mera afectación, una máscara» (Borges 1994b: 274).

La fatalidad de quien padece la situación argentina es, por lo tanto, la alternativa periférica de la irreverencia, que permite construir la literatura utilizando unas y otras máscaras, sin necesidad de respetar un pasado nacional que subsista bajo alguna de ellas. Esta condición periférica autoriza las conocidas nociones de Borges acerca de la diferencia en la repetición: es porque no se posee una tradición propia, vinculada al pasado indígena o criollo, que no hay propiedad que exija una u otra forma de asumir la tradición, de forma tal que la infinita lectura de lo ajeno permite la reescritura que altera al escritor y a la tradición.

---

[9] Véase también Vásquez 1984: 314 y Borges & Ferrari 2005a: 21 y 2005b: 204.

En esa línea, Aparicio destaca que Borges, a diferencia de otros escritores políglotas, es «internacional sin dejar de haber sido argentino» (1991: 146)[10]. Más preciso sería sostener que precisamente desde su comprensión del ser argentino como apertura a las letras internacionales es que Borges aspira a una escritura que no se deja definir en uno u otro esquema de nación, de modo tal que, por así decirlo, es internacional *por* ser argentino. Incluso si se lo piensa de forma no nominalista, su arquetipo es el de no bastarse a sí mismo, de sobrepasar el sobrepaso europeo a través de la infinita lectura de lo que trasciende el límite:

> Pero si ya existe en el cielo platónico un arquetipo de lo argentino, y creo que existe, uno de los atributos de este arquetipo es la hospitalidad, la curiosidad, el hecho de que en algún modo somos menos provincianos que los europeos, es decir nos interesan todas las variedades del ser, todas las variedades de lo humano. (Borges 1999b: 315)[11]

---

[10] Evidentemente, podría aquí reabrirse la pregunta por la eventual argentinidad de los poemas y ficciones que Borges forja junto a estas ideas. Henríquez Ureña (1976: 31), autor cuya vocación cosmopolita Borges (1994e: 82) destaca, celebra en sus primeros textos la expresión criolla de América. A ellos, no obstante, pronto les suceden otros cuyo aparente olvido de las circunstancias los hacen merecedores del reproche de un escritor desarraigado del continente. Según Murena (1984: 55), incluso cuando Borges se refiere a la nación lo hace sin un sentir nacional. De acuerdo a Borges, sin embargo, es el sentir internacional el que permite la constitución literaria de su nación

[11] Por cierto, Borges reitera esa opción a nivel continental, en la medida de que se trate también del universalismo que puede surgir en otras urbes de América Latina. En el poema que dedica a su querido Alfonso Reyes destaca que el ensayista mexicano manejó bien el arte que hasta para Simbad y Ulises habría sido imposible: el de pasar de uno a otro país sin dejar de estar, *íntegramente*, en uno y otro (1994c: 207; también véase Carrizo 1983: 79). Reyes no logra esto por haber participado, parafraseando la conocida figura del propio Reyes, con más ímpetu en el banquete de la cultura occidental. Al contrario, porque llega tarde a la comida es que debe apropiarse de sus restos y, desde allí, construir una dieta más amplia.

Con ese supuesto, su escritura resulta más –y no menos– argentina que la de quienes escriben sobre Argentina. Panesi (2000: 149), en esa dirección, destaca la importancia de la figura del traidor en la narrativa borgeana. El escritor resulta siempre un traidor: desmiente lo esperado y sutura cualquier frontera. Por lo mismo, Borges asume que su inspiración es toda la literatura anterior (en Guibert 1976: 335). En la interminable biblioteca de las lenguas, el interminable préstamo impide la delimitación acerca de qué lengua o qué autor es el que lee o es leído.

De hecho, Borges reconoce estar en deuda con personas cuyo nombre no conoce ni requiere conocer. A propósito de la lengua castellana se pregunta (1994e: 179) cuántos muertos viven en sus palabras. Y esas infinitas pérdidas, para Borges, son las que permiten que se siga ganando la novedad en la lengua que él mismo enriquece al trastocarla, acaso agradeciendo a los anónimos donantes de la lengua que hereda. Sarlo acierta al indicar que con estas posiciones Borges monta una máquina lateral de citas y traducciones que alcanza el derecho, con la distancia, a la irreverente literatura moderna en Argentina (2007: 88). Según se ha dicho hasta el cansancio (muchas veces con menos precisión de la necesaria), Borges desmonta de ese modo las ficciones de la obra y del autor. Más precisamente, instala al autor como parte de la ficcionalización de obras cuya presunta unidad es llevada hasta el límite de la descomposición. También en esto es lúcida la descripción de Alan Pauls: «Es como si escribir fuera eso, nada más y nada menos que eso: cambiar las cosas de lugar, cortar y pegar, extrapolar y hacer injertos, descolocar y reponer, expatriar y arraigar, separar e insertar» (2001: 120).

Tradición, traición, traducción

Retomando lo anterior, resulta imprescindible pensar el lenguaje literario al margen de todo discurso de la identidad nacional. Bien señala al respecto Gutiérrez Girardot (1959: 32-40) que la crítica de Borges al lenguaje se enfoca desde una crítica a las concepciones tradicionalistas de la tradición. En particular, a la tradición hispanista que defiende el modelo de una lengua heredada de un pasado que, en el presente, anula la posibilidad de nuevas articulaciones. Contra esa empresa, Borges aspira a construir el español de otra forma, huidizo tanto del español tradicional como de las tentativas contemporáneas por forjar otro tipo de idioma nacional argentino[12]. Incluso en sus textos tempranos, en los que está más cerca de ello, jamás deja de criticar la delimitación de la lengua a los esquemas ya dados.

De modo coherente, para Borges nada sería menos argentino que la jerga que busca ser típicamente argentina. Frente a su temprana intención de rescatar cierta jerga bonaerense, después confiesa haber adquirido un diccionario de argentinismos que apenas logra descifrar (1994b: 55). Los intentos por forjar un idioma típico, en ese sentido, resultan tan artificiales como forzados. Oponiéndose a toda demarcación simple de la lengua, Borges supone su constitutiva apertura, como la de la literatura argentina, a otros usos de la lengua: «Todo lenguaje está hecho, desde luego, de citas» (en Carrizo 1983: 43).

La hospitalidad de una lengua propia que pierde toda su propiedad ha de extenderse a otras lenguas. Para Borges, pensar en más de una lengua implica una ganancia, al punto que el desliz del traspaso entre una y otra marca menos la impotencia del hablante que la opción de que este invente en esa diferencia[13]. A partir de esta posición pueden

---

[12] Véase Bordelois & di Tullio 2002 y Miranda 2012.

[13] En efecto, en una de sus entrevistas, Borges propone una enseñanza bilingüe en Sudamérica y Estados Unidos, para generar un continente bilingüe. Ello, especula, sería crucial para la historia del mundo entero. Para Borges, la lengua

leerse sus conocidas posiciones sobre la traducción. En el marco de distintos debates y posiciones sobre la ensayística de Borges, a los que bien podrían sumarse otras tantas lecturas de sus ficciones, varios comentaristas[14] han destacado la singularidad de su posición, que contrasta con la reiterada imagen de la traducción como una traición en la que algo se pierde. Como es sabido, para Borges el original, si es que cabe seguir utilizando el término, no tiene más valor que la copia. Mientras la posición tradicional enfatiza la traducción como pérdida del sentido, Borges encuentra en ella la oportunidad de la ganancia.

Para examinar esta cuestión resulta útil recordar la lectura de Borges de la disputa entre clásicos y románticos, que él lee como una polémica entre dos arquetipos de escritores antes que como posiciones históricas concretas en la historia de la literatura. De hecho, la misma noción de «historia de la literatura» abre la disputa entre románticos y clásicos. Si para los primeros la historia de la literatura es la historia de quienes buscan expresarse individualmente, para los segundos se trata más bien de la historia de la lengua que allí se expresa. Por ende, a la hora de traducir, para Borges clásico es quien confía en el

---

no es menos que una manera de sentir y percibir el universo. Por eso cuestiona el reemplazo de una palabra por otra en los diccionarios bilingües, una práctica que olvida que cada palabra se inserta en una lengua que no puede comprenderse sin conocer la lengua misma. La persona bilingüe es la que, más que juntar dos lenguas ya dadas, puede valerse de una y otra para enriquecer su inteligencia en el cruce que abre otro mundo a quien lo aprende: «Lo importante es que uno aprenda a pensar de dos modos distintos, y tenga acceso a dos literaturas. Si un hombre crece dentro de una sola cultura, si se habitúa a ver en los otros idiomas esa especie de dialectos hostiles o arbitrarios, todo eso tiene que estrechar su espíritu. Pero si un hombre se acostumbra a pensar en dos idiomas, y se acostumbra a pensar que el pasado de su mente son dos grandes literaturas, eso tiene que ser benéfico para él» (en Guibert 1976: 326).

[14] Véase Gargatagli & López Guix 1992: 64, Milton 1999: 91, Olea 2001: 445, Kristal 2002: 32, Rosman 2003: 113, Wilson 2004: 271, Costa 2005: 176, Waisman 2005: 114 y Gerling 2008: 43.

lenguaje para respetar al escritor y romántico quien desconfía de que el lenguaje pueda respetar al traducido (1994b: 217). Dicho de modo torpe, traducir románticamente es traducir un deseo de expresar; traducir clásicamente, traducir una expresión.

Se abre así la paradoja de que la traducción que pareciera ser más conservadora es la que más debe diferir del original, dada la irreductible distancia entre las lenguas en las que confía. El traductor clásico, en su intento de mantener la obra antes que al autor, ha de variar la obra. Como bien explica Premat (2006: 18), en Borges ser tradicional implica ser novedoso: quien busca mantener la obra ha de reescribirla sin suponer que una es mejor que la otra[15]. Así, tras recordar la discusión inglesa sobre la mejor forma de traducir del griego, Borges señala que en español poco importa ese debate. En la medida en que no sea una torpe traducción literal que busque anular la distancia entre las lenguas, toda traducción puede ser fiel:

> ¿Cuál de esas muchas traducciones es fiel?, querrá saber tal vez mi lector. Repito que ninguna o que todas. Si la fidelidad tiene que ser a las imaginaciones de Homero, a los irrecuperables hombres y días que él se representó, ninguna puede serlo para nosotros; todas, para un griego del siglo diez. Si a los propósitos que tuvo, cualquiera de las muchas que transcribí, salvo las literales, que sacan toda su virtud del contraste con hábitos presentes. (1994b: 243)

---

[15] La salvedad a esta posición sería la de quien desconfíe tanto de los hombres y de las lenguas que deba buscar acaso una verdad previa a las lenguas y sus historias, al punto de rechazar la constitutiva ambigüedad de la literatura. De ahí que Borges (2000: 90, 2002d: 233) pueda suponer, varias décadas más adelante, que la idea de una traducción literal posee una carga religiosa. Esa posición caduca en el mundo nominalista de la literatura, que bien puede fabular ese deseo a través de una historia que podría traducirse.

El cielo del español

La posición cosmopolita en torno a la traducción no busca una lengua definitiva, sino reescribir las lenguas en su exposición. La falta de una tradición literaria consolidada en español es la que, para Borges, exacerba esa licencia a la hora de recrear el canon europeo. En efecto, confiesa (Borges & di Giovanni 1999: 26) que la primera vez que leyó el Quijote creyó que era una mala traducción al español. Sea real o no la anécdota –Rodríguez Monegal (1987b: 19), por cierto, duda de ella–, resulta elocuente con respecto a una formación según la cual es inconcebible el canon de la propia lengua. Si bien en otra lengua *El Quijote* puede variar y ser por ejemplo celebrado por Heine (Borges 1994b: 203), en el español instala un canon que impone cierta reverencia. Borges, de hecho, coteja su inflexibilidad acerca del Quijote con la apertura que siente con Homero:

> no puedo concebir otra iniciación del Quijote. Cervantes, creo, prescindió de esa leve superstición, y tal vez no hubiera identificado ese párrafo. Yo, en cambio, no podré sino repudiar cualquier divergencia. El Quijote, debido a mi ejercicio congénito del español, es un monumento uniforme, sin otras variaciones que las deparadas por el editor, el encuadernador y el cajista; la Odisea, gracias a mi oportuno desconocimiento del griego, es una librería internacional de obras en prosa y verso. (1994b: 239)

El punto es que, después de Cervantes, el español no logra, para Borges, consolidar un canon que determine la literatura. La traducción al español, entonces, deviene urgente en esa construcción que se enriquece con la traducción de otro canon. La necesaria libertad de quien traduce a su lengua no sólo se explica por la falta de palabras compuestas en el español (en Murat 1968: 82 y Borges 1999b: 322), lo que obliga a traducir de modo no literal otras lenguas que sí las tienen. Se debe también a la imposibilidad de creer que se cuenta con una lengua ya dada con la cual traducir[16]. Para asumir la posición de Borges ante la traducción, por tanto, hay que pensarla dentro de su estrategia de ubicación lateral de argentino ante la tradición.

En su disolución de la jerarquía entre original y copia, Borges además desecha la antinomia entre ser argentino o cosmopolita, asumiendo que la forma más fiel de ser argentino es la de ser cosmopolita. Abierto al mar, más allá de todo suelo, el escritor argentino debe aprender a valorar una obra literaria sin ningún criterio predeterminado de lengua o de nación, al margen de cualquier público o función que subsuma la gratuidad literaria en alguna esfera heterónoma. Sin límites, la buena literatura no ha de valer más que por su calidad literaria.

Sobrevivir a Borges

Citando la bella expresión de Melville, Borges define el cosmopolitismo literario que defiende como la lealtad con el cielo (1999b: 326). La procedencia de la cita es doblemente sintomática. Por un lado, por la necesidad de pensar el cosmopolitismo literario recurriendo a escritores de otros lugares. Por el otro, porque ese otro lugar siempre alude a una tradición metropolitana dentro del desigual reparto de

---

[16] Borges (en Vásquez 1984: 41) recuerda que muchas de sus primeras lecturas en español son traducciones publicadas en *La Nación* que, por carecer de derechos de autor, poseen más de un traductor, de modo tal que el personaje que en un capítulo se llama Wilhelm en otro es Guillermo. Hay que pensar tan cómica escena con seriedad para comprender la experiencia literaria de segunda mano que, desde la situación periférica ante la tradición ya descrita, exige la traducción en la literatura. Para enfatizar el carácter estrictamente literario de la traducción defendida por Borges, y la noción literaria de creación que supone, es interesante recordar la temprana crítica de Borges (1994b: 283-284) al doblaje como injerto de otra voz y de otro lenguaje. Incluso es preferible, dice, ver una película en una lengua que se desconoce que verla doblada. Fuera de la literatura, la traducción podría entonces ser más problemática para mantener la calidad de la obra.

lenguas y reconocimientos en la elaboración del canon literario occidental, lo que revela cierta ingenuidad en su posición.

Borges aspira a una inserción directa en la universalidad sin notar que la ubicación periférica que abre la opción de la traducción bien puede terminar ratificando las relaciones entre centro y periferia que a Borges poco le interesa combatir. El de Borges es un cosmopolitismo, como todos los cosmopolitismos liberales, ciego a las dinámicas colonialistas. Olvidando la desigualdad del intercambio, el liberalismo allí supuesto aspira a la supresión de la frontera sin notar que esa aparente transparencia no trastoca la desigualdad que la ha instituido. En ese punto radica, por cierto, la distancia de su posición ante la de Silviano Santiago, argumentada en capítulos previos, o con la de Mariátegui, que se verá en el capítulo siguiente. Con esa ingenuidad etnocéntrica, Borges supone que es la falta de una cultura prehispánica la que permite la apertura a la cultura moderna, con lo que pierde la posibilidad de la literatura en algunas de las lenguas que circulan en Argentina. Esto no es criticable por una supuesta correspondencia entre lengua y lugar que obligase a afirmar las «lenguas originarias» por sobre las que Borges lee, sino porque al suponer que las lenguas colonizadas no podrían cambiar, las sustrae de su capacidad de transformar el lugar que sí concede a las lenguas europeas. En ese sentido, la alternativa de criticar su eurocentrismo apelando a las lenguas consideradas indígenas no debiera defenderse porque estas se sitúen más cerca de nuestro origen o sean más nuestras. Antes bien, se justifica porque, como todas las lenguas, pueden desestabilizar la parcialidad de lo conocido permitiendo que emerja otro mundo[17].

---

[17] Obviamente, esto no impide imaginar eventuales políticas culturales que afirmen lenguas indígenas por parte de un determinado Estado nacional allí donde se dio, en el pasado, una lengua hoy considerada indígena. El problema está en su apropiación, bajo la figura de «lo nuestro», del patrimonio o de cualquier lógica de la propiedad que adose una lengua a un suelo, cerrando ese suelo a otras lenguas y otros suelos a esa lengua.

Lo interesante de la posición de Borges es que abre la posibilidad de pensar que la crítica a los límites del universalismo eurocéntrico no pasa por el resguardo de una identidad nacional previa al contacto entre las lenguas, ya que instala la desestabilización, a partir de la traducción, de todo discurso de la identidad nacional que pueda excluir una u otra lengua, como han tendido a hacerlo históricamente los Estados nacionales latinoamericanos al imponer el español contra las lenguas subalternas. La radicalización del argumento de Borges, frente a sus propias posiciones, permite pensar el carácter incompleto de toda lengua, instalando una apertura a otras lenguas que podría no ser, pese a sus prejuicios, exclusiva para las provenientes de Europa. Desde esa ética del préstamo puede darse una imprescindible política de las lenguas que trascienda esos límites que Borges, en su cosmopolitismo liberal, padece.

En una bella interpretación de la muerte de Borges, Tatián piensa su decisión de ir a morir a Ginebra, a una tumba despatriada, como un gesto cosmopolita (2009: 122). Manteniendo la frontera interna entre el mundo indígena y el que asume como occidental, se desplaza para morir lejos de cualquier figura del origen. Sin lugar de vida o de muerte, decide morir donde aprende las lenguas europeas. Si en su juventud Borges se sumerge en el río, en su vejez lo trasciende para alcanzar la distante tierra políglota, esa tan sometida al mar que no asegura nación o lengua alguna: «Yo muchas veces he pensado: ¿En qué idioma voy a morir, yo? Creo que castellano. Pero quién sabe» (en Carrizo 1983: 57, Borges 2002e: 215).

Borges sabe, sin embargo, al menos dos cosas al respecto: que las móviles lenguas europeas han de vivir y que en las lenguas indígenas él no ha de vivir. Es por ello que hoy debemos leerlo, a propósito de ese y otros tantos temas, contra sí mismo. Tal vez sólo con esa irrestricta afirmación de la traducción podamos serle fieles, en su necesaria infidelidad, a esa tremenda y traidora tradición reunida bajo la firma de Jorge Luis Borges.

Recreación heroica. Risa, originalidad y repetición en Mariátegui

> La vida no readmite el Pasado sino en el carnaval o en la comedia. Unicamente en el carnaval reaparecen todos los trajes del Pasado. En esta restauración festiva, precaria no suspira ninguna nostalgia: ríe a carcajadas el Presente.
> Iconoclastas no son, por ende, los hombres; iconoclasta es la vida.
>
> José Carlos Mariátegui (1955: 129)

El mito de Mariátegui

Durante su temprano exilio en Europa, José Carlos Mariátegui se nutre de las tensiones culturales que emergen cuando el sueño de la razón moderna parece culminar, para luego despertar y ver que no quedan más que sus peores monstruos. Es por eso que la crisis del mundo moderno, a juicio del peruano, sobrepasa la dimensión económica. Es toda la vida la que se somete a una desazón de incierta resolución, entre la agonía de la decrépita sociedad capitalista que muere y la nueva vida socialista que viene (Mariátegui 1959e: 24). El paso entre una y otra forma de vida, que el socialismo ortodoxo piensa desde una dogmática teleología, es para Mariátegui más indeterminado y riesgoso: la crisis abre tanto la posibilidad del comunismo como la del fascismo.

La respuesta fascista a esa crisis de la representación política liberal consiste en una mitologización de la política. O sea, en la promesa del restablecimiento de una comunidad que vuelve a su origen para restituirse sin pérdida ni fisura. Lacoue-Labarthe y Nancy (1992) despliegan su singular lucidez para describir esa política como el *mito nazi*. Al fantasear con la presentación de lo común en una obra de arte que se imagina previa a cualquier mediación del intelecto o la técnica, el fascismo aspira al reencuentro de la comunidad en una esfera estética que se cree anterior a la división política. Frente a la división producida por la razón moderna, que separa al hombre de la supuesta comunidad, fantasea con un fundamento mítico que restituya la verdad de la comunidad. Su héroe, por ello, ha de ser quien pueda dar con esa palabra restitutiva[1].

Contra ello, Mariátegui responde con un pensamiento que no se basa en una seguridad brindada por alguna metafísica o teleología, y que no toma esa falta de seguridad como pérdida. Percibe la apuesta del hombre revolucionario como la de vivir en esa indeterminación, *peligrosamente* (1959b: 16). Parte de ese peligro debe asumir el riesgo que quizás sea el mayor, por provenir de sus propias operaciones: el de que su posicionamiento vanguardista, asumido en nombre de la voluntad joven contraria a la antigua vida, acabe siendo un pensamiento cuya orientación sobre la vida no se distancie del fascismo. Su

---

[1] Es evidente que estas cuestiones han de leerse con muchísimos más textos. Sobre todo a propósito de las discusiones acerca del héroe y la tragedia, particularmente con respecto a Lukács y la discusión sobre la épica y la novela, así como sobre las nociones del sujeto y el destino que se juegan en las lecturas de la tragedia griega en buena parte de los pensadores alemanes del siglo XIX (véase Szondi 1994), y que no deja de extenderse hasta las lecturas contemporáneas de Antígona. En torno a las últimas, Critchley ha propuesto (1999: 112) la comedia como alternativa de la finitud, ante lo que denomina el paradigma trágico. Si en este último el héroe no puede sino padecer su finitud al ver su voluntad excedida por su destino, en el paradigma cómico emerge la ausencia de destino. La interpretación mariateguiana de la comedia chaplinesca que comentaremos se deja leer a partir de allí, abriendo la posibilidad de una lectura materialista de su obra que desencaja un eventual marco dialéctico.

Recreación heroica 273

inquietante caracterización de la época como *lucha final* es sintomática respecto a ese peligro, que su escritura roza en variadas ocasiones[2].

El propio Mariátegui (1959b: 203) reconoce ese riesgo, al recordar que las ideas de Sorel y Bergson que lo inspiran han sido utilizadas por el enemigo. Es por eso que debe leerlas de otro modo. Un mito revolucionario del origen no basta para oponerse al mito fascista del origen, pues ya ha concedido la estructura conceptual que piensa lo común desde una estrategia fascista del mito del origen. De ahí que resulten estériles las tradicionales lecturas de Mariátegui[3] que desta-

---

[2] A propósito de estas cuestiones, los acercamientos que se han intentado trazar entre Benjamin y Mariátegui –por ejemplo, Quijano (1993: x) o González Echevarría (1985: 34)– debieran partir de considerar la irreductible distancia entre uno y otro pensador, más allá de sus afinidades epocales, temáticas o estilísticas. Recordemos que Benjamin se aleja de toda política del mito, por revolucionaria que esta se precie de ser. Así parece haberlo expresado al reprochar a Bataille que su trabajo, en último término, piensa para el fascismo. La importancia de la *sangre* en la figuración de la vida en Mariátegui, que bien podría contraponerse a la justicia no sanguinaria que Benjamin piensa en torno a la cuestión de la vida y la sangre, podría abrir un debate de posiciones irreconciliables acerca de la violencia, la soberanía y la revolución. Es claro que el paso por tales cuestiones lo exigiría otro artículo, si es que no más, pues si se abordase de manera seria debiera tematizar, y de modo extenso, las cuestiones del teatro, la huelga, el surrealismo y/o el cine. Las reflexiones sobre la reproductibilidad técnica que intentamos instalar aquí, evidentemente, se sitúan en esa dirección. Sin embargo, antes de toda premura para hallar paralelos entre una y otra lectura de Chaplin –como lo hace, por cierto, Kraniauskas (2003: 95), precisamente desde el mito–, huelga remarcar que la lectura benjaminiana de Chaplin (Benjamin 1996a) se orienta hacia rumbos muy distintos de los que presentaremos en Mariátegui. La vinculación entre risa y esperanza allí tematizada, irreductible a cualquier inmanentismo, habilita un pensamiento mesiánico de la justicia, impensable en el vanguardismo de Mariátegui que indagamos aquí.

[3] Si la crítica a la razón se identifica con el mito –como deja entrever Dussel (2007: 45) al sostener que en Mariátegui el mito está antes que la racionalidad abstracta, o Paris (1980: 132) al indicar que en su pensamiento no hay separación entre mito y razón–, sólo cabe leer al peruano dentro de lo peor. Es decir, como

can su preocupación por el mito e invocan sus intenciones comunistas para separarlo del fascismo: Al antintelectualismo fascista no se le combate con otro antintelectualismo, por izquierdista que fuese su pasión.

Para que Mariátegui se distancie del fascismo, entonces, es necesario que su crítica a la razón moderna no derive en irracionalismo y logre instalar una forma alternativa de razonamiento, abierta a otro tipo de experiencia de la razón, distinta del mito de la razón y del irracionalismo del mito. Justamente porque una lectura mitologizante del peruano es plausible es que nos interesa discutirla, y ganar así un Mariátegui renuente a toda teología política. Lo que sugerimos aquí no debe pensarse en oposición a los más conocidos pasajes del autor sobre el mito y la vida, los que orientan las lecturas con las que discordamos. Antes bien, nos parece que esos pasajes pueden releerse con algunas figuras en Mariátegui que permiten pensar en una repetición sin origen, en la cual toda creación de lo común, por heroica que fuese, ya no podría delimitarse de manera unitaria en nombre de alguna reunión de lo común, ni ser previa a la mediación tecnológica que aleja, de sí a sí, toda presencia.

---

un pensador utilizable por el fascismo, como parecen ratificarlo quienes han afirmado ahí una estetización de la política (Ibáñez 2001: 220) o una filosofía política estética (Von Vacano s.f.: 4) a partir de un *pathos* romántico (Sazbón 2001: 45) o dionisíaco (Kohan s.f.b: 139). Apresuradamente, tales interpretaciones, que ejemplifican un archivo mucho más largo de comentarios, no descansan en una lectura minuciosa de los textos de Mariátegui, sino que sustentan su valor en el sujeto que la escribe: al anteponer la moral del autor a su pensamiento, acaban condenando su obra al desuso teórico. Por lo mismo, no pueden notar las torsiones que inscribe Mariátegui en la jerga de la vanguardia fascista. De hecho, Michael Löwy (2005), autor de una reconocida lectura romántica del marxismo de Mariátegui, ha intentado desvincularlo del conservadurismo al pensar allí un romanticismo de otro cuño, sin advertir que la crítica de Mariátegui altera la estructura conceptual del romanticismo.

Las guerras del arte

Casi de pasada, apunta Rama (1987: 151) que la elaboración del mito en Mariátegui puede ligarse al concepto filosófico decimonónico del *ideal*. En la versión del peruano ese vocablo remite a una ley que excede al sujeto, a quien exige suturar todo tipo de realidad en nombre de un ideal que sobrepasa cualquiera de sus certezas y cualquiera de sus logros presentes. Su idealismo, por tanto, harto dista de una supuesta reunión del ser y el pensar, ya que invoca a un pensar que no cree identificarse con ningún ser.

Justamente porque la realidad no calza con el ideal es que no se ha de buscar el éxtasis ideal en lo real. Frente a quien se emocionase creyendo estar ante el ideal, el trabajo de la razón sería el de resguardar esa distancia. Mientras el éxtasis del fascismo reniega de la razón que remarca la diferencia entre lo real y lo ideal, el comunismo ha de razonar con y más allá del éxtasis que crea sentir la verdad.

En virtud de lo anterior, Mariátegui objeta el esteticismo fascista con tajante ironía. En particular, dada su creencia de una reunión inmediata entre arte y política que suponga la identificación entre justicia y belleza. Por falsa, por *literaria*, contrapone (1959c: 58) esa estrategia a una política llena de vida, verdad y humanidad. Dicho en otros términos, a una acción del hombre que asuma la distancia y necesidad del ideal, en lugar de contentarse con las formas ya existentes que simulan los ideales. Una política real, por lo tanto, es la que asume el mandato de un ideal inalcanzable, y no la que se opone a la limitada concreción de una u otra realidad, por bella que pueda ser.

Si Mariátegui insiste en cierta noción del mito es porque le permite pensar, desde una experiencia distinta a la del cálculo, el carácter ideal de la vida por venir, y con ello la falsedad de la reunión entre el presente y el ideal que establece el mito fascista. Dada esa distancia, para Mariátegui no basta con cambiar el contenido del mito: es la concepción del mito la que debe también alterarse.

Contra una eventual reducción ritual del mito, la política revolucionaria ha de pensar esa nueva elaboración del mito en el terreno del arte moderno. La defensa del arte de Mariátegui se juega en la idealidad que impone la nueva obra, y no en un eventual deseo de una realidad pasada. Si refiere a la importancia de forjar una fantasía que acerque a la realidad no es para mostrar el mundo tal cual es, como lo hace la ilusión esteticista que deviene irreal, sino para distanciarse de la experiencia del mundo gracias a la incalculable diferencia que permite pensar en otra verdad, tan ausente como imprescindible: «En lo inverosímil hay a veces más verdad, más humanidad que en lo verosímil» (Mariátegui 1959c: 24).

La potencia de lo inverosímil, siguiendo lo citado, se juega en su capacidad de distanciar al presente de sí mismo. A falta de una realidad externa por imitar o de una moral ya dada por respetar, la obra no debiera ser juzgada por un criterio externo. De ahí que Mariátegui (1959c: 48) defienda la autonomía formal del arte. A diferencia de la clausura formalista que saca el arte de la vida, la vida del arte autónomo se juega en un doble vínculo con la vida, que requiere un arte capaz de asumirla y excederla. Para ello, resulta necesaria una práctica artística que, gracias a sus medios autónomos, instale los fines de vida que son ajenos al arte esteticista. El arte que no se sustrae de la vida alcanza, entonces, más que el arte formal. Ética y estéticamente, *con la vida*, el arte gana. Y viceversa.

De este modo, se puede afirmar que la constitutiva apertura del arte a la vida resguarda al arte del arte. Por ello, la modificación a la que aspira Mariátegui es irreductible a sus transformaciones técnicas. En particular, dada una experiencia de la guerra que permite al arte fascista inventar nuevos medios al servicio de la vieja concepción del antiguo mito de la comunidad. Las técnicas de la vanguardia pueden ponerse del lado del fascismo, como muestra el hecho de que algunas de las más novedosas tecnologías de representación celebren la violencia de la guerra como espectáculo, como bien explicita Benjamin (s.f.: 23).

Ante ello, Mariátegui clama por una política de representación de la violencia que, al asumir la seriedad de lo representado, sea capaz de representarlo con una estrategia distinta a la del realismo esteticista. Esto es, sin pretender abolir, cándidamente, la distancia entre la violencia y su imagen. Resistiendo a la morbosa identificación entre la muerte y su imagen, quien insiste en el distanciamiento que suspende esa identificación sabe que para respetar la muerte, para no olvidarla y para no olvidar su distancia ante todas sus imágenes, es imprescindible pensar en otras formas y contenidos del nuevo mito:

> Ética y estéticamente, la guerra ha perdido mucho terreno en los últimos años. La humanidad ha cesado de considerarla bella. El heroísmo bélico no interesa como antes a los artistas. Los artistas contemporáneos prefieren un tema opuesto y antitético: los sufrimientos y los horrores bélicos. El Fuego quedará, probablemente, como la más verídica crónica de la contienda. (1959a: 153)

El arte de las guerras

La nueva narración revolucionaria no puede ser la de quien celebre la guerra y prenda ese fuego. Más bien, ha de ser la de la humanidad que, frente a la barbarie, subsiste en las cenizas y construye un mundo nuevo contra lo que ha causado la guerra. La obligación de narrar el desastre, y de narrarlo de otra manera, exige un protagonista distinto al de la épica nacional que celebra el sacrificio militar al subsumir la pérdida de algún guerrero en la comunidad nacional.

Mariátegui rescata de las vanguardias la torsión a ese tipo de narraciones. Sin embargo, considera su inscripción de la desazón como síntoma de una crisis que, por su limitada situación burguesa, las vanguardias no pueden superar. Les falta pasar, por así decirlo, de una política del arte a una politización del arte. Y con ello, trascender el desgarro individual en nombre de la lucha social. Autores como

Tolstoi o Gorki indican ese camino con personajes que presentan el carácter trágico de la revolución, pues llegan ensangrentados a su destino (Mariátegui 1957: 168).

Lejos de una lectura nacionalista que celebre la presencia de un nuevo héroe capaz de dar esa sangre por la colectividad, Mariátegui rescata que tales personajes sirvan para mostrar a la colectividad ese nuevo héroe, capaz de ganar una buena vida en vez de seguir muriendo. La tragedia revolucionaria, por esto, no es la de la necesidad del sacrificio individual, sino la que traspasa ese sacrificio mediante el exceso de la lógica burguesa de la representación. Las obras que destaca presentan, según explicita Mariátegui, el límite de la representación a través de un *sublime proletario*.

Tal forma de éxtasis se diferencia del sublime burgués o nacional por su contenido y por su lógica. Mientras en esas antiguas épicas se presenta o bien el límite de la potencia del sujeto individual o bien la ilimitada potencia de la nación guerrera, el límite que el éxtasis proletario instala muestra al sujeto tanto el límite como la necesidad de traspasar la subjetividad individual o nacional que lo limita. Ha de remodularse hacia una construcción colectiva más allá de la guerra, irreductible a cualquier héroe individual o figura nacional que intentase representarlo. Recién allí puede darse el heroísmo al que Mariátegui aspira, anota Salazar Bondy (1965: 319), para hacer la revolución.

El nuevo héroe, para Mariátegui, ha de ser un personaje colectivo, como destaca en la épica contemporánea de Barbusse. Explorando los horizontes revolucionarios que la decadencia del género épico ha abierto, presenta a la multitud obrera como el héroe de su propia lucha. Del coro pasa directamente a una escena que desborda toda forma de acción individual, alterando el reparto del teatro antes conocido: «La vieja épica, era la exaltación del héroe; la nueva épica será la exaltación de la multitud. En sus cantos, los hombres dejarán de ser el coro anónimo e ignorado del hombre» (Mariátegui 1959a: 161).

Cinematográfico es uno de los adjetivos utilizados por Mariátegui para retratar la obra que destaca. Con el emergente arte del cine[4], el peruano piensa la posibilidad de una nueva épica, correlativa a la crisis que la concepción teatral de la tragedia padece ante la amenaza cinematográfica a la escena tradicional. El propio Mariátegui (1955: 140), en efecto, señala que las estrategias dominantes del teatro aún se hallan en un ciclo realista del que debieran desligarse. Demasiado analítico, su lentitud resulta intolerable al hombre contemporáneo. Su pausado transcurrir se contrapone a la aceleración de la novela surrealista, cuya composición no lineal es motivada por el tiempo cinematográfico (Mariátegui 1959d: 97), al igual que la del teatro vanguardista (1959c: 187).

Pese a los esfuerzos del teatro de avanzada, los medios de producción teatral tienen límites para brindar una tragedia cuyo héroe sea el hombre proletario, ya que el carácter internacional de la clase obrera sobrepasa cualquier escena y lengua. Si la escena clásica de la tragedia piensa en la construcción de un lazo comunitario gracias a la observación copresencial del héroe que representa al público, el mito proletario debe invitar al público a la escena en la multiplicidad de tiempos y espacios de una clase obrera dispersa, que divide públicos y comunidades en las distintas naciones.

La unidad política de la clase deviene una realidad por formar antes que un dato que pudiese surgir de una reunión como la teatral, limitada a un espacio acotado en donde, por definición, el proletariado internacional no puede reunirse. Es gracias –y no pese– a su dispersión que el cine deviene el arte adecuado para la nueva épica. Es notable la lucidez con que Mariátegui capta su capacidad

---

[4] Desde su juventud, y pese a sus impedimentos físicos, Mariátegui habría sido un asiduo visitante al cine, según documenta Núñez (2011). Aunque esto pudiera reducirse a un accidente biográfico, no parece ser irrelevante, considerando la temprana formación literaria del peruano y la ambivalente posición de la ciudad letrada latinoamericana ante las primeras décadas del cine.

de reproducirse, al comentar la singular existencia de la diva italiana Francesca Bertini:

> Es la única artista que puede trabajar a un mismo tiempo para millares de públicos. Es la única que puede ganarse una celebridad relámpago. La artista de teatro requiere, para captarse a un público, llegar personalmente hasta él. Necesita tener con él un contacto directo. No está por esto, en aptitud física de dominar a todos los públicos del mundo. Su fama es una obra de proceso lento y gradual, por mucho que la aceleren con su velocidad de treinta mil ejemplares por hora los rotativos de los grandes diarios… La artista cinematográfica, en tanto, posa en la misma escena para todo el mundo. Su arte no ha menester de traductores, intermediarios ni exégetas. Nada la separa de la más lejana gente de la tierra. Ni el idioma, ni el tiempo ni el espacio. En consecuencia, todos los públicos son tributarios suyos. (Mariátegui 1959c: 196)

Las tragedias del capital

A diferencia de la tradicional noción trágica de un héroe cuya irrepetible acción sólo puede repetirse posteriormente, el héroe surgido del cine aloja la repetición en un «origen» muy poco originario. Esa infinita capacidad de desdoblarse abre tanto la alternativa del verdadero arte como la de un arte ligado al espectáculo. Por este motivo Mariátegui ironiza ante la misma Bertini al describirla como «eterna heroína del amor» (1969: 208).

En ese caso, lo que se forja es un individual que deniega la lucha de clases. Un héroe revolucionario, por el contrario, debe ser el que presente la vida y lucha colectiva del trabajador. De hecho, al ser consultado en un curioso cuestionario sobre el héroe de la vida real que gana sus simpatías, Mariátegui (1955: 141) indica su preferencia por figuras contemporáneas de la clase obrera, mencionando al trabajador de la fábrica o la mina como ignoto héroe de la revolución.

Si para Mariátegui allí aparece el nuevo héroe es porque piensa al trabajador como sujeto de la política revolucionaria. El peruano explicita (1970: 222) que su reivindicación es la del trabajo, sin importar la zona en que se desarrolle, el saber que se tenga antes o la raza de quien lo realice. Es por esto que desecha la perspectiva que, basada en un *rancio humanismo*, opone trabajo manual y trabajo intelectual. Lo que le interesa no es la realidad previa al trabajo, sino cómo el sujeto y el mundo son transformados a través del trabajo.

Contra la separación capitalista entre trabajo técnico y creación intelectual, aspira a su unidad en el marco de una nueva experiencia del trabajo moderno, capaz de abrir la creatividad humana que el capitalismo desecha. En este sentido, es en las alternativas de la vida moderna, y no fuera de ella, que el obrero podría emanciparse, liberando los medios del trabajo de los fines del capital: «El destino del hombre es la creación. Y el trabajo es creación, vale decir liberación. El hombre se realiza en su trabajo. Debemos al esclavizamiento del hombre por la máquina y a la destrucción de los oficios por el industrialismo, la deformación del trabajo en sus fines y en su esencia» (Mariátegui 1957: 154).

Bien argumenta Florestan Fernandes (1994-1995: 17), en esa línea, que Mariátegui nota el crecimiento de la barbarie en los avances del capitalismo. A propósito de Estados Unidos, por ejemplo, narra la tensión entre el mínimo de calidad de vida y la máxima cantidad de riqueza que constituye al capitalismo de avanzada. En esas tierras, la ciudad se transforma productivamente al servicio del capital. Si en la decadente Europa sigue primando la torre, en la pujante vida estadounidense impera el edificio, capaz de albergar a la muchedumbre trabajadora (Mariátegui 1959c: 27). Recién al liberarse de ese encierro la nueva clase heroica puede tener la oportunidad de forjar una nueva vida que acabe con los antiguos mitos de la vida burguesa: «La antorcha de la estatua de la Libertad será la última luz de la civilización capitalista, de la civilización de los rascacielos, de las usinas, de los *trusts*, de los bancos, de los cabarets y del jazz band» (1959d: 83).

Si la aburrida vida capitalista se desarrolla en esa ciudad que se encierra en torres, quien forje el nuevo mito revolucionario ha de buscarlo en otro lugar. En esa dirección, Mariátegui (1959a: 86) resalta la importancia que adquiere la búsqueda del oro como tragedia del hombre contemporáneo. El héroe de esa nueva tragedia no podría recordar al revolucionario de la cantina europea, superada por el capitalismo estadounidense y su invención de un deseo que trasciende los pasajes del siglo XIX. Hasta su aspecto cambia en la nueva ciudad. Mariátegui sugiere una relación entre la desromantización del movimiento obrero y la pérdida de la antigua imagen barbuda de la bohemia revolucionaria. Esta última es reemplazada en la ciudad moderna por una estética de mayor urbanidad y cautela: «La silueta del hombre metropolitano es sobria, simple, geométrica como la de un rascacielos. Su estética rechaza, por esto, las barbas y los cabellos boscosos. Apenas si acepta un exiguo y discreto bigote» (Mariátegui 1955: 108).

Es evidente que la estampa de Charles Chaplin puede adivinarse ahí.

Las comedias del capital

La lectura que hace Mariátegui de Chaplin ha sido poco estudiada, fuera de algunas indicaciones del entusiasmo del primero por el cine del segundo (Unruh 1989: 54, Castro 1995: 201) y de algunos comentarios que hemos citado o que pronto citaremos. Un texto tan breve, sin embargo, puede ser crucial para pensar, desde lo se ha visto sobre el mito, lo que Mariátegui concibe como un arte crítico.

Mariátegui rescata de su cine la opción de imaginar una vida antiburguesa en el seno del capitalismo industrial. Para ello, piensa las distintas estrategias de composición que circulan por la ciudad moderna. En su imprescindible comentario sobre la importancia del cine para Mariátegui, Clayton advierte la importancia del séptimo arte en las mixturas entre unas y otras formas de arte. El cine debe –según la comentarista (2009: 246)– ser parasitario, al punto de trascender la división burguesa de las bellas artes y abrirse a otras técnicas de composición. Su autonomía formal destrona la antigua jerarquía entre arte y técnica. En particular, para Mariátegui, lo que utiliza Chaplin es la escena circense, a fin de construir una narración inspirada en el *clown*. O sea, se trata de un artista que aborda las más serias preguntas a través de respuestas cómicas, alcanzando lo que presenta como un humor absolutamente serio.

En otro texto, de hecho, Mariátegui (1959a: 43) vincula el *clown* al dadaísmo centroeuropeo; comparten el humor, ese que el *clown* utiliza para plantear una lapidaria crítica a la existencia. En particular, en Gran Bretaña, donde el *clown* alcanza su máximo desarrollo a través de nadie menos que Bernard Shaw: «La Gran Bretaña ha hecho con la risa del clown de circo lo mismo que con el caballo árabe: educarlo con arte capitalista y zootécnico, para puritano recreo de su burguesía manchesteriana y londinense. El clown ilustra notablemente la evolución de las especies» (1959b: 60).

El *clown* previo al cine, en ese sentido, es superado por la vanguardia artística y por el capitalismo estadounidense. Tal como el equino es sobrepasado por la máquina (Mariátegui 1955: 101), el *clown* sigue una deriva similar cuando entra en el cine a través de la comedia de Chaplin y su crítica a la vida moderna. Como bien nota Bernabé (2009: 176), el carácter bohemio del cine que produce, renuente a la subjetivación capitalista, le permite mantener un carácter nómade en la ciudad y más allá de ella, abriendo otros lugares al sueño de la libertad.

Mariátegui retrata el *pathos* nómade de Chaplin como el del hombre común que supera escollos individuales para alcanzar la riqueza individual. Su tragedia es la de quien desea, pero no puede, enriquecerse en el capitalismo. Su heroísmo resulta, por lo tanto, algo oblicuo. Con lucidez, Beigel (2003: 120) precisa su lectura como la de un héroe frágil. Esto es, un héroe que no motiva del todo un recuerdo en el que la comunidad se reconozca, pues no tiene comunidad ni realiza nada memorable. El contenido que propone Chaplin no pareciera ser revolucionario: su tragedia no es la de la brega política, sino la del trabajo que rehúye el enfrentamiento con la industria. Busca la riqueza individual sin una lucha colectiva por los medios de producción de la riqueza.

Contra lo que se pudiera predecir, son esas características las que permiten que Chaplin se erija como el héroe moderno, pues el rendimiento crítico de su obra pasa por la identidad del héroe antes que por sus acciones. Reacia a un eventual carácter sublime, esta comedia forja una épica sin héroe ni triunfo. Tras Chaplin, la búsqueda del oro deja de ser el mito burgués de la historia de la libertad del hombre emprendedor para pasar a ser la comedia de la libertad de un hombre que muestra que debe haber otra vida para los hombres. Es en su despolitización –siguiendo a Barthes (1999: 23)–, en la estampa del pobre, contrapuesta a la politizada figura del proletario, donde puede residir la condición política de Chaplin. La heroicidad de Chaplin –podría especularse– residiría en esta osada propuesta: la construcción de un antihéroe capaz de indicar al espectador que es él quien debe transformarse en héroe colectivo.

La tierna soledad expuesta por Chaplin indica la necesidad de superarla a partir de la lucha real que habría de dar la clase trabajadora, que, al ver a Chaplin, puede notar la pobreza de la experiencia de quien combate individualmente por el botín capitalista. Recién tras ese reconocimiento podría acontecer, después del filme, la acción sublime de la clase trabajadora. Con toda su claridad lo describe Vallejo, autor muy apreciado por Mariátegui[5], al destacarlo como puro y supremo creador de nuevos y más humanos instintos políticos

---

[5] Véase Rojo 2009: 207-209.

y sociales: «Sin protesta barata contra subprefectos ni ministros; sin siquiera pronunciar las palabras "burgués" y "explotación"; sin adagios ni morales políticas, sin mesianismo para niños, Charles Chaplin, millonario y gentleman, ha creado una obra maravillosa de revolución. Tal es el papel del creador» (Vallejo 1996: 110).

En el desmontaje de los previos géneros de la representación, su tragedia individual genera una nueva comedia que abre la futura épica colectiva de la clase obrera. Chaplin se vale así del paso a la reproductibilidad técnica como una ganancia doble: la de otra forma posible de narrar y la de otra forma necesaria de circular. A diferencia de quienes puedan pensar la inmersión en la reproductibilidad técnica como una pérdida de fuerza en la producción artística, para Mariátegui el logro de Chaplin es el de la intensificación de su singular heroísmo gracias a una creación que en cada repetición gana vida:

> La salud, la energía, el *élan* de Norte América retienen y excitan al artista; pero su puerilidad burguesa, su prosaísmo arribista, repugnan al bohemio, romántico en el fondo. Norte América, a su vez, no ama a Chaplin. Los gerentes de Hollywood, como bien se sabe, lo estiman subversivo, antagónico. Norte América siente que en Chaplin existe algo que le escapa. (1959b: 61)

En esa medida, Chaplin constituye un exceso sin excedente para el capital, exceso que abre la posibilidad de otra relación entre la vida y la técnica. En la nueva vida que se promete el trabajo técnico no despotencia la vida, sino al contrario. El capitalismo le teme, pues su lucha frente al dolor puede traspasarse a las masas trabajadoras de todo tiempo y espacio, que habrían de luchar por otro tiempo y espacio.

Por lo mismo, Mariátegui destaca la aprobación transversal que suscita el humorista. A diferencia de antiguas y contemporáneas estrategias críticas, Chaplin logra un arte simultáneamente masivo y revolucionario; un arte cercano a la realidad debido al distanciamiento que produce en el espectador que se ríe de la promesa capitalista de éxito y piensa en la urgencia de un ideal colectivo que no es el de una vida previa a la técnica laboral de la industria ni a la técnica artística del cine. A diferencia de Bertini, recupera la técnica para levantar, en el cine, otro ideal de vida. Bien argumenta Clayton (2009: 249) que redime al cine ofreciéndole un nuevo mito capaz de exponerse a un público no delimitado por su clase, lugar o lengua.

Chaplin, por tanto, no es el nuevo héroe *pese* al carácter reproductivo del registro cinematográfico; lo es, en efecto, *gracias* a la repetitividad de tales técnicas. Heroicidad y repetición, por ende, son compatibles en su obra y resultan perentorias para gestar un nuevo mito para el proletariado moderno que no pierde su reflexión ante la inmediatez del héroe, sino que con su velocidad y osadía piensa en la política que debe generar. Sin destino ni violencia, libera los medios modernos para indicar la potencia que la industria moderna les niega: «Chaplin alivia, con su sonrisa y su traza dolidas, la tristeza del mundo. Y concurre a la miserable felicidad de los hombres, más que ninguno de sus estadistas, filósofos, industriales y artistas» (Mariátegui 1959b: 63).

Los trágicos pasos del pasado

Llegados a este punto, resulta pertinente cuestionar la potencia de un héroe como Chaplin para las luchas populares en Latinoamérica[6]:

---

[6] Es claro que, en este sentido, nos interesa releer la obra que Mariátegui produce en Perú desde su periplo por Europa y no a la inversa, como suele hacerse. Con ello, evidentemente, no sostenemos que no haya modificaciones en las concepciones y temas de Mariátegui, sino que incluso las preocupaciones de este último por el indio no dejan de superponerse con un vanguardismo cosmopolita al que no renuncia. En esa dirección, bien nota Terán (1985: 36) que en Mariátegui persiste uno y otro estrato de experiencia, frente a una posible lectura de su época

sin la urbe industrial –podría argumentarse–, su heroicidad parece imposible; sin embargo, para Mariátegui esto significa que es tanto o más necesaria.

La velocidad de Chaplin contrasta de forma positiva con el estado de retraso existente en Perú, que no se explica por la falta de modernización sino por su inserción subordinada en la modernización capitalista. Frente a un sustancialismo que pudiera contraponer optar por la identidad antes que por la modernidad, para Mariátegui la vida moderna instala los cambios que abren la opción de la revolución por venir, en tanto sustracción de las previas identidades conocidas. En

en «etapas», que autorizase pensar al Mariátegui que escribe en Perú al margen o contra de lo que conoce y piensa en Europa. Por eso nos interesa insistir en una lectura cosmopolita de Mariátegui, en discrepancia a su habitual lectura en torno a la identidad. Esta última estrategia de lectura es tan recurrente que puede hallarse entre autores representativos de distintas disciplinas y posiciones teóricas. A modo de ejemplo, Zea (1976: 177) lo presenta como uno de los autores que toman conciencia de la realidad propia del hombre americano y buscan desentrañar su historia, en la búsqueda en *nosotros mismos*, mientras que Roig (2002: 123) describe en su obra un cosmopolitismo que supone una relación directa con *nuestras patrias*. Por otra parte, Moraña (2009: 46) señala que Mariátegui logra sintetizar telurismo y universalismo, y que su concepción puede calificarse, *sin contradicciones*, como nacionalista (Moraña 1984: 46). Mignolo (2010: 92) remite a su epistemología localizada y Cornejo Polar (2009) destaca que su obra disuelve la oposición entre nativismo y cosmopolitismo, tradición y modernidad. Evidentemente, las afirmaciones de particularismo ahí suscritas no implican que Mariátegui se cierre al mundo, pero suponen la presencia de un lugar de lectura previo a su apertura. Esto es lo que nos parece problemático, pues asumimos que para Mariátegui es en esa apertura, y no antes de ella, que puede surgir uno u otro lugar. Cornejo Polar, a la inversa, piensa el cosmopolitismo de Mariátegui como una etapa superable para llegar a lo nacional. El gesto cosmopolita, escribe Cornejo Polar (1994: 164, nota al pie 11), le permite ir acercándose a sí mismo. Lo que deja allí de leer es que esa mismidad no podría ser, para Mariátegui, previa al cosmopolitismo, de forma tal que no puede dejar de nutrirse, infinitamente, de nuevas aperturas que lo alejan de sí, como bien apunta otro comentarista: «En el Perú, es inevitable que todo proyecto nacional aparezca filtrado por la traducción» (Melgar Bao 1993: 64).

consecuencia, no aspira a refugiar a Perú fuera de la modernidad; antes bien, su deseo es el de una modernización que le dispute terreno a la rancia vida colonial y construya otro Perú:

> Aquí, debemos convencernos sensatamente de que cualquiera de los modernos y prosaicos buildings de la ciudad, vale estética y prácticamente más que todos los solares y todas las celosías coloniales. La «Lima que se va» no tiene ningún valor serio, perfume poético, aunque Gálvez se esfuerce por demostrarnos, elocuentemente, lo contrario. Lo lamentable no es que esa Lima vaya, sino que no se haya ido más de prisa. (Mariátegui 1960b: 32)

La distancia que expresa lo citado con respecto a cualquier imagen fetichizada del pasado es clara. Crítico de la tentativa de un idéntico retorno del pasado, Mariátegui afirma que un revolucionario jamás imagina que la historia se inicia con él, pero que tampoco cree que el pasado previo a su acción se baste a sí mismo (1957: 235). Ha de ser suplementado, por tanto, por la politización de un presente que pueda retomar, hacia el futuro, un lazo siempre tenso y discontinuo

---

Es esto último lo que olvidan algunos de quienes, al haber abordado más largamente la obra de Mariátegui, notan la tensión entre cosmopolitismo y nacionalidad en su obra. Chang (1957: 198), por ejemplo, refiere al cosmopolitismo para contraponer a Mariátegui y Haya de la Torre. El cosmopolitismo, por tanto, es leído como un dato opuesto, y no constitutivo, de la construcción de la nacionalidad. Por su parte, Flores Galindo (1980: 45), recuerda que para Mariátegui el internacionalismo es la superación dialéctica, no simple, del nacionalismo, como si hubiese nación sin cosmopolitismo. Acaso objetando la conclusión cosmopolita a la que llega Mariátegui a partir de su lectura de la cultura judía (cuya defensa de un cosmopolitismo irreductible a cualquier estatalización debiera ser contrapuesta con la posición de Borges ante Israel) Flores Galindo recuerda ese tópico pero concluye que a Mariátegui le preocupa el mundo, pero preocupándose porque la revolución se realizase respetando y promoviendo *nuestra personalidad*. Sin embargo, las reflexiones del amauta sobre el desarrollo cultural latinoamericano, según intentaremos mostrar, impiden pensar en cualquier determinación de lo nuestro desde el respeto por las propias fronteras. Insiste en la urgencia de interiorizar infinitamente lo exterior, y no –tal como se lo suele leer– en la estrategia inversa.

con ese pasado. Por este motivo, y ante los rechazos a la heroicidad cinematográfica en nombre de las luchas populares tradicionales, Mariátegui insiste en que la misma pervivencia de esas luchas se juega en la disposición a transformarse desde lo que su presente les exige: «La tradición es, contra lo que desean los tradicionalistas, viva y móvil. La crean los que la niegan para renovarla y enriquecerla. La matan los que la quieren muerta y fija, prolongación de un pasado en un presente sin fuerza, para incorporar en ella su espíritu y para meter en ella su sangre» (1960b: 161).

Esa heterogénea dinámica de los traspasos y alianzas entre pasado y presente ya puede ser leída, de acuerdo a lo que destaca Mariátegui (1960b: 81), en el gesto modernizante de la embrionaria burguesía que encabeza la Independencia. Con ello, ciertamente, no desconoce los límites de clase y etnia del proyecto liberal que critica de manera tan decisiva. Lo que valora, en su lugar, es su apertura del lugar a saberes que no habrían sido suyos, tal como más tarde el propio Mariátegui y tantos otros establecen con nuevos saberes su crítica al orden que han gestado los líderes de la Independencia. Mariátegui enfatiza que fue al sobrepasar las fronteras que pudieron imaginar, a partir de la inspiración europea, otra vida en Perú. Los libertadores, destaca Mariátegui (1959b: 37), fueron hombres imaginativos que crearon una realidad nueva, con un mito nuevo que se sustraía de la antigua tradición.

De ahí en adelante, la apertura al mundo condiciona todo prurito identitario en Perú, asumiendo que es más de una la tradición por releer y abrir. De hecho, Mariátegui hace notar que la vida nacional resulta deprimida toda vez que el contacto con el extranjero se debilita (1960b: 38). Se justifica entonces la ironía de Mariátegui con respecto a quienes piensan la cultura con la pretensión de una total independencia de Europa, mistificando una realidad nacional que es parte de la mundial. Ante ese tipo de particularismos, recuerda que no hay opción de pensar la filosofía, la maquinaria o incluso el idioma como si hubieran sido producidos con autarquía por la sociedad peruana (1960b: 36).

La apuesta por gestar una cultura peruana moderna debe pensarse abierta al mundo: es sólo tras la mediación cosmopolita que podría emerger una cultura nacional, exenta de la pregunta por un origen que ya ha diferido de sí al estar siempre expuesto en el límite que desdibuja, por lo que no podría creerse que en algún momento logre una realidad delimitada que pudiese prescindir del exterior. La necesaria construcción de la nación es, una y otra vez, su deconstrucción. Peruanizar al Perú, retomando su conocida expresión, es siempre también desperuanizarlo.

Es probable que para Mariátegui haya sido la tradición literaria la que ha desplegado de forma más rica esta mixtura de tiempos y espacios en Perú. El pensador interpreta (1960b: 170) su desarrollo a través de múltiples tradiciones que no se dejan pensar en una unidad simple, pues la tradición nacional peruana, tal como subraya, es triple. La falta de un origen unitario abre la construcción de la cultura a la mixtura de herencias que se respetan al ser reinventadas. Al no quedar la cultura indígena fuera de la moderna, como sí acontece en el imaginario de Borges, puede reinventarse con otras culturas en una modernidad que no supone, contra las formas determinadas del eurocentrismo moderno, una forma ya dada de cultura a la cual puede o no adaptarse la herencia indígena. La poesía de Vallejo es para Mariátegui el mejor ejemplo de la productividad de estos desdibujamientos.

La cultura peruana por venir pasa entonces por la construcción, siempre frágil, en la indeterminación. Su herencia heterogénea impide que en Perú toda figura que se produzca tenga contorno claro y distinto. Incluso en los nombres la realidad se mostraría algo borrosa y confusa (Mariátegui 1957: 105). Esa indeterminación no es pensada como error o pérdida, sino como la apertura que permite la transformación gracias a las modificaciones que le imprime el contacto con otra cultura.

Lo que describe acerca de Perú bien podría extenderse, asumiendo las necesarias modulaciones, para el resto del continente. El ejemplo contemporáneo que destaca es el de la poesía argentina de vanguardia, que Mariátegui (1960a: 106, 115; 1960b: 106) rescata, con notable lucidez, por su capacidad de crear desde el arte europeo ultramoderno y con un «auténtico acento gaucho»: a partir de tal estatuto bifronte es que se lograría crear una poesía tan argentina como cosmopolita, si es que no –habría que añadir– argentina por cosmopolita y viceversa[7].

El propio Mariátegui parece pensarse a sí mismo con esa estrategia, al señalar que ha hecho su mejor aprendizaje en Europa o al rescatar la *argentinidad* de Sarmiento como forma de ser argentino (1959b: 12). Con lo último, por supuesto, no suscribe las tesis racistas del argentino: lo que valora es su insistencia en la incesante reconfiguración de la nación, más allá de uno u otro esquema. Como bien escribe Perus (1996: 250), rescata allí el gesto de ir y venir, de traspasar las fronteras previas.

La eventual autenticidad del arte o el pensamiento, por ende, remite menos a la fuente con la que piensa que a su preocupación por un presente vivo que nunca se basta a sí mismo, necesitando siempre de otro préstamo del pasado peruano y del presente mundial. En esa línea, Mariátegui (1970: 246) sostiene que la originalidad a ultranza resulta una preocupación literaria y anárquica –en el peor sentido,

---

[7] La aprobación de Mariátegui de la poesía de Girondo y Borges es notable: contra el posterior intento de Borges de desentenderse del singular deseo criollista de sus primeros textos para derivar hacia una posición cosmopolita, lee ese criollismo como un gesto cosmopolita. Puesto que el cosmopolitismo del peruano no parte de un esquema que oponga el particularismo latinoamericano al universalismo europeo, puede leer la temprana escritura borgeana como parte del movimiento cosmopolita que reinventa la figura criolla en la literatura mundial. Así, contra el conservadurismo que propone una literatura no cosmopolita que respetase la identidad de una ciudad previa, para Mariátegui, en virtud de la incorporación cosmopolita, nadie es más porteño que Borges y Girondo (1957: 329).

claro está, de ambas palabras. Su política, por contra, pide tanto una comedia chaplinesca de factura peruana, que por no imitar con servilidad lo ya hecho sea fiel a Chaplin, como una reflexión capaz de dar cuenta de las oportunidades y tensiones que su arte abre. Y propone, a partir de tales materiales, construir la reflexión y acción revolucionaria. Su tentativa de hilar ese aún ausente pensamiento marxista latinoamericano no se juega en su eventual sustracción de los idearios extranjeros, pues descansa en la alternativa de vincularse con ellos de otro modo.

La originalidad de la repetición

El crítico diagnóstico de Mariátegui (1960a: 24) sobre la filosofía en Latinoamérica parte reconociendo que Europa, pese a su decadencia, sigue contando con los mayores pensadores contemporáneos. Frente a quienes creen que la necesidad de ir más allá de sí implica que no hay novedad, habría que pensar que justamente por la urgencia de que su repetición difiera es que habría que ser creativo. Si el mismo Mariátegui ha sido original –como tantas veces se ha dicho, sin sopesar todo lo que eso puede significar– es porque no ha dejado ni de leer las letras europeas ni de leerlas de otra forma.

Es con ese ademán que surge y se prolonga el marxismo latinoamericano en el que Mariátegui ocupa un rol tan destacado, con una filosofía orientada desde y para una praxis creativa. Por eso recupera (1960a: 82) la reescritura de Vasconcelos del pesimismo de la práctica y el optimismo del ideal para sustituir esta última palabra por la de la acción. Es en ella donde podría cribarse su *destino*, como si la tragedia latinoamericana no llevase a la derrota, sino a la obligación de actuar con múltiples ideales al afirmar su ambigua identidad. Con la esperanza de quien se proyecta entre repeticiones, la acción abre la creación contra lo existente: «Todos los grandes ideales humanos han partido de una negación; pero todos han sido también una afirmación» (Mariátegui 1959b: 28).

Se trata de defender la posibilidad de rescatar, de modo siempre selectivo, los saberes de un pasado propio y un presente ajeno. Ese rescate riesgoso ha de tener como objetivo la generación de un pensamiento capaz de alterar y orientar un presente propio con la dignidad que este pide, al desmantelar la supuesta certeza de la distancia entre lo propio y lo ajeno. En particular, ante la necesidad impuesta por la coyuntura de torcer al marxismo europeo.

De acuerdo a la inteligente lectura de Aricó (1978: XLVII), la política revolucionaria de Mariátegui se juega, justamente, en su atención a la coyuntura para gestar el vínculo entre indigenismo y socialismo, poco pensable en la experiencia europea. La indeterminada tradición latinoamericana es la que permite la composición de un socialismo que retome esa herencia. No se trata de llevar el ideal socialista a una realidad indígena previa; su tarea, más bien, es abrir una y otra tradición para gestar un programa inédito. Por así decir, su deber es el de levantar un socialismo abierto que asuma la particular lucha indígena, antes que un indigenismo incapaz de traspasar las fronteras de una u otra tierra.

Cumplir con esa tarea parece haber sido el proyecto de *Amauta*, revista que se sitúa en los complejos bordes de la sutura entre el Viejo y el Nuevo Mundo (Terán 2009: 273), entre Europa y América y entre el pasado y el futuro. Al presentar la publicación, Mariátegui (1970: 248) asume su ubicación liminal y su intención de gestar, más que otra cultura, un nuevo estilo. En ese esquivo lugar considera al socialismo moderno europeo y la tradición incaica sin limitarse a sus formas previas, aliándolos en una mixtura inédita que busca potenciar una y otra tradición.

En ese sentido, Mariátegui resalta que *amauta* es una palabra de lengua indígena, pero que su elección pretende *crearla de nuevo*. Es decir, con una repetición que recrea en el retorno de la misma palabra, en otra lengua y de otra manera. Mariátegui instala la palabra indígena en un presente que enrarece, puesto que no aspira a mantenerla en esquemas dados del pasado o el presente. Antes bien, instala la diferencia que altera el pasado y el presente para gestar el futuro con una heroicidad que ha de leerse sin otro destino que el de seguir afirmándose: «No queremos, ciertamente, que el socialismo sea en América calco y copia. Debe ser creación heroica. Tenemos que dar vida, con nuestra propia realidad, en nuestro propio lenguaje, al socialismo indo-americano. He aquí una misión digna de una generación nueva» (1970: 249).

La heroicidad de tal creación, si asumimos lo ya expuesto, no se da en la ausencia de repetición. En esa línea, resulta erróneo señalar que Mariátegui opta por la creación antes que por la repetición en la política o en el arte, como sostienen Fornet-Betancourt (2001: 111) y Goloboff (1983: 384), respectivamente. Al contrario, sus análisis de los procesos culturales latinoamericanos y sus loas a un héroe que emerge del registro cinematográfico apuntan a una creación heroica que es producto del incesante re-crear de un héroe que, por depositar en el público su triunfo, ya no requiere de la antigua seriedad de quien se piensa irrepetible. Con Chaplin, en el marxismo, se abre la defensa de la comedia.

La risa de la tragedia

Parte de la vida colonial peruana que Mariátegui cuestiona es la tristeza de quien no puede sostenerse a sí mismo en la existencia dizque moderna. Nostálgica y pendenciera, la vida peruana, según critica, es proclive a llantos o riñas que imposibilitan la emergencia de héroe alguno. En vez de afrontar la verdadera lucha que pide el presente, esa vida la elude sin inventiva. Como la poesía limeña melancólica, más que trágica es aburrida, propia de quienes se cansan de no haber hecho nada. Fatigada antes de la aceleración moderna y no a causa de ella, la artificial neurastenia del limeño es contrapuesta a la dinámica de la ciudad europea:

> No es cierto que nuestra gente sea alegre. Aquí no hay ni ha habido alegría. Nuestra gente tiene casi siempre un humor aburrido, asténico y gris. Es jaranera pero no jocunda. La jarana es una de las formas de su astenia. Nos falta la euforia, nos falta la juventud de los occidentales. Somos más asiáticos que europeos. ¡Qué vieja, qué cansada parece esta joven tierra sudamericana al lado de la anciana Europa! (Mariátegui 1960b: 23)

Para Mariátegui, cuando más se muestra el cansancio peruano es en la falsedad del momento que debe ser alegre. O sea, en el carnaval. Alegra ver su falta de alegría, tan pálida y artificial (Mariátegui 1955: 123), pues muestra el carácter moribundo de lo que la historia debe superar. Quienes instalan esa representación de un pasado incapaz de renovarse no se alegran con la escena que montan. Mariátegui describe ese carnaval como una fiesta predecible, tributaria de un imaginario monárquico que aburre a la vida moderna y su deseo de novedad.

Lo que no saben (ni podrían saber) los grupos dominantes que animan el carnaval es que al intentar resucitar la corona terminan de aniquilarla, pues la destinan a convertirse en otro de los restos de un pasado que puede utilizar, sin reverencia alguna, la vida del presente. Mientras esos conservadores buscan mantener ese pasado como tal, sin legar herencia alguna, la vida nueva, resistiendo al museo, lo renueva:

> Los disfraces nos enseñan que el pasado sólo puede resucitar de manera carnavalesca. El Pasado es una guardarropía. No es posible restaurar el Pasado. No es posible reinventarlo. Es posible únicamente parodiarlo. En nuestra retina, el Presente es una instantánea: el Pasado es una caricatura. (1955: 129)

La única alegría del carnaval es la de quienes se apropian ahí de los signos que les resultan, por ajenos, desconocidos en la vida cotidiana. Los signos de la monarquía pierden distancia al instalarse en la cultura popular. De ahí que Mariátegui considere al carnaval como la única instancia de educación democrática en Perú: como si la falsa democracia liberal requiriese de la exposición de su careta monárquica para mostrar su verdad. Recién ante esa escena el espectador comprende los disfraces con los que se reviste la vida republicana. Es por eso que el problema del carnaval no radica en su carácter risible, sino en el hecho de que algunos aún lo tomen en serio.

La nueva vida, al revés, ríe de la anacrónica reaparición que confirma su muerte. El hecho de que la vida colonial derive en espectáculo de contemplación se debe a su incapacidad para regir la vida moderna que transcurre antes, durante y después del carnaval, esa que transforma su oropel en otro artefacto de entretenimiento. La tragedia del antiguo mito, por tanto, es que inevitablemente deviene una comedia sin héroe alguno que pueda restaurar su antigua verdad.

Por tales motivos Mariátegui pronostica un golpe de Estado capaz de instalar la figura republicana en el antiguo trono carnavalesco del rey. Lo cual, claro está, expresaría la caducidad de los héroes de la República y la consecuente necesidad de superar el orden republicano que abandona la vida histórica al desplazarse hacia la escena carnavalesca. El último episodio de la decadencia de la democracia habrá de ser, entonces, la inclusión de las formas republicanas, viejas en la política, en un nuevo carnaval (Mariátegui 1955: 133). Pasada de moda, la democracia liberal gana presencia en el carnaval, mientras fuera del escenario irrumpe la nueva vida socialista, esa que entre técnicas y repeticiones se confronta, con figuras modernas, a un pasado moribundo cuyos mitos y tragedias ya no pueden más que provocar risa.

Mientras el héroe del proletariado moderno se presenta en el cine sabiendo que su presencia se debe desdoblar para generar un héroe que actúa después de su cómico montaje, el orden monárquico sigue presentándose como el serio cuerpo del pasado que busca –siempre fallidamente– mantener la historia en esa detención. La comparsa obrera experimenta ese fracaso con alegría, pues sabe que no necesita un héroe sobre el escenario, ya que se ha vuelto capaz de establecer su nuevo mito para construir otra escena de la política. Ríe una y otra vez de la repetición de lo que, con una estructura compulsiva, cava y cava su tumba sin heroicidad alguna. En simultáneo, el héroe colectivo obrero construye, entre repeticiones, la nueva vida a partir de la observación del antihéroe que sutura cualquier presencia acabada del mito; con su risa, el proletariado abre la urgencia de pensar en lo ideal y de actuar en su nombre con múltiples técnicas y tradiciones modernas, releídas desde la apertura latinoamericana al mundo.

Es en el paso de reír del carnaval a reír con Chaplin que se juega, para Mariátegui, la posibilidad de una heroicidad capaz de crear, en los deslices de la repetición del presente europeo y del pasado inca, el marxismo indoamericano por venir. Y allí quizás nada se repita tanto como la risa que, por conocer su destino, es capaz de afrontar su gesta con alegría.

Bibliografía

Acevedo de Blixen, Josefina (1968): *Novescientos*. Montevideo: Ediciones del Río de la Plata.

Acosta, Yamandú (2010): «Hegemonía batllista y ética intelectual. La formulación del nuevo paradigma ideológico: Carlos Vaz Ferreira, Domingo Arena, Emilio Frugoni». En *Pensamiento uruguayo. Estudios latinoamericanos de filosofía de la práctica e historia de las ideas*. Montevideo: Nordan, 59-90.

Adorno, Theodor (2005): *Ensayos sobre la propaganda fascista. Psicoanálisis del antisemitismo*. Buenos Aires: Paradiso.

Agamben, Giorgio (2001): «Infancia e historia. Ensayo sobre la destrucción de la experiencia». En *Infancia e historia*. Buenos Aires: Adriana Hidalgo, 7-91.

Aguirre, Rosario (2008): «Relaciones de género en la sociedad uruguaya del siglo xx: Cambios y continuidades». En Nahum, Benjamín (dir.): *El Uruguay del siglo xx. Tomo iii: La sociedad*. Montevideo: Ediciones de la Banda Oriental, 163-183.

Agustini, Delmira (1948): «Artistas!». En *Poesías*. Montevideo: C. García y cía., xxx.

— (1969): *Correspondencia íntima*. Biblioteca Nacional: Montevideo.

Alifano, Roberto (1988): *Últimas conversaciones con Borges*. Buenos Aires: Torres Agüero.

Alonso, Diego (2009): «José Enrique Rodó: una retórica para la democracia». En *Revista canadiense de estudios hispánicos* 25 (2): 183-197.

Alvarado, Miguel (2009): «*La Edad de Oro*: germen de emancipación mental en la filosofía para niños». En *Revista Cubana de Filosofía* 15: s.p.

Andermann, Jens (2000): «Demoliendo hoteles». En Canaparo, Claudia & Louis, Annick & Rowe, William (eds.): *Jorge Luis Borges. Intervenciones sobre pensamiento y literatura*. Buenos Aires: Paidós, 73-81.

ANDERSON, Benedict (1991): *Imagined communities: reflections on the origin and spread of nationalism*. London: Verso.

ANDRADE, Oswald de (1979): «Manifiesto antropófago». En *Obra escogida*. Caracas: Ayacucho, 65-72.

ANDREOLI, Miguel (1993): «La naturaleza del derecho». En *El pensamiento social y jurídico de Vaz Ferreira*. Montevideo: Universidad de la República, 73-79.

— (2005): «El feminismo de Carlos Vaz Ferreira». En *Mora* (11): 122-135.

— (2010): «El pluralismo de Vaz Ferreira». *Actio* (10): 89-98.

ARDAO, Arturo (1971): «La idea de tiempo en Rodó». En *Etapas de la inteligencia uruguaya*. Montevideo: Universidad de la República, 271-286.

ARICÓ, José (1978): «Introducción». En Aricó, José (ed.): *Mariátegui y los orígenes del marxismo latinoamericano*. México DF: Siglo XXI.

ARISTÓTELES (1974): *Poética*. Madrid: Gredos.

ATIENZA, Manuel (s.f.): «Por qué no conocí antes a Vaz Ferreira»: <http://dfddip.ua.es/es/documentos/por-que-no-conoci-antes-a-vaz-ferreira.pdf>.

AUGÉ, Marc (1992): *Las formas del olvido*. Barcelona: Gedisa.

AVELAR, Idelber (2012): «Hacia una genealogía del latinoamericanismo». En *Revista de Pensamiento Político* (2): 19-31.

BADIOU, Alain (2006): «La potencia de lo abierto: universalismo, diferencia e igualdad». En *Archipiélago* 73-74: <artxibo.arteleku.net/es/islandora/object/arteleku%3A2981/datastream/OBJ/download>.

— (2011-2012): «Ocho tesis sobre lo universal». En *Archivos de filosofía* 6-7: 411-424.

BAEZA, Ana (2012): *No ser más la bella muerta. Erotismo, sujeto y poesía en Delmira Agustini, Teresa Williams Montt y Clara Lair*. Santiago: Universidad de Santiago de Chile.

BALDERSTON, Daniel (1992): «Borges y el encuentro: "La escritura del Dios"». En *Utopías del Nuevo Mundo/Utopias of the New World. Internation symposyum*. Praga: Institute for Czech and World Literature, Charles University, 212-218.

— (2003): «Gaúcho da frontera: Uruguay e Rio Grande do Sul». En Moreira, María Eunice (ed.): *Histórias da Literatura: Teorias, Temas e Autores*. Porto Alegre: Mercado Aberto, 188-207.

— (2006): *¿Fuera de contexto? Referencialidad histórica y expresión de la realidad en Borges*. Rosario: Beatriz Viterbo.
BALIBAR, Etienne (1991): «La forma nación: historia e ideología». En Balibar, Etienne & Wallerstein Immanuel: *Raza, nación y clase*. Madrid: Epala, 135-167.
— (1993): «What is a politics of the rights of man?». En *Masses, classes ideas. Studies on politics and philosophy before and after Marx*. London: Routledge, 205-225.
— (2002): «Ambiguous Universality». En *Politics and the other scene*. London: Verso, 146-176.
BARRÁN, José Pedro (1995): *Medicina y sociedad en el Uruguay del novecientos. Tomo 3. La invención del cuerpo*. Montevideo: Ediciones de la Banda Oriental.
BARRÁN, José Pedro & NAHUM, Benjamín (1990): *Batlle, los estancieros y el imperio británico. Tomo I. El Uruguay del Novecientos*. Montevideo: Ediciones de la Banda Oriental.
BARRENECHEA, Ana María (2002): «Tiempo, identidad, memoria y sueño en Borges». En *Bulletin Hispanique* 104 (2): 929-939.
BARTHES, Roland (1999): *Mitologías*. México DF: Siglo XXI.
BEIGEL, Fernanda (2003): *El itinerario y la brújula. El vanguardismo estético-político de José Carlos Mariátegui*. Buenos Aires: Biblos.
BELLINI, Guiseppe (1997): *Nueva historia de la literatura hispanoamericana*. Madrid: Castalia.
BENEDETTI, Mario (1966): *Genio y figura de José Enrique Rodó*. Buenos Aires: Eudeba.
BENJAMIN, Walter (1996a): «A look at Chaplin». En *The Yale Journal of Criticism* (9): 309-314.
— (1996b): «Sobre el concepto de historia». En *Dialéctica en suspenso. Fragmentos sobre la historia*. Santiago: ARCIS/Lom, 37-81.
— (2007): «Hacia la imagen de Proust». En *Obra completa. Libro II, Vol. I*. Madrid: Abada, 317-330.
— (2008): «Parque central». En *Obra completa. Libro I, Vol. 2*. Madrid: Abada, 261-269.
— (2010): «Imágenes que piensan». En *Obra completa. Libro IV, Vol. I*. Madrid: Abada, 249-390.

— (s.f.): «La obra de arte en la era de su reproductibilidad técnica». Edición de <www.philosophia.cl>.
Bernabé, Mónica (2009): «El oro y el circo. Esquema de una explicación de Mariátegui». En Moraña, Mabel & Podestá, Guido (eds.): *José Carlos Mariátegui y los estudios latinoamericanos.* Pittsburgh: Instituto Internacional de Literatura Iberoamericana, 169-184.
Blanchot, Maurice (2002): *El espacio literario.* Madrid: Editora Nacional.
Blixen, Carina (2002): *Desván del novescientos. Mujeres solas.* Montevideo: Ediciones del Caballo Perdido.
Block de Behar, Lisa (1999): *Borges, la pasión de una cita sin fin.* México DF: Siglo XXI.
Bordelois, Yvonne & Tullio, Angela di (2002): «El idioma de los argentinos. Cultura y discriminación». En *Ciberletras* (6): <http://www.lehman.cuny.edu/ciberletras/v06/bordelois.html>.
Borges, Jorge Luis. (1965): «El idioma de los argentinos». En Borges, Jorge Luis & Clemente, José Edmundo: *El lenguaje de Buenos Aires.* Buenos Aires: Emecé, 13-36.
— (1994a): *El tamaño de mi esperanza.* Barcelona: Seix Barral.
— (1994b): *Obras completas. Tomo I. 1923-1949.* Buenos Aires: Emecé.
— (1994c): *Obras completas. Tomo II. 1952-1972.* Buenos Aires: Emecé.
— (1994d): *Obras completas. Tomo III. 1975-1985.* Buenos Aires: Emecé.
— (1994e): *Obras completas. Tomo IV. 1975-1988.* Buenos Aires: Emecé.
— (1999a): *Autobiografía. 1899-1970.* Buenos Aires: Ateneo.
— (1999b): *Borges en Sur: 1931-1980.* Buenos Aires: Emecé.
— (2002a): *Arte poética. Seis conferencias.* Barcelona: Crítica.
— (2002b): *Textos cautivos.* Madrid: Alianza.
— (2002c): *Textos recobrados. Vol. 1.* Barcelona: Emecé.
— (2002d): *Textos recobrados. Vol. 2.* Barcelona: Emecé.
— (2002e): *Textos recobrados. Vol. 3.* Barcelona: Emecé.
— (2008): *Inquisiciones.* Madrid: Alianza.
Borges, Jorge Luis & di Giovanni, Norman (1999): *Autobiografía.* Buenos Aires: Ateneo.
Borges, Jorge Luis & Ferrari Osvaldo (2005a): *En diálogo. Vol. I.* México DF: Siglo XXI.

— (2005b): *En diálogo. Vol. II*. México DF: Siglo XXI.
BOSTEELS, Bruno (2000): «Más allá de Ariel y Calibán: notas para una crítica de la razón cultural». En Escaja, Tina (ed.): *Delmira Agustini y el modernismo. Nuevas propuestas de género*. Rosario: Beatriz Viterbo, 78-108.
— (2012): «Martí and Marx». En *Marx and Freud in Latin America. Politics, psychoanalysis and religion in times of terror*. London: Verso, 29-49.
— (2013): «México 1968. La revolución de la vergüenza». En *Cuadernos del Pensamiento Latinoamericano* (20): 128-142.
BRUÑA, María José (2005): *Delmira Agustini: dandismo, género y reescritura del imaginario modernista*. Berna: Peter Lang.
— (2008): *Cómo leer a Delmira Agustini: algunas claves críticas*. Madrid: Verbum.
BURGIN, Richard (1974): *Conversaciones con Jorge Luis Borges*. Madrid: Taurus.
BUSCARONS, Cecilia (2008): «Las políticas batllistas y las mujeres en Uruguay: 1903-1917. ¿Populismo o liberalismo ilustrado?». En García, Pilar et. al. (eds.): *Poder local, poder global en América Latina*. Barcelona: Ediciones de la Universitat de Barcelona, 139-150.
BUTLER, Judith (2000): «Reescenificación de lo universal: hegemonía y límites del formalismo». En Butler, Judith & Laclau, Ernesto & Žižek, Slavoj: *Contingencia, hegemonía, universalidad. Diálogos contemporáneos en la izquierda*. Buenos Aires: Paidós, 17-48.
CAETANO, Gerardo (2011): *La república batllista*. Montevideo: Ediciones de la Banda Oriental.
— (2013): «Filosofía y política en Uruguay. Carlos Vaz Ferreira y la promoción del "republicanismo liberal"». En *Prismas* (17): 89-115.
CAETANO, Gerardo & GARCÉ, Adolfo (2004): «Ideas, política y nación en el Uruguay del siglo XX». En Terán, Oscar (ed.): *Ideas en el siglo. Intelectuales y cultura en el siglo XX latinoamericano*. Buenos Aires: Siglo XXI, 309-422.
CAMPRA, Rosalba (1987): «Jorge Luis Borges». Entrevista. En *América Latina. La identidad y la máscara*. México DF: Siglo XXI, 125-134.
CAÑEQUE, Carlos (1995): *Conversaciones sobre Borges. Monegal, Agheana, Castillo, Alazraki, Savater, Bloom y Kodama*. Barcelona: Destino.

CARRIZO, Antonio (1983): *Borges el memorioso. Conversaciones de Jorge Luis Borges*. México DF: FCE.
— (1986): *Borges el memorioso: Conversaciones de Jorge Luis Borges*. México DF: FCE Económica.
CASTILLO, Alejandra (2005): «La familia sentimental». En *La república masculina y la promesa igualitaria*. Santiago: Palinodia, 41-60.
CASTRO, Augusto (1995): «Mariátegui: estética y modernidad». En Cáceres, Eduardo y Portocarrero, Gonzalo (ed.): *La aventura de Mariátegui: Nuevas perspectivas*. Lima: Pontificia Universidad Católica del Perú, 179-208.
CASTRO-GÓMEZ, Santiago (1996): «América Latina, más allá de la filosofía de la historia». En *Crítica de la razón latinoamericana*. Barcelona: Puvill, 99-120.
CAVADA, Federico, CORNEJO, Carlos & TOKOS, Francisco (1986): *Conversaciones con Borges: un testamento sobre política y literatura en América Latina*. Madrid: Fundación Cipie.
CAVARERO, Adriana (1995): «Para una teoría de la diferencia sexual». En *Debate feminista* 12: 152-184.
CERUTTI, Horacio (1993): «Nuestra América... Hoy». En Serna, Jesús & Bosque, María Teresa (eds.): *José Martí a cien años de Nuestra América*. México DF: Universidad Nacional Autónoma de México, 59-62.
CERVERA, Vicente (2014): «La sombra de Sarmiento en la poesía de Borges». En *Borges en la ciudad de los inmortales*. Sevilla: Renacimiento: Sevilla, 164-189.
CHAKRABARTY, Dipesh (2008): *Al margen de Europa. Pensamiento poscolonial y diferencia histórica*. Barcelona: Tusquets.
CHANG, Eugenio (1957): *La literatura política de González Prada, Mariátegui y Haya de la Torre*. México DF: Andrea.
CHARBONNIER, Georges (2000): *El escritor y su obra. Entrevistas de Georges Charbonnier con Jorge Luis Borges*. Buenos Aires: Siglo XXI.
CHIGNOLA, Sandro (2014): «Entre América y Europa. Tocqueville y la historia del concepto de democracia». En *Res Publica* (17): 99-114.
CLAYTON, Michelle (2009): «Mariátegui y la escena contemporánea». En Moraña, Mabel y Podestá, Guido (ed.): *José Carlos Mariátegui y los estu-*

dios latinoamericanos. Pittsburgh: Instituto Internacional de Literatura Iberoamericana, 231-254.

COLOMBI, Beatriz (1999): «Prólogo». En Agustini, Delmira: *Los cálices vacíos*. Buenos Aires: Simurg, 7-34.

CONTRERAS, Sandra (2000): «Breves intervenciones con Sarmiento. (A propósito de "Historias de Jinetes"». En *Variaciones Borges* (9): 202-210.

CORNEJO POLAR, Antonio (1994): *Escribir en el aire. Ensayo sobre la heterogeneidad socio-cultural en las literaturas andinas*. Lima: Horizonte.

— (2009): «Mariátegui y su propuesta de una modernidad de raíz andina». En Moraña, Mabel y Podestá, Guido (ed.): *José Carlos Mariátegui y los estudios latinoamericanos*. Pittsburgh: Instituto Internacional de Literatura Iberoamericana, 58-63.

CORTAZZO, Uruguay (1996a): «Presentación crítica». En Cortazzo, Uruguay (coord.): *Delmira Agustini. Nuevas penetraciones críticas*. Montevideo: Vintén, 5-9.

— (1996b): «Una hermenéutica machista: Delmira Agustini en la crítica de Alberto Zum Felde». En Cortazzo, Uruguay (coord.): *Delmira Agustini. Nuevas penetraciones críticas*. Montevideo: Vintén, 48-74.

— (2000): «Delmira Agustini: hacia una vision sexo-política». En Escaja, Tina (comp.): *Delmira Agustini y el modernismo. Nuevas propuestas de género*. Rosario: Beatriz Viterbo, 195-204.

COSTA, Walter (2005): «Borges, o original da tradução». *Cadernos de Tradução* 1 (15): 163-186.

COZARINSKY, Edgardo (1999): «Un texto que es todo para todos». En Olea, Raquel (ed.): *Borges: Desesperaciones aparentes y consuelos secretos*. México DF: Colegio de México, 285-292.

CRITCHLEY, Simon (1999): «Comedy and finitude: Displacing the Tragic-Heroic Paradigm in Philosophy and Psychoanalisis». En *Constelations* 6 (1): 108-122.

CUNHA, Eneida Leal & MIRANDA, Wander Melo (2008): «O intelectual Silviano Santiago». Entrevista. En Cunha, Eneida Leal (org.): *Leituras críticas sobre Silviano Santiago*. Belo Horizonte: UFMG, 171-210.

CUETO, Sergio (1999): «Sobre el humor melancólico». En VVAA: *Borges. Ocho ensayos*. Rosario: Beatriz Viterbo, 7-15.

Darío, Rubén (1913): «Pórtico». En Agustini, Delmira: *Los cálices vacíos*. Montevideo: O. M. Bertani Editor, 3.
— (1917-1919): *Obras completas. Tomo 19. España contemporánea*. Madrid: Mundo Latino.
— (1950): *Obras completas. Tomo 2*. Madrid: Afrodisio Aguado.
— (2014): «José Martí». En *Los raros*. Barcelona: Red, 159-167.
DeLillo, Don (2002): *En las ruinas del futuro*. México DF: Circe.
— (2003): *Cosmópolis*. Barcelona: Seix Barral.
Déotte, Jean-Louis (1998): *Catástrofe y olvido. Europa, las ruinas, el museo*. Santiago: Cuarto Propio.
Derrida, Jacques (1985): «Roundtable on translation». En *The Ear of the Other*. New York: Schocken, 91-161.
— (1987a): «Nacionalidad y nacionalismo filosófico». En Aa.Vv.: *Diseminario. La Deconstrucción. Otro descubrimiento de América*. Montevideo: XYZ, 27-47.
— (1987b): «Psyché: Invenciones del Otro». En Aa.Vv.: *Diseminario. La Deconstrucción. Otro descubrimiento de América*. Montevideo: XYZ, 49-106.
— (1992): «El otro cabo». En *El otro cabo. La democracia para otro día*. Barcelona: Ediciones del Serbal, 13-84.
— (1993): *Memoirs of the blind: the self-portrait and other ruins*. Chicago: Chicago University Press.
— (1994a): «La metáfora arquitectónica». En *Jacques Derrida en español*: <http://www.jacquesderrida.com.ar/textos/ arquitectura.htm>.
— (1994b): *Márgenes de la filosofía*. Madrid: Cátedra.
— (1997a): «Carta a un amigo japonés». En *El tiempo de una tesis: Deconstrucción e implicaciones conceptuales*. Barcelona: Proyecto A Ediciones, 23-27.
— (1997b): *El monolingüismo del otro, o la prótesis del origen*. Buenos Aires: Manantial.
— (1997c): *Mal de archivo. Una impresión freudiana*. Madrid: Trotta.
— (1997d): «Una filosofía deconstructiva». En *Zona Erógena* 35: <http://www.mercaba.org/SANLUIS/Filosofia/autores/Contempor%C3%A1nea/Derrida/Derrida%20-%20Una%20Filosofia%20Deconstructiva.pdf>.

— (1998): *Políticas de la amistad*. Madrid: Trotta.
— (2001a): «On cosmopolitanism». En *On cosmopolitanism and forgiveness*. New York: Routledge, 1-24.
— (2001b): *Palabras de agradecimiento. Premio Adorno*. México DF: Universidad Nacional Autónoma de México.
— (2014): «La metáfora arquitectónica». En *Jacques Derrida en español*: <http://www.jacquesderrida.com.ar/textos/arquitectura.htm>.
— (s.f.a): «El derecho a la filosofía desde el punto de vista cosmopolítico». En *Jacques Derrida en español*: <http://www.jacquesderrida.com.ar>.
— (s.f.b): «Europa y la filosofía alemana». En *Jacques Derrida en español*: <http://www.jacquesderrida.com.ar>.
— (s.f.c): «La filosofía en su lengua nacional (hacia una "licteratura en francesco")». En *Jacques Derrida en español*: <http://www.jacquesderrida.com.ar>.
— (s.f.d): «¿Qué quiere decir ser un filósofo francés hoy en día?». En *Jacques Derrida en español*: <http://www.jacquesderrida.com.ar>.
DESNOES, Edmundo (1980): *Memorias del subdesarrollo*. México D.F.: Joaquín Mortiz.
DORFMAN, Ariel (1970): «Borges y la violencia americana». En *Imaginación y violencia en América*. Santiago: Universitaria, 38-64.
DUSSEL, Enrique (2007): «El marxismo de José Carlos Mariátegui como "Filosofía de la Revolución"». En *Materiales para una política de la liberación*. Madrid: Plaza y Valdés, 45-53.
ECO, Umberto (1987): «La línea y el laberinto: las estructuras del pensamiento latino». *Revista Vuelta*, 18-27.
ELTIT, Diamela (2012): *Los bordes de la letra*. En <http://www.letras.mysite.com/eltitcuba0808031.htm>.
ESCAJA, Tina (2001): *Salomé decapitada. Delmira Agustini y la estética finisecular de la fragmentación*. New York: Rodopi.
ETTE, Ottmar (1987): «Apuntes para una orestíada americana. Jose Martí y el diálogo intercultural entre Europa y América Latina». En *Revista de Crítica Literaria Latinoamericana* 24: 137-146.
— (1991): «La polisemia prohibida: la recepción de José Martí como sismógrafo de la vida política y cultural». En AA.Vv.: *Primer congreso*

de estudios latinoamericanos. Homenaje a José Martí a los 100 años de Nuestra América y Versos Sencillos. La Plata: Universidad Nacional de la Plata, 1991, 171-190.
— (2000): «"Una gimnástica del alma": José Enrique Rodó, Proteo de Motivos». En Ette, Ottmar & Heydenreich, Titus (eds.): *José Enrique Rodó y su tiempo. Cien años de «Ariel»*. Madrid / Frankfurt: Iberoamericana / Vervuert, 173-202.
FANGMANN, Cristina (2000): «Delmira Agustini y Silvina Ocampo: Escrituras del exceso». En López, Marta (ed.): *Mujeres fuera de quicio. Literatura, arte y pensamiento de mujeres excepcionales*. Córdoba: Adriana Hidalgo, 149-185.
FANON, Frantz (1965): «Una crisis continua». En *Por la revolución africana. Escritos políticos*. México DF: Fondo de Cultura Económica, 125-132.
FERNANDES, Florestan (1994-1995): «Significado atual de José Carlos Mariátegui». En *Principios* (35): 16-22.
FERNÁNDEZ, Antonio (2009): *Ficciones de Borges. En las galerías del laberinto*. Madrid: Cátedra.
FERNÁNDEZ RETAMAR, Roberto (1978): *Introducción a José Martí*. La Habana: Casa de las Américas.
— (1989): «Prólogo». En Martí, José: *Política de Nuestra América*. México DF: Siglo XXI, 9-33.
— (1992): «Introducción a *La Edad de Oro*». En Martí, José: *La Edad de Oro*. México DF: Fondo de Cultura Económica, 7-24.
— (1993): «Naturalidad y novedad en la literatura martiana». En Íñigo, Luis (ed.): *Historia de la literatura hispanoamericana. Tomo II. Del neoclasicismo al modernismo*. Madrid: Cátedra, 563-575.
— (1995): «Para una teoría de la literatura hispanoamericana». En *Para una teoría de la literatura hispanoamericana*. Santa Fe de Bogotá: Instituto Caro y Cuervo, 74-87.
— (2004): «Calibán». En *Todo Calibán*. Buenos Aires: CLACSO, 19-81.
FERNÁNDEZ, Teodosio (2004): «Jorge Luis Borges, o el sueño dirigido y deliberado de la literatura». En AA.VV.: *Jorge Luis Borges. La Biblioteca, símbolo y figura del universo*. Barcelona: Anthropos, 147-166.
FLORES GALINDO, Alberto (1980): *La agonía de Mariátegui. La polémica con el Komintern*. Lima: Desco.

FORNET-BETANCOURT, Raúl (1998): «José Martí: Vida y opción política». *Aproximaciones a José Martí*. Aachen: Internationale Zeitschrift für Philosophie, Wissenschaftsverlag, 9-27.
— (2001): *Transformaciones del marxismo. Historia de la recepción del marxismo en América Latina*. León: Universidad Autónoma de Nuevo León.
— (2009): *Mujer y filosofía en el pensamiento iberoamericano. Momentos de una relación difícil*. Madrid: Anthropos.
FOUCAULT, Michel (1968): *Las palabras y las cosas. Una arqueología de las ciencias humanas*. Buenos Aires: Siglo XXI.
FRAISSE, Geneviève (1991): *Musa de la razón. La democracia excluyente y la diferencia de los sexos*. Madrid: Cátedra.
— (1996): *La diferencia de los sexos*. Buenos Aires: Manantial.
— (2003): *Los dos gobiernos: La familia y la ciudad*. Valencia: Cátedra.
FRANCO, Jean (1974): *Historia de la literatura hispanoamericana. A partir de la Independencia*. Barcelona: Ariel.
— (1981): «The utopia of a tired man». En *Social Text* (4): 52-78.
GALEANO, Eduardo (2000): «Los nadie». En *El libro de los abrazos*. Buenos Aires: Siglo XXI, 59.
GARCÍA, Magdalena (1993): «Introducción». En Agustini, Delmira: *Poesías completas*. Madrid: Cátedra, 15-40.
GARCÍA-CANCLINI, Néstor (1989): *Culturas híbridas. Estrategias para entrar y salir de la modernidad*. México DF: Grijalbo.
GARGATAGLI, Ana & LÓPEZ GUITZ, Juan Gabriel (1992): «Ficciones y teorías en la traducción: Jorge Luis Borges». En *Livivs* (1): 57-67.
GERLING, Vera (2008): «Sobre la infidelidad del original. Huellas de una teoría postestructural de la traducción en la obra de Jorge Luis Borges». En Feierstein, Liliana & Gerling, Vera (eds.): *Traducción y poder: sobre marginados, infieles, hermeneutas y exiliados*. Madrid: Iberoamericana, 35-50.
GERTEL, Zunilda (1984): «Insomnio». En Flores, Ángel (comp.): *Expliquémonos a Borges como poeta*. México D.F: Siglo XXI, 188-197.
GIAUDRONE, Carla (2005): *La degeneración del novecientos. Modelos estéticosexuales de la cultura en el Uruguay del novecientos*. Montevideo: Trilce.

GILBERT, Sandra & GUBAR, Susan (1984): *The madwoman in the attic. The woman writer and the Nineteenth-Century Literary Imagination*. London: Yale University Press.

GOLOBOFF, Gerardo (1983): «Ideas estéticas y literarias de José Carlos Mariátegui». En *Cuadernos Hispanoamericanos* (395): 381-390.

GONZÁLEZ, Manuel (1974): «Martí, creador de la gran prosa modernista». En Schulmann, Iván & González, Manuel: *Martí, Darío y el modernismo*. Madrid: Gredos, 141-198.

GONZÁLEZ ECHEVARRÍA, Roberto (1985): *The voice of the masters: writing and authority in modern Latin American literature*. Texas: University of Texas Press.

GONZÁLEZ-STEPHAN, Beatriz (2006): «Invenciones tecnológicas. Mirada postcolonial y nuevas pedagogías: José Martí en las Exposiciones Universales». En González-Stephan, Beatriz & Andermann, Jens (eds.): *Galerías del progreso. Museos, exposiciones y cultura visual en América Latina*. Rosario: Beatriz Viterbo, 221-253.

GUADARRAMA, Pablo (1994): «Humanismo práctico y desalienación en José Martí». En Ottmar Ette & Titus Heydenrich (eds.): *José Martí. 1895/1995*. Frankfurt: Vervuert, 30-42.

GUIBERT, Rita (1976): «Borges habla de Borges». Entrevista. En Alazraki, Jaime (ed.): *Jorge Luis Borges*. Madrid: Taurus, 318-355.

GUTIÉRREZ GIRARDOT, Rafael (1959): *Jorge Luis Borges. Ensayo de interpretación*. Madrid: Ínsula.

GRAMSCI, Antonio (1967): «Cuestiones preliminares de filosofía». En *La formación de los intelectuales*. México DF: Grijalbo, 61-84.

GROS, Héctor (2008): «Vaz Ferreira y el derecho». En *Revista de la Academia Nacional de Letras* 5: 89-100.

HEGEL, Georg Wilhelm Friedrich (1989): *Lecciones de estética. Vol. I*. Barcelona: Península.

— (2004): *Lecciones sobre la filosofía de la historia universal*. Madrid: Alianza.

HEIDEGGER, Martin. (s.f.): « Europa y la filosofía alemana»: <http://www.mercaba.org/SANLUIS/Filosofia/autores/Contempor%C3%A1nea/Heidegger/EUROPA%20Y%20LA%20FILOSOFIA%20ALEMANA.doc>.

Henríquez Ureña, Pedro (1954): *Las Corrientes Literarias en la América Hispánica*. México DF: FCE.
— (1976): «Sobre *Inquisiciones*». En Alazraki, Jaime (ed.): *Jorge Luis Borges*. Madrid: Taurus, 29-31.
Herrera y Reissig, Julio (2006): *Tratado de la imbecilidad del país por el sistema de Herbert Spencer*. Montevideo: Taurus.
Hidalgo, Max (2015): «Usos críticos de Borges en el campo intelectual francés (de Blanchot a Foucault». En Adriaensen, Brigitte & Botterweg, Meike & Steenmeijer, Maarten & Wijnterp, Lies (eds.): *Una profunda necesidad en la ficción contemporánea: la recepción de Borges en la república mundial de las letras*. Madrid: Iberoamericana, 89-109.
Homero (2003): *Odisea*. Madrid: Gredos.
Huyssen, Andreas (2002): *En busca del futuro perdido: cultura y memoria en tiempos de globalización*. México DF: Fondo de Cultura Económica.
Ibáñez, Alfonso (2001): «Mariátegui: un marxista nietzscheano». En *Espiral* 8 (22): 11-24.
Irby, James (1968): *Encuentros con Borges*. Buenos Aires: Galerna.
Jaume, Lucien (2011): «The Avatars of Religion in Tocqueville». En Vatter, Miguel (ed.): *Crediting God. Sovereignity and religión in the age of global capitalism*. New York: Fordham University Press, 273-284.
Johnson, David (2003): «El tiempo de la traducción: La frontera de la literatura norteamericana». En Johnson, David & Michaelsen, Scott (ed.): *Teoría de la frontera. Los límites de la política cultural*. Barcelona: Gedisa, 145-176.
— (2004): «Kant's dog». En *Diacritics* 34 (1): 18-39.
— (2012): «Rendir(se)». En *Revista de Pensamiento Político* (2): 62-83.
Jrade, Cathy (2004): «Modernization, feminism and Delmira Agustini». En Jrade, Cathy (ed.): *Rethinking Las Americas: crossing borders and disciplines*. Nashville: Vanderbilt University, 86-95.
Kirkpatrick, Gwen (2000): «"Prodigios de almas y de cuerpos": Delmira Agustini y la conjuración del mundo». En Escaja, Tina (ed.): *Delmira Agustini y el modernismo. Nuevas propuestas de género*. Rosario: Beatriz Viterbo, 175-195.
Kohan, Martín (1991): «"Nuestra América": Martí y Bunge. Fábulas de identidad». En AA.Vv.: *Primer congreso de estudios latinoamericanos*.

Homenaje a José Martí a los 100 años de Nuestra América y Versos Sencillos. La Plata: Universidad Nacional de la Plata, 39-48.
— (2013): «Sobre el olvido». En *Fuga de materiales*. Santiago: Universidad Diego Portales, 189-198.
KOHAN, Néstor (s.f.b): *Ni calco ni copia. Ensayos sobre el marxismo argentino y latinoamericano*: <http://www.rebelion.org/docs/13312.pdf>.
KRANIAUSKAS, John (2003): «Mariátegui, Benjamin, Chaplin». En Herlinghaus, Hermann y Moraña, Mabel (ed.): *Fronteras de la modernidad en América Latina*. Pittsburgh: Instituto Internacional de Literatura Iberoamericana, 91-98.
KREIMER, Rosana (2000): «Nietzsche, autor de *Funes el memorioso*». En Canaparo, Claudio & Louis, Annick & Rowe, William (eds.): *Jorge Luis Borges: intervenciones sobre pensamiento y literatura*. Buenos Aires: Paidós, 189-197.
KRISTAL, Efraín (2002): *Invisible work: Borges and translation*. Nashville: Vanderbilt University Press.
LACOUE-LABARTHE, Philippe & NANCY, Jean-Luc (1992): *El mito nazi*. Barcelona: Anthropos.
LARRE BORGES, Ana (1997): «Delmira Agustini». En AA.Vv.: *Mujeres uruguayas. El lado femenino de nuestra historia*. Santiago: Alfaguara, 16-41.
— (2001): «La orilla oriental de Borges, una puerta falsa a la alegría». En Sylvia Lago (ed.): *Jornadas Borges y el Uruguay*. Montevideo: Universidad de la República, 99-109.
LARREA, Elba María (2003): «José Martí, insigne maestro de literatura infantil». En Molina García, Arturo (ed.): *Antología de ensayos martistas*. México DF: Frente de Afirmación Hispanista, 238-251.
LAVRIN, Asunción (2005): *Mujeres, feminismo y cambio social en Argentina, Chile y Uruguay 1890-1940*. Santiago: Centro de Investigaciones Diego Barros Arana.
LEFORT, Claude (2007): «Tocqueville: democracia y arte de escribir». En *El arte de escribir y lo político*. Barcelona: Herder, 139-183.
LEZAMA LIMA, José (1969): *La expresión americana*. Santiago: Universitaria.
LISSIDINI, Alicia (1996): «La "modernización" de las mujeres. Una mirada al Uruguay del novescientos». En *Revista de Ciencias Sociales* 11 (12): 112-117.

Loraux, Nicole (2009): *La ciudad dividida. El olvido en la memoria de Atenas*. Buenos Aires: Katz.
Löwy, Michael (2005). «Mística revolucionaria: José Carlos Mariátegui y la religión». En *Utopía y praxis latinoamericana* 10 (28): 49-59.
Lucero, Nicolás (2009): «Irene e Ireneo». En *Variaciones Borges* (27): 81-100.
Ludmer, Josefina (1999): «Enciclopedias y colecciones. Otra lectura de "Uqbar, Tlön, Orbis Tertius"». En *El cuerpo del delito. Un manual*. Buenos Aires: Perfil, 216-223.
Luhmann, Niklas (1993): *Teoría política en el Estado de bienestar*. Madrid: Alianza.
Macherey, Pierre (1974): *Para una teoría de la producción literaria*. Caracas: Universidad Central de Venezuela.
Malinowski, Bronislaw (1987): «Introducción». En Ortiz, Fernando: *Contrapunteo cubano del tabaco y el azúcar*. Caracas: Ayacucho, 3-10.
Marchant, Patricio (2012): *Sobre árboles y madres*. Buenos Aires: La Cebra.
Mariátegui, José Carlos (1955): *Obras completas. Tomo 4. La novela y la vida. Siegfried y el Profesor Canella*. Lima: Amauta.
— (1957): *Obras completas. Tomo 2. Siete ensayos de interpretación de la realidad peruana*. Lima: Amauta.
— (1959a): *Obras completas. Tomo 1. La escena contemporánea*. Lima: Amauta.
— (1959b): *Obras completas. Tomo 3. El alma matinal y otras estaciones del hombre de hoy*. Lima: Amauta.
— (1959c): *Obras completas. Tomo 6. El artista y la época*. Lima: Amauta.
— (1959d): *Obras completas. Tomo 7. Signos y obras. Análisis del pensamiento literario contemporáneo*. Lima: Amauta.
— (1959e): *Obras completas. Tomo 8. Historia de la crisis mundial: conferencias (años 1923-1924)* Lima: Amauta.
— (1960a): *Obras completas. Tomo 12. Temas de Nuestra América*. Lima: Amauta.
— (1960b): *Obras completas. Tomo 14. Peruanicemos al Perú*. Lima: Amauta.

— (1969): *Obras completas. Tomo 15. Cartas de Italia*. Lima: Amauta.
— (1970): *Obras completas. Tomo 13. Ideología y política*. Lima: Amauta.
MARINELLO, Juan (1977): «Fuentes y raíces del pensamiento de José Martí». En Martí, José: *Nuestra América*. Caracas: Ayacucho, 1977: IX-XXIII.
MARTÍ, José (1991a): *Obras completas. Tomo I. Cuba. Política y revolución I. 1869-1892*. La Habana: Editorial de Ciencias Sociales.
— (1991b): *Obras completas. Tomo II. Cuba. Política y revolución II. 1892-1893*. La Habana: Editorial de Ciencias Sociales.
— (1991c): *Obras completas. Vol. III. Cuba. Política y revolución III. 1894*. La Habana: Editorial de Ciencias Sociales.
— (1991d): *Obras completas. Vol. IV. Política y revolución IV. 1895*. La Habana: Editorial de Ciencias Sociales.
— (1991e): *Obras completas. Vol. V. Cuba*. La Habana: Editorial de Ciencias Sociales.
— (1991f): *Obras completas. Vol. VI. Nuestra América I*. La Habana: Editorial de Ciencias Sociales.
— (1991g): *Obras completas. Vol. VII. Nuestra América II*. La Habana: Editorial de Ciencias Sociales.
— (1991h): *Obras completas. Vol. VIII. Nuestra América III*. La Habana: Editorial de Ciencias Sociales.
— (1991i): *Obras completas. Vol. IX. Escenas norteamericanas I*. La Habana: Editorial de Ciencias Sociales.
— (1991j): *Obras completas. Vol. X. Escenas norteamericanas II*. La Habana: Editorial de Ciencias Sociales.
— (1991k): *Obras completas. Vol. XI. Escenas norteamericanas III*. La Habana: Editorial de Ciencias Sociales.
— (1991l): *Obras completas. Vol. XII. Escenas norteamericanas IV*. La Habana: Editorial de Ciencias Sociales.
— (1991m): *Obras completas. Vol. XIII. En los Estados Unidos*. La Habana: Editorial de Ciencias Sociales.
— (1991n): *Obras completas. Vol. XV. Europa II. Crítica y arte*. La Habana: Editorial de Ciencias Sociales.
— (1991ñ): *Obras completas. Vol. XVI. Poesía I*. La Habana: Editorial de Ciencias Sociales.

— (1991o): *Obras completas. Vol. XVIII. Teatro – Novela – La Edad de Oro.* La Habana: Editorial de Ciencias Sociales.

— (1991p): *Obras completas. Vol. XIX. Viajes – Diarios – Crónicas – Juicios.* La Habana: Editorial de Ciencias Sociales.

— (1991q): *Obras completas. Vol. XX. Epistolario.* La Habana: Editorial de Ciencias Sociales.

— (1991r): *Obras completas. Vol. XXIII. Periodismo diverso.* La Habana: Editorial de Ciencias Sociales.

MARTÍNEZ ESTRADA, Ezequiel (1946): *Panorama de las literaturas.* Buenos Aires: Claridad.

— (1969). *Martí: el héroe y su acción revolucionaria.* México DF: Siglo XXI.

MARTÍNEZ-RICHET, Marily (ed.) (1997): *La caja de la escritura. Diálogos con narradores y críticos argentines.* Entrevista a Walter Mignolo. Madrid: Iberoamericana/Vervuert, 87-111.

MARQUARD, Odo (1989): «Indicted and unburned man in eighteenth-century philosophy». En *Farewell to Matters of Principle. Philosophical Studies.* New York: Oxford University Press, 38-63.

MATHIE, William (1995): «God, woman, and morality: the democratic family in the new political science of Alexis de Tocqueville». En *The Review of Politics* 57 (1): 7-30.

MELGAR BAO, Ricardo (1993): «José Carlos Mariátegui y los indígenas: más allá de la mirada, diálogo y traducción intercultural». En *Boletín de Antropología Americana* (28): 59-69.

— (2002): «Más allá del *Ariel:* Rodó y el moderno decorado urbano». En Taboada, Hernán & Zea, Leopoldo (eds.): *Arielismo y globalización.* México DF: Fondo de Cultura Económica, 115-132.

MELIS, Antonio (1999): «Chaplin, arte aristocrático y arte democrático». En *Leyendo Mariátegui 1967-1998.* Lima: Amauta, 283-284.

MIGNOLO, Walter (1993): «Colonial and postcolonial discourse: cultural critique or academic colonialism?». En *Latin American Research Review* 28.3: 120-134.

— (1995a): «Afterword: human understanding and (latin) american interests – The politics and sensibilities of geocultural locations». En *Poetics Today* 16.1: 171-214.

— (1995b): «Decires fuera de lugar. Sujetos dicentes, formas sociales y normas de inscripción». En *Revista de crítica literaria latinoamericana* 41: 9-31.
— (1996): «La lengua, la letra, el territorio (o la crisis de los estudios literarios coloniales)». En Sosnowski, Saúl (ed.): *Lectura crítica de la literatura latinoamericana. Itinerarios, invenciones y revisiones*. Caracas: Ayacucho, 3-29.
— (1997): «Espacios geográficos y localizaciones epistemológicas: La ratio entre la colonización geográfica y la subalternización de conocimientos». *Disenso* 3: 1-18.
— (1998): «Posoccidentalismo: El argumento desde América Latina». En Castro-Gómez, Santiago & Mendieta, Eduardo (eds.): *Teorías sin disciplina. Latinoamericanismo, poscolonialidad y globalización en debate*. México DF: Porrúa, 26-49.
— (2000a): «Diferencia colonial y razón posoccidental». En Castro-Gómez, Santiago (ed.): *La reestructuración de las ciencias sociales en América Latina*. Bogotá: Pontificia Universidad Javeriana, 3-28.
— (2000b): «Stocks to watch: colonial difference, planetary "multiculturalism" and radical planning». En *Plurimundi* 2: 7-33.
— (2000c): «The many faces of Cosmo-polis: border thinking and critical cosmopolitanism». *Public Culture* 12 (3): 721-748.
— (2000d): «The role of the Humanities in the corporate university». En PMLA 115 (5): 1238-1245.
— (2001a): *Capitalismo y geopolítica del conocimiento. El eurocentrismo y la filosofía de la liberación en el debate intelectual contemporáneo*. Buenos Aires: Del Signo.
— (2001b): «Coloniality of power and subalternity». En Rodríguez, Ileana (ed.): *The Latin American Subaltern Studies Reader*. London: Duke University Press, 224-244.
— (2003): *Historias globales/diseños locales. Colonialidad, conocimientos subalternos y pensamiento fronterizo*. Madrid: Akal.
— (2006a): «Citizenship, knowledge, and the limits of humanity». En *American Literary History* 18.2 (2006): 312-331.
— (2006b): «El desprendimiento: pensamiento crítico y giro decolonial». En Walsh, Catherine, Mignolo, Walter & García Linera, Álvaro: *Inter-*

culturalidad, descolonización del Estado y del conocimiento. Buenos Aires: Del signo, 9-20.
— (2007): *La idea de América Latina. La herida colonial y la opción decolonial*. Barcelona: Gedisa.
— (2009a): «Epistemic disobedience, independent thought and de-colonial freedom». En *Theory, Culture & Society* 26 (7-8): 1-26.
— (2009b): «Frantz Fanon y la opción decolonial. El conocimiento y lo político». En Fanon, Frantz: *Piel negra, máscaras blancas*. Madrid: Akal, 309-326.
— (2010): *Desobediencia epistémica: retórica de la modernidad, lógica de la colonialidad y gramática de la descolonialidad*. Buenos Aires: Del Signo.
— (2011): «Prefacio. Fanon, Baldung y la opción descolonial». En de Oto, Alejandro (comp.): *Tiempos de homenajes/Tiempos descoloniales. Frantz Fanon*. Buenos Aires: Del signo, 9-24.
MIGNOLO, Walter & GÓMEZ, Pedro Pablo (2012): *Estéticas decoloniales*. Bogotá: Universidad Distrital Francisco José de Caldas.
MILL, John Stuart (1977): «De Tocqueville on Democracy in America [I]». En *Collected Works of John Stuart Mill. Vol. XVIII*. Toronto: University of Toronto Press, 47-89.
MILLERET, Jean de (1970): *Entrevistas con Jorge Luis Borges*. Caracas: Monte Ávila.
MILTON, John (1999): «"Make me macho. Make me gaucho, make me skinny": Jorge Luis Borges' desire to lose himself in translation». En *Cadernos de Tradução* (4): 87-97.
MINELLI, Alejandra (2006): «La Edad de Oro y su función en el proyecto político de José Martí». En Soltys, Jaroslav (ed.): *Actas. VI Congreso Internacional. José Martí y la identidad cubana*. Bratislava: Ana Press, 123-130.
MIRANDA, Lida (2012): «Una lengua nacional aluvial para la Argentina. Jorge Luis Borges, Américo Castro y Amado Alonso en torno al idioma de los argentinos». En *Prismas* (16): 99-116.
MISTRAL, Gabriela (1993): «La lengua de Martí». En *Poesía y prosa*. Caracas: Ayacucho, 429-441.
MOLLOY, Sylvia (1984): «Dos lecturas del cisne: Rubén Darío y Delmira Agustini». En González, Patricio y Ortega, Elena (ed.): *La sartén por el*

mango: Encuentro de escritoras latinoamericanas. Río Piedras: Huracán, 57-69.
— (1996): «His America, our America: Jose Marti reads Whitman». En *Modern Language Quarterly* 57 (2): 369-379.
— (1999): *Las letras de Borges y otros ensayos*. Rosario: Beatriz Viterbo.
Montero, Oscar (2003): «Martí y la nueva mujer». En *Cyberletras* 10: <http://www.lehman.cuny.edu/ciberletras/v10/montero.htm>.
— (2004): *José Martí: An introduction*. New York: Palgrave Macmillan.
Montero Bustamante, Raúl (1955): «Delmira Agustini». En *Homenaje a D. Raúl Montero Bustamante. Selección de sus escritos literarios e históricos. Tomo II*. Montevideo: Academia Nacional de Letras, 75-82.
Moraña, Mabel (1984): *Literatura y cultura nacional en Hispanoamérica (1910-1940)*. Minnesota: Institute for the Study of Ideologies and Literatures.
— (2009): «Mariátegui en los nuevos debates. Emancipación, (in)dependencia y "colonialismo supérstite" en América Latina». En Moraña, Mabel & Podestá, Guido (ed.): *José Carlos Mariátegui y los estudios latinoamericanos*. Pittsburgh: Instituto Internacional de Literatura Iberoamericana, 41-96.
Moreiras, Alberto (1987): «Alternancia México/Mundo en la posición crítica de Octavio Paz». En *Nueva revista de filología hispánica* (25): 251-264.
— (1999): *Tercer espacio, duelo y literatura en América Latina*. Santiago: Lom.
Murat, Napoleón (1968). «Conversación con Napoleón Murat». En Aa.Vv.: *Encuentros con Borges*. Buenos Aires: Galerna, 55-102.
Murena, Héctor (1984): «Martinfierrismo». En Flores, Ángel (ed.): *Expliquémonos a Borges como poeta*. México DF: Siglo XXI, 43-67.
Nahson, Daniel (2009): *La crítica del mito. Borges y la literatura como sueño de vida*. Madrid / Frankfurt: Iberoamericana / Vervuert.
Núñez, María Gracia (2004): «Aproximaciones a la "lógica de las discusiones" de Carlos Vaz Ferreira». Tesis presentada ante la Universidad de la República para obtener el grado de Magíster en Ciencias Humanas, opción Filosofía y Sociedad.

Núñez, Violeta (2011): *El cine en Lima. 1897-1929*. Lima: Conacine.
Ocampo, Victoria (1969): *Diálogos con Borges*. Buenos Aires: Sur.
— (2009): «Carta a Waldo Frank». En Mendonça Teles, Gilberto & Müller-Bergh, Klaus (eds.): *Vanguardia latinoamericana: historia, crítica y documentos. Tomo V, Chile y países del Plata: Argentina, Uruguay, Paraguay*. Madrid: Iberoamericana, 229-232.
Olea, Raquel (2001): «Borges y el civilizado arte de la traducción: una infidelidad creadora y feliz». En *Nueva Revista de Filología Hispánica* 49 (2): 439-473.
Oliver, Amy (2002): «El feminismo compensatorio de Carlos Vaz Ferreira». En Femenías, María Luisa (ed.): *Perfiles del feminismo iberoamericano*. Buenos Aires: Catálogo, 41-50.
— (2012): «Varieties of pragmatism: Carlos Vaz Ferreira, William James, and the "cash-value" of feminism». En *Inter-American Journal of Philosophy* 3 (1): 59-68.
Ortiz, Fernando (2002): «Martí y las razas». En *Caminos* (24-25): 35-51.
Ossandón, Carlos (1995): «"Nuestra América": una experiencia de la modernidad en la América Latina de fin de siglo». En Benítez, Jorge (ed.): *Visiones chilenas sobre José Martí*. Santiago: Star, 79-90.
Oyarzún, Pablo (2009): «Traducción y melancolía». En *La letra volada. Ensayos sobre literatura*. Santiago: UDP, 264-273.
Palti, Elías (2003): *La nación como problema: los historiadores y la "cuestión nacional"*. Buenos Aires: Fondo de Cultura Económica.
— (2007): *El tiempo de la política. El siglo XIX reconsiderado*. Buenos Aires: Siglo XXI.
Panesi, Jorge (2000): «Borges nacionalista». En *Críticas*. Buenos Aires: Norma, 131-151.
Paris, Robert (1980): «El marxismo de Mariátegui». En Aricó, José (ed.): *Mariátegui y los orígenes del marxismo latinoamericano*. México DF: Siglo XXI, 119-144.
Pauls, Alan (2004): *El factor Borges*. Barcelona: Anagrama.
Paz, Octavio (1937): «Raíz del hombre (III)». En *Raíz del hombre*. México DF: Simbad, 23-24.
— (1984): «José Ortega y Gasset: El cómo y el para qué». En *Hombres en su siglo y otros ensayos*. México: Seix Barral, 97-110.

— (1988): «América, ¿es un continente?». En *Primeras letras*. Barcelona: Seix Barral, 190-192.

— (1989): «Literatura de convergencias». En *Sombras de obras. Arte y literatura*. Barcelona: Seix Barral, 201-207.

— (1998): *El laberinto de la soledad, Postdata y Vuelta al Laberinto de la Soledad*. Madrid: FCE.

— (1999): «El arquero, la flecha y el blanco». En Capistrán, Miguel (ed.): *Borges y México*. México DF: Plaza & Janés, 307-319.

— (2000): «La semilla». En *Corriente alterna*. México DF: Siglo XXI, 24-27.

PERALTA, Carlos (1968): «La electricidad de las palabras». En *Encuentros con Borges*. Buenos Aires: Galerna, 103-112.

PÉREZ PETIT, Víctor. (1918): *Rodó. Su vida – Su obra*. Montevideo: Imprenta Latina.

PERUS, François (1996): «Heterogeneidad cultural e historia en los *Siete Ensayos* de José Carlos Mariátegui. (De Sarmiento a Mariátegui)». En Mazzotti, Juan Antonio & Zevallos, Juan (eds.): *Asedios a la heterogeneidad cultural. Libro de homenaje a Antonio Cornejo Polar*. Philadelphia: Asociación Internacional de Peruanistas, 249-258.

PEZOA VÉLIZ, Carlos (2008): «Nada». En *Alma chilena. Obras completas 1912*. Santiago: Lom, x.

PIGLIA, Ricardo & BOLAÑO, Roberto (2012): «Conversación entre Ricardo Piglia y Roberto Bolaño». *Archivo Bolaño*: <http://garciamadero.blogspot.cl/2012/06/conversacion-entre-ricardo-piglia-y.html>.

PONIATOWSKA, Elena (1999): «Un agnóstico que habla de Dios». En Capistrán, Miguel (ed.): *Borges y México*. México DF: Plaza & Janés, 327-361.

PREMAT, Julio (2006): «Borges: tradición, traición, transgresión». En *Variaciones Borges* 21: 9-21.

QUIJANO, Aníbal (1993): «Prólogo». En Mariátegui, José Carlos. *Textos básicos*. México DF: Fondo de Cultura Económica, VI-XVI.

RAMA, Ángel (1969): «La belle epoque». En *Enciclopedia uruguaya. Tomo 28*. Montevideo: Arca.

— (1985): *Las máscaras democráticas del modernismo*. Montevideo: Fundación Ángel Rama.

— (1987): *Transculturación narrativa en América Latina*. México DF: Siglo XXI.

— (2002): «Borges entre nosotros» [Fragmento de «Testimonio, confesión y enjuiciamiento de veinte años de historia literaria y de nueva literatura uruguaya»]. En Rocca, Pablo (ed.): *El Uruguay de Borges: Borges y los uruguayos (1925-1974)*. Montevideo: Universidad de la República, 172-173.

— (2015): «La dialéctica de la modernidad en José Martí». En *Martí, modernidad y latinoamericanismo*. Caracas: Ayacucho, 3-104.

Ramírez de Rosiello (1968): *Las poetisas del 900: Delmira y María Eugenia*. Montevideo: Centro Editor de América Latina.

Ramos, Julio (2009): *Desencuentros de la modernidad en América Latina. Literatura y política en el siglo XIX*. Caracas: Fundación Editorial el Perro y la Rana.

— (2010): «Alegoría californiana». En *Estudios* 18 (35): 12-27.

— (2012): «Los viajes de Silviano Santiago». Entrevista. En *80grados*: <http://www.80grados.net/los-viajes-de-silviano-santiago/>.

Rancière, Jacques (1996): *El desacuerdo: política y filosofía*. Buenos Aires: Nueva Visión.

Raninchenski, Sonia (2009). «Pensamento crítico latino-americano e os projetos de sociedade na visão dos uruguaios Rodó e Vaz Ferreira e do peruano Mariátegui». En Arcos, Carlos (ed.): *Sociedad, cultura y literatura*. Quito: FLACSO, 437-452.

Renan, Ernst (2000): «¿Qué es una nación?». En Fernández Bravo, Álvaro (comp.): *La invención de la nación*. Buenos Aires: Manantial, 53-66.

Rey Ashfield, William (2012): «J. E. Rodó, entre el monumento y la ciudad». En *Atrio* (18), 61-72.

Ricoeur, Paul (2004): *La historia, la memoria, el olvido*. Buenos Aires: Fondo de Cultura Económica.

Rocca, Pablo (2001): «Uno o dos destinos sudamericanos (ficción y realidad en "Avelino Arredondo")». En *Iberoamericana* 67 (194-195): 161-172.

— (2010): *Enseñanza y teoría literaria en José Enrique Rodó*. Edición digital de la Biblioteca Virtual Miguel de Cervantes: <http://www.cervantesvirtual.com/obra-visor/ensenanza-y-teoria-de-la-literatura-en-jose-enrique-rodo-apendice-apuntes-ineditos-de-un-curso-de-literatura-de-rodo/html/037c5a23-881a-4af0-a729-155a7bfa7b51.html>.

Rodó, José Enrique (1967): *Obras completas*. Madrid: Aguilar.
Rodríguez, Alberto (2010): «El sujeto indígena de Hispanoamérica en la escritura de José Martí». En Aparicio, José Antonio (ed.): *José Martí. Interculturalidad y humanismo*. Chiapas: Universidad Intercultural de Chiapas, 25-37.
Rodríguez, Pedro Pablo (2012): «Formación del pensamiento latinoamericanista de Martí». *Al sol voy. Atisbos a la política martiana*. La Habana: Centro de Estudios Martianos, 164-180.
Rodríguez Monegal, Emir (1967): «Introducción general». En Rodó, José Enrique: *Obras completas*. Madrid: Aguilar, 17-139.
— (1969): *Sexo y poesía en el 900*. Montevideo: Alf.
— (1972): «Borges y nouvelle critique». En *Revista Iberoamericana* 38 (80): 367-390.
— (1975): «Literatura: cine, revolución». En *Revista Iberoamericana* 41 (92-93): 579-591.
— (1983): *Borges por él mismo*. Barcelona: Laia.
— (1985): «Borges y Derrida: boticarios». En *Revista de la Universidad* (418-419): 6-12.
— (1987a): «Borges/ De Man/ Derrida/ Bloom. La desconstrucción "avant et après la lettre"». En Aa.Vv.: *Diseminario. La deconstrucción: otro descubrimiento de América*. Montevideo: XYZ, 119-123.
— (1987b): *Borges. Una biografía literaria*. México df: Fondo de Cultura Económica.
— (s.f.): «La poesía femenina del modernismo». En *Bitacora*: <http://www.bitacora.com.uy/auc.aspx?1109,7>.
Rodríguez Villamil, Silvia & Sapriza, Gabriela (1984): *Mujer, Estado y política en el Uruguay del siglo xx*. Montevideo: Ediciones de la Banda Oriental.
Roig, Arturo (1981): *Teoría y crítica del pensamiento latinoamericano*. México df: Fondo de Cultura Económica.
— (1991): «Ética y liberación: José Martí y el "hombre natural"». En Aa.Vv.: *Primer Congreso de Estudios Latinoamericanos. Homenaje a José Martí a los 100 años de Nuestra América y Versos Sencillos. La Plata*: Universidad Nacional de la Plata, 31-38.

— (2002): *Ética del poder y moralidad de la protesta: respuestas a la crisis moral de nuestro tiempo*. Mendoza: Universidad Nacional de Cuyo.

Rojo, Grínor (2003): «Contra *El laberinto de la soledad*». En *Universum* (18): 193-217.

— (2009): «Teoría y crítica de la literatura en el pensamiento de José Carlos Mariátegui». En Moraña, Mabel & Podestá, Guido (ed.): *José Carlos Mariátegui y los estudios latinoamericanos*. Pittsburgh: Instituto Internacional de Literatura Iberoamericana, 185-213.

Romero Brest, Jorge (2000): «La crisis del arte en Latinoamérica y en el mundo». En Bayón, Damián (ed.): *América Latina en sus artes*. México DF: Siglo XXI, 89-111.

Rosman, Silvia (2003): «Los nombres imposibles: Lectura y traducción en Borges». En *Dislocaciones culturales: nación, sujeto y comunidad en América Latina*. Rosario: Beatriz Viterbo, 107-139.

Rossi, Paolo (2003): «El paradigma de la reemergencia del pasado». *El pasado, la memoria, el olvido. Ocho ensayos de historia de las ideas*. Buenos Aires: Nueva Visión, 121-153.

Rowe, William (1999): «¿Cuán europea es Europa?». En Olea, Raquel (ed.): *Borges: Desesperaciones aparentes y consuelos secretos*. México DF: Colegio de México, 227-244.

Ruiz, Marisa (2013): «Algunas reflexiones sobre el feminismo de la compensación de Carlos Vaz Ferreira». En *Encuentros latinoamericanos 2* (2): 273-285.

Sábato, Ernesto (1976): «Los relatos de Jorge Luis Borges». En Alazraki, Jaime (ed.): *Jorge Luis Borges*. Madrid: Taurus, 69-74.

Salazar Bondy, Augusto (1965): *Historia de las ideas en el Perú contemporáneo*. Lima: Moncloa.

Saldívar, José (1995): *The dialectics of our America. Genealogy, cultural critique, and literary history*. Duke: Duke University Press.

Sánchez, Cecilia (2008): «Estilos de la escritura de José Martí». En Castillo, Alejandra & Benítez, Jorge (eds.): *Reescrituras de Martí*. Santiago: Palinodia, 13-29.

Sánchez Vásquez, Adolfo (2004): «Octavio Paz en su "labertinto": *El Laberinto de la Soledad*: en torno a medio siglo después». En *Octavio Paz. Dossier 3*. Buenos Aires: Ediciones del Sur, 223-233.

San Román, Gustavo (2000): «Political tact in José Enrique Rodó's Ariel». En *Forum for Modern Language Studies* 36 (3): 279-295.

Santí, Enrico (1996): *Pensar a José Martí. Notas para un centenario*. Colorado: Society of Spanish and Spanish-American Studies.

Santiago, Silviano (ed.) (1976): *Glossário de Derrida*. Rio de Janeiro: PUC/RJ.

— (1978): «O entre-lugar do discurso latinoamericano». En *Uma literatura nos trópicos: ensaios sobre dependencia cultural*. São Paulo: Perspectiva, 11-28.

— (1982a): «A pesar de dependente, universal». En *Vale quanto pesa: ensaios sobre questões político-culturais*. Rio de Janeiro: Paz e Terra, 13-24.

— (1982b): «Vale quanto pesa. (A ficção brasileira modernista)». En *Vale quanto pesa: ensaios sobre questões político-culturais*. Rio de Janeiro: Paz e Terra, 25-40.

— (2000): «Eça, autor de *Madame Bovary*». En *Uma literatura nos trópicos*. Rio de Janeiro: Rocco, 47-65.

— (2002a): «Artelatina (Manifiesto)». En Marques, Ricardo y Vilela, Lúcia Helena (orgs.): *Valores: arte, mercado, política*. Belo Horizonte: UFMG/ABRALIC, 57-61.

— (2002b): «Introdução». En Santiago, Silviano (ed.): *Intérpretes do Brasil. Vol. 1*. Rio de Janeiro: Nova Aguilas.

— (2002c): *Nas malhas da letra*. Rio de Janeiro: Rocco.

— (2004): *O cosmopolitismo do pobre*. Belo Horizonte: UFMG.

— (2006a): *As raízes e o labirinto da América Latina*. Rio de Janeiro: Rocco.

— (2006b): *Ora (direis) puxar conversa!: ensáios literários*. Belo Horizonte: UFMG.

— (2012a): «A pesar de dependiente, universal». En *Revista de Pensamiento Político* (2): 51-61.

— (2012b): «¿Por qué y para qué viaja el europeo?». En *Una literatura en los trópicos*. Concepción: Escaparate, 111-131.

— (2013). *Las raíces y el laberinto de América Latina*. Buenos Aires: Corregidor.

— (2014): «El entre-lugar como pensamiento del riesgo». Entrevista con Rebeca Errázurriz y Alejandro Fielbaum. En *Revista Chilena de Literatura* 88: 309-318.

— (2015): «A literatura brasileira da perspectiva pós-colonial – um depoimento". En Costigan, Lucía Helena & Lopes, Denilson (eds.): *Silviano Santiago y los estudios latinoamericanos*. Pittsburgh: Instituto Internacional de Literatura Iberoamericana, 259-278.
Sarlo, Beatriz (1994): «Decir y no decir: erotismo y represión en tres escritoras argentinas». En Aa.Vv.: *Escribir en los bordes. Congreso internacional de literatura femenina latinoamericana*. Santiago: Cuarto Propio, 127-169.
— (2007): *Borges, un escritor en las orillas*. Buenos Aires: Siglo xxi.
Sarlo, Óscar (2011): «Vaz Ferreira y la filosofía del derecho contemporánea. Encuentros y desencuentros». En *Revista de la Facultad de Derecho* (31): 309-316.
Sarmiento, Domingo Faustino (1900): *Obras. Tomo XLVI*. Buenos Aires: Gutenberg.
— (1993): *Facundo*. Caracas: Ayacucho.
Sazbón, José (2001): «La modernidad electiva en Mariátegui». En *Utopía y praxis latinoamericana* 6 (12): 43-49.
Schmitt, Carl (2006): *El concepto de lo político*. Buenos Aires: Struhart y Cía.
— (2009): *Teología política*. Madrid: Trotta.
Schutte, Ofelia (1993): *Cultural identity and social liberation in latin american thought*. Albany: State University of New York.
— (1994): «Martí, postmodernidad y la figura de la Madre América». En de Aragón, Uva (ed.): *Repensando a Martí*. Salamanca: Universidad Pontificia de Salamanca, 41-50.
Schwarz, Roberto (1987): «Nacional por subtração». En *Qué horas são?* São Paulo: Companhia das Letras, 29-48.
— (1992) : «As idéias fora do lugar». En *Ao vencedor as batatas*. 4ª ed. São Paulo: Duas Cidades, 13-28.
Shapiro, Henry (1985): «Memory and meaning: Borges and "Funes el memorioso"». En *Revista Canadiense de Estudios Hispánicos* 9 (2): 257-265.
Sorrentino, Fernando (2006): *Siete conversaciones con Jorge Luis Borges*. Buenos Aires: El Ateneo.

Sosnowski, Saúl (1979): «"Tlön, Uqbar, Orbis Tertius": Historia y desplazamientos». En Minc, Rose (ed.): *The contemporary Latin America short story*. New York: Senda, 35-43.
Spivak, Gayatri (1998): «¿Puede hablar el sujeto subalterno?». En *Orbis Tertius* 3 (6): 1-44.
— (2009): *Muerte de una disciplina*. Santiago: Palinodia.
Subercaseaux, Bernardo (2008): «Modernización y cultura en América Latina: vigencia del pensamiento de José Martí». En Castillo, Alejandra & Benítez, Jorge (comps.): *Reescrituras de Martí*. Santiago: Palinodia, 213-224.
Szondi, Peter (1994): *Teoría del drama moderno (1880-1950): Tentativa sobre lo trágico*. Barcelona: Destino.
Tatián, Diego (2009): *La conjura de los justos. Borges y la ciudad de los hombres*. Buenos Aires: Las Cuarenta.
Terán, Óscar (1985): *Discutir Mariátegui*. Puebla: Universidad Autónoma de Puebla.
— (2009): «*Amauta:* Revolución y vanguardia». En Altamirano, Carlos (ed.): *Historia de los intelectuales en América Latina. I. Los avatares de la "ciudad letrada" en el siglo XX*. Buenos Aires: Katz, 169-191.
Tocqueville, Alexis de (1993): *El antiguo régimen y la revolución*. Madrid: Alianza.
— (2005): *La democracia en América*. México: Fondo de Cultura Económica.
Todorov, Tzetan (2008): *Los abusos de la memoria*. Barcelona: Paidós.
Turner, Jacques (2008): «American individualism and structural injustice: Tocqueville, gender and race». En *Polity* 40 (2): 197-215.
Turner, Jorge (1997): «Martí, los indios y el siglo XXI». En Antúnez, Rocío & López, Aralia (coords.): *José Martí: poética y política*. México DF: Universidad Autónoma Metropolitana, 149-153.
Unamuno, Miguel de (1996): «A Delmira Agustini». En *Epistolario Americano (1890-1936)*. Salamanca: Universidad de Salamanca, 346-348.
Unruh, Vicky (1989): «Mariátegui's aesthetic thought: A critical reading of the avant-gardes». En *Latin American Research Review* 24 (3): 45-69.
Vallejo, César (1996): «La pasión de Charles Chaplin». En *Crónicas de poeta*. Caracas: Ayacucho, 108-110.

Varas, Patricia (1997): «Modernism or modernismo? Delmira Agustini and the gendering o-turn-of-the-century Spanish-american poetry». En Rado, Lisa (ed.): *Modernism, gender and culture. A cultural studies approach*. New York: Routledge, 149-160.

Vásquez, Martía Ester (1984): *Borges, sus días y su tiempo* [entrevistas]. Buenos Aires: Javier Vergara.

Vaz Ferreira, Carlos (1963a): *Obras completas. Tomo 1. Ideas y observaciones*. Montevideo: Cámara de Representantes de la República Oriental del Uruguay.

— (1963b): *Obras completas. Tomo 3. Moral para intelectuales*. Montevideo: Cámara de Representantes de la República Oriental del Uruguay.

— (1963c): *Obras completas. Tomo 7. Sobre los problemas sociales*. Montevideo: Cámara de Representantes de la República Oriental del Uruguay.

— (1963d): *Obras completas. Tomo 9. Sobre feminismo*. Montevideo: Cámara de Representantes de la República Oriental del Uruguay.

— (1963e): *Obras completas. Tomo 10. Fermentario*. Montevideo: Cámara de Representantes de la República Oriental del Uruguay.

— (1963f): *Obras completas. Tomo 11. Algunas conferencias sobre temas científicos, artísticos y sociales (1ª serie)*. Montevideo: Cámara de Representantes de la República Oriental del Uruguay.

— (1963g): *Obras completas. Tomo 12. Algunas conferencias sobre temas científicos, artísticos y sociales (2ª serie)*. Montevideo: Cámara de Representantes de la República Oriental del Uruguay.

— (1963h): *Obras completas. Tomo 18. Incidentalmente*. Montevideo: Cámara de Representantes de la República Oriental del Uruguay.

— (1963i): *Obras completas. Tomo 20. Inéditos (suplemento)*. Montevideo: Cámara de Representantes de la República Oriental del Uruguay.

— (1963j): *Obras completas. Tomo 21. Inéditos (suplemento)*. Montevideo: Cámara de Representantes de la República Oriental del Uruguay.

— (1963k): *Obras completas. Tomo 25. Inéditos (suplemementos)*. Montevideo: Cámara de Representantes de la República Oriental del Uruguay.

Vaz Ferreira, Matilde (1981): *Recuerdos de mi padre*. Montevideo: A. Monteverde y cía.

Vaz Ferreira, Sara (1963): «Carlos Vaz Ferreira. Vida, Obra, Personalidad». Apartado de la *Revista Histórica*. Tomo LIII, núms. 157-159.

VERNIK, Esteban (2009): *Simmel. Una introducción*. Buenos Aires: Quadrata.
VILLANUEVA, Graciela (2013): «El Uruguay de Borges: un justo vaivén de la aproximación y de la distancia». En *Cuaderno Lírico* (8): <https://lirico.revues.org/907>.
VILLAVICENCIO, Susana (2009): «Sarmiento, lector de Tocqueville». En Vermeren, Patrice & Muñoz, Marisa (ed.): *Repensando el siglo XIX desde América Latina y Francia. Homenaje a Arturo A. Roig*. Buenos Aires: Colihue, 315-323.
VIÑAS, David (2003): *Indios, ejército y frontera*. Buenos Aires: Santiago Arcos Editor.
VON VACANO, Diego (s.f.): «Whose Nietzsche for Latin America? Rodo's or Mariátegui's?»: <http://textos.pucp.edu.pe/pdf/2093.pdf>.
WACQUEZ, Mauricio (1989): «Borges, comentador y antólogo de Dios». En Polo García, Victorino (ed.): *Borges y la literatura. Textos para un homenaje*. Murcia: Universidad de Murcia, 57-72.
WAISMAN, Sergio (2005): *Borges y la traducción. La irreverencia de la periferia*. Buenos Aires: Adriana Hidalgo.
WEINBERG, Gregorio (1984): *Modelos educativos en la historia de América Latina*. Buenos Aires: Kapelusz.
— (1996a). «Algunas reflexiones sobre *Modelos educativos en la historia de América Latina*». En Cucuzza, Héctor (comp.): *Historia de la educación en debate*. Buenos Aires: Miño y Dávila editores, 17-34.
— (1996b): «Modelos educacionais no desenvolvimento histórico de América Latina». En Dermeval, Saviana (org.): *Para uma história da educação latino-americana*. Campinas: Autores Asociados, 17-45.
WEINRICH, Harald (1999): *Leteo: arte y crítica del olvido*, Madrid: Siruela.
WILSON, Patricia (2004): *La constelación del sur. Traductores y traducciones en la literatura argentina del Siglo XX*. Buenos Aires: Siglo XXI.
WINTHROP, Delba (1986): «Tocqueville's american woman and "the true conception of democratic progress"». En *Political Theory* 14 (2): 239-261.
WOLIN, Seldom (2001): *Tocqueville between two worlds: the making of a political and theoretical life*. New Jersey: Princeton University Press.

YERUSHALMI, Yosef (1989): *Zakhor: jewish history and jewish memory*. New York: Schocken.
ZAVALA, Iris (2000): «Modernidades sexualizadas: el corredor de las voces femeninas». En Escaja, Tina (comp.): *Delmira Agustini y el modernismo. Nuevas propuestas de género*. Rosario: Beatriz Viterbo, 109-122.
ZEA, Leopoldo (1976): *El pensamiento latinoamericano*. Barcelona: Ariel.
ZONANA, Víctor (2006): «Memoria del mundo clásico en "Funes el memorioso"». En *Revista de Literaturas Modernas* (36): 207-233.
ZUM FELDE, Alberto (1930): «Delmira Agustini». En *Proceso intelectual del Uruguay y crítica de su literatura. Tomo II*. Montevideo: Comisión Nacional del Centenario, 216-236.
— (1996): «A Delmira Agustini: carta abierta». En Cortazzo, Uruguay (coord.): *Delmira Agustini. Nuevas penetraciones críticas*. Montevideo: Vintén, 181-187.
ŽIŽEK, Slavoj (1998): «Multiculturalismo o la lógica cultural del capitalismo tardío». En Jameson, Fredric & Žižek, Slavoj. *Estudios culturales*. Buenos Aires: Paidós, 137-188.

Agradecimientos

La cantidad de amigas y amigos que habría de evocar acá es infinita. Más aún, si hiciese el necesario trabajo de recordar cuánto y cómo distintos diálogos permitieron anudar y afinar variadas cuestiones que aquí se presentan, y compartir otras tantas. Por pudor, sin embargo, prefiero no escribir más ni menos que sus nombres: Andrés, Camila, Constanza, Cristóbal, Daniela, Diego, Enrique, Giorgio, Laura, L. Felipe, Luis, Javier, Hernán, Hugo, Manuel, Marcela, Marcelo, Matías, Mauro, Natalia, Nicole, Pablo, Pedro, Pierina, Roberto, Rosario, Sebastián, Stephanie, Valeria, Verónica, Vicente, Vincent, Virginia, Úrsula, Zeto.

Quiero destacar en particular, eso sí, a Jaime Ortega, pues la posibilidad de publicar este volumen es una de las tantas inscripciones de su tremenda generosidad. Y a Julio Ramos, a cuya conversación debo, en muy buena parte, el haberme volcado hacia estos tópicos hace ya varios años. También a Carlos Ossandón, gracias a quien he podido continuar investigando en torno a varios de los temas que aquí se tratan.

Pablo Concha revisó este manuscrito, con su usual cuidado. Es mérito suyo si algo se deja leer en textos que fueron mucho más enmarañados de lo que aquí han terminado siendo.

Agradezco también a mi familia por su apoyo y a la editorial Almenara, particularmente a Waldo Pérez Cino, por su apertura a publicar este libro y por su paciencia con los tiempos que el trabajo requirió.